陕西师范大学语言资源开发研究中心主办

语言与文化论丛

LANGUAGES AND CULTURE FORUM

第四辑

邢向东◎主编

中国社会科学出版社

图书在版编目（CIP）数据

语言与文化论丛. 第 4 辑／邢向东主编. —北京：中国社会科学出版社，
2021.10

ISBN 978-7-5203-9284-6

Ⅰ.①语… Ⅱ.①邢… Ⅲ.①文化语言学—文集 Ⅳ.①H0-53

中国版本图书馆 CIP 数据核字（2021）第 222011 号

出 版 人 赵剑英
责任编辑 宫京蕾
责任校对 季 静
责任印制 郝美娜

出 版 中国社会科学出版社
社 址 北京鼓楼西大街甲 158 号
邮 编 100720
网 址 http：//www.csspw.cn
发 行 部 010-84083685
门 市 部 010-84029450
经 销 新华书店及其他书店

印 刷 北京君升印刷有限公司
装 订 廊坊市广阳区广增装订厂
版 次 2021 年 10 月第 1 版
印 次 2021 年 10 月第 1 次印刷

开 本 710×1000 1/16
印 张 15.25
插 页 2
字 数 262 千字
定 价 98.00 元

《语言与文化论丛》
（第四辑）

主 办 单 位　陕西师范大学

编委会成员　党怀兴　杜　敏　黑维强　胡安顺
　　　　　　乔全生　邢向东　赵学清

编委会主任　党怀兴

主　　　编　邢向东

副 主 编　黑维强

本 期 责 编　郭敬一

编 辑 部　陕西师范大学语言资源开发研究中心

编　　务　黄瑞玲　侯治中

目　录

调查实录

饮食与文化专栏

主持人语

　　方言与文化共生共存。方言是载体，文化是承载物。方言是能指，文化是所指。在保护开发语言文化资源、传承弘扬优秀传统文化以及建设新文科的语境下，方言学应当更加主动地向文化、民俗研究靠拢，探索方言文化结合研究的新范式和新途径。本专栏发表的 7 篇文章，以饮食和年节文化为主题，力求将民俗事象的描写、分布与各地方言中不同说法的探讨结合起来，用方言与文化互证互释，考索方言与民俗结合的规律和隐含其中的文化心理。发掘其中隐藏的语言学信息，包括语音、词汇、构词法、汉语史、语言接触等方面的信息，也希望让语言研究尤其是方言研究更接地气，更有趣，改变语言学板着面孔说话的形象和习惯。我们将在不同的刊期登出不同主题的专栏，以扩大刊物的学术含量和影响力。希望读者朋友和专家学者能就此提出宝贵的建议，让这株幼苗茁壮成长。

邢向东

说"馒头""包子"和"饺子"

刘勋宁　郭敬一

提　要：从同源词的角度来看，"馒头"的"馒"有"包"义。最早的"馒头"是有馅的，"馒头"和"包子"是后来才逐渐区别开来的。北方地区的"馒头"大多没有馅，南方地区的"馒头"还保留有馅的习惯。"馒头"和"包子"的区别在于制作方式不同："馒头"的口朝下，放蒸笼一蒸就看不出来了；"包子"是从下向上"包"上来的，口可以捏出不同的褶皱花纹。在此基础上，也就引来了后来各自精彩纷呈的发展与变化。

关键词：馒头；包子；饺子；名称来源

一　"馒"有"包"义

南方方言把"包子"叫"馒头"，是古风犹存的表现。邢向东先生的文章《"饺子"里的语言学》揭示出陕西仍然保留有把"饺子"叫"馒头"的[①]，也是古风犹存，刚好与孟子敏先生告知笔者山东有地方把"饺子"叫"煮包子"的说法相互印证。那到底是"包子""饺子"还是"馒头"？这要从"馒头"得名的来由来看。

从同源词的角度推测，"馒头"的"馒"大概本来就有"包"的意思。《广韵》二十六桓韵"母官切"下收有"馒""鞔"等字，这些字大多都有"包"的意思。试释如下：

"鞔，鞔鞋履。"陕北清涧服丧期间所穿白鞋，并非新作白鞋，而是在旧鞋上边包一层白布，包白布的工作就叫"鞔鞋"。今北京话不知有无此说法，但北京话有"鞔鼓"一词。"鞔鼓"，《汉语大词典》的解释正作"张皮蒙鼓"。清涧话同此。有首清涧儿歌说："牛哩？剥了皮了。皮

---

① 《光明日报》2021 年 02 月 21 日 05 版。编者按，亦可参本专栏第二篇文章。

哩？鞔了鼓了。"今河南漯河、孟州、济源等地均有此类说法。"鞔鞋"指服丧时在鞋子外边"包"（或叫"蒙"）一层白布，是"戴孝"比较重的一种，对象只限于子女（包括儿媳妇）。如果家里两位老人均已离世，白布将鞋帮、鞋头、鞋尾都覆盖，如有一位还在世，鞋尾不可全部覆盖，叫"留孝"。漯河地区"鞔"字保留的用法还有很多，"鞔鼓"指做鼓时用皮革蒙上，周围用钉子固定作鼓面。"鞔沙发"做新沙发或包旧沙发均可使用。俗语还有"一鞔三不长"，"鞔"的意思就是一人把腿或脚从另一人头上方绕过，是带有"侮辱"性的动作，所谓韩信受胯下之辱类此。"鞔"有"包裹""覆盖"之义，现在仍在方言中广泛使用。

"镘，泥镘。槾墁，并上同。""镘"就是现在抹墙用的泥抹子，字又做"槾""墁"。《说文·木部》："槾，杇也。"《说文·金部》："镘，铁杇也。从金，曼声。镘或从木。"《尔雅·释宫》："镘谓之杇。"王筠《句读》："槾之器用金，而以木为柄，故此从木。而《金部》又有镘。所涂者泥也，泥用土及水，故《孟子》'毁瓦画墁'从土。"《广韵》去声换韵有"墁，所以涂饰墙"，字又作"镘"。唐韩愈《蓝田县丞厅壁记》："斯立易桷与瓦，墁治壁，悉书前任人名氏。""墁"即"涂饰""涂抹"义。《直音篇·金部》："镘，涂也。"宋王安石《新田诗》："其来仆仆，镘我新屋。""镘"亦为"涂饰""涂抹"义。平声、去声的"槾""镘""墁"等字实际是同源字，平声名词，去声动词。

同音下最常见的字是"瞒"，字也做"谩"。《说文·言部》："谩，欺也。"《史记·淮南衡山列传》："杀以闭口，为棺椁衣衾，葬之肥陵邑，谩吏曰：'不知安在。'"司马贞《索隐》："谩，诳也。""瞒"本为"眼睑低""闭目貌"，后用作"欺骗""隐瞒"之义。《说文·目部》："瞒，平目也。"段注："瞒，今俗借为欺谩字。"《正字通·目部》："瞒，俗以匿情相欺为瞒。""瞒""谩"字的意思也就是把真相"包"起来。

去声里还有"漫""幔"等字。"漫"释"大水"，"漫"有动词的用法。"水漫金山寺"就是拿水去掩盖。"幔，帷幔。""帷幔"的用途就是遮挡。本文在朋友圈交流的时候，有朋友指出：忽然想起来小时候，在泥巴路上铺一层红砖，叫作曼路，曼一层砖。

从上看来，"馒头"得名之由就是"包"的意思。

二 "馒头"本来是有馅的

关于"馒头",宋代有许多关于"坟堆"的比喻。最为人熟知的是《红楼梦》引宋范成大诗"纵有千年铁门限(槛),终须一个土馒头。"项楚《敦煌诗歌导论》即指出"铁门槛""土馒头"便是活用了王梵志诗的典故(见梵志诗三一四、三一八首),《红楼梦》中的"铁槛寺""馒头庵",便是由此得名。① 项楚《王梵志诗校注》"馒头:即今云包子。"② 古屋昭弘先生告诉作者,王梵志有诗:"城外土馒头,馅草在城里。"诗非出自敦煌,也许是宋代拟作。此诗曾为宋代一桩热闹公案。"土馒头"用来比喻"坟堆",宋代以后常见,如上文范成大诗歌及《红楼梦》引语,又如明叶盛《水东日记·杨文贞公遗嘱》:"砖石石灰,务要坚固,于外只作一大土馒头。"清梁绍壬《两般秋雨庵随笔》:"近有人又有句云:'城外多少土馒头,城中尽是馒头馅。'更警动。"

由此观之,古代馒头无疑是有馅的。南宋吴自牧《梦粱录·荤素从食店》:"糖肉馒头、羊肉馒头、太学馒头、笋肉馒头、鱼肉馒头、蟹肉馒头。"记载了各种肉馅儿的馒头(后文还有各种素馅儿的馒头)。明韩奕《易牙遗意·炉造》:"卷煎饼:饼与薄饼同用羊肉二斤,羊脂一斤,或猪肉亦可,大概如馒头,馅须多用葱白或笋干之类。"在讲"卷煎饼"做法的时候,指出"馒头"的馅多用葱白、笋干之类。明宋诩《竹屿山房杂部·尊生部·素馅部》:"素馒头馅:熟银杏、栗子油煠,豆腐麸、菠菜、白菜煠熟,笋干煮熟,茭白或胡萝萄等细切入熟油,酱、盐、花椒、碯砂末拌匀,滋味得所。"则讲述了"素馒头馅"的详细做法。

三 "馒头""包子"的区别

因为宋朝文献里既有"馒头"又有"包子",如上文提到的《梦粱录》除了记录各种肉馅的馒头,还有"水晶包儿、笋肉包儿、虾鱼包儿、江鱼包儿、蟹肉包儿、鹅鸭包儿"的记载。吕叔湘先生《馒头和包子》

① 项楚:《敦煌诗歌导论》,中华书局2019年版,第263页。
② 项楚:《王梵志诗校注》(增订本),上海古籍出版社2010年版,第650页。

一文推测"看来馒头和包子都有馅儿，分别大概在于皮子的厚薄"，[①] 就有些不确了。"馒头"的"馒"是从上往下"蒙"上去的，口在下面，放在蒸笼里一蒸，口就没有了。所以馒头是浑圆的。现在日本的"中华馒头"（有馅）仍然是这种形状。而"包"是从下向上"包"上来的，口在上边，这就有了把口做成各种花边，变出各种不同形状的事儿。所以，馒头和包子的区别在于制作方法。

有一件事记此存照，也许是有价值的。清涧县麦子产量低，不能蒸真正的白面馒头。过年的时候，用较粗的面作内里（馅？），外面用白面来包。包的皮不大，用手慢慢抟，直到把黑面完全抟进去。抟的时候要一点技术，抟得太重，皮太薄，容易破，会露出真相来；抟得太轻，皮太厚，多费白面。所以，做馒头和做包子还有一个重要区别，馒头要抟，包子是不能抟的。小时候，母亲说家乡谚语"好心换好心，白馍馍换点心"，笔者以为是用馒头去换现在街上卖的点心月饼之类的点心，颇为换者不平。原来"点心"就是这种假白面馒头，因为蒸熟以后在上面点一个小红点，或者一朵小梅花，所以叫"点心"。随着生活水平提高，这种"点心"大概也要失传了吧。

本文先在微信朋友圈传阅的时候，有朋友指出，他们家乡虽然没有这种假白面馒头，但是有一种用白面作皮，玉米面作芯的"金银馒头"。似乎这种"金银馒头"的分布区域相当广泛。

四　"饺子"与"包子"

从现在山东淄博、枣庄、潍坊、济南等地仍有把"饺子"叫作"包子""小包子""煮包子""下包子"的情况来看，"包子"的产生应当早于"饺子"。而陕西地区残存的"煮馒头"的说法正好印证了这一点。[②] 现在看来，"包子"和"饺子"的产生过程可能是这样的，先有"馒头（包子）"（见图1、图2），蒸的时候不小心掉到水里，发现也挺

[①] 吕叔湘：《未晚斋语文漫谈》，语文出版社1992年版，第34页。

[②] 孟子敏先生在本文写作之初就告诉了作者山东有地方叫"煮包子"的消息，可惜那时候还不知道"煮馒头"的说法，不知道如何应用这份宝贵材料。这倒是要向孟子敏先生道歉的。

好吃，于是"饺子"就诞生了。[①] 这样就有了煮的饺子（水饺）、蒸的饺子和油煎的饺子（日本饺子，见图3）。至于南方把"饺子"叫"馄饨"，更是古风犹存，和他们把"包子"称"馒头"一个道理。图4是最近朋友传来的"大汤圆"照片——大小和包子一个样，做法大概也和古代的馒头一个样——把各种馅儿包进去（见图4）。

图1　馒头

图2　包子

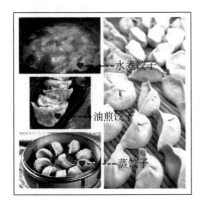

图3　饺子

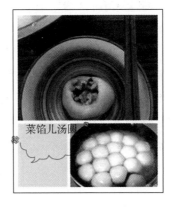

图4　元宵（汤圆）

　　韩国的"馒头"跟我们的"饺子"一个样，"在韩国，人们将饺子、馄饨甚至包子一类的带馅面食统统叫做'馒头'。比如水饺叫'水馒头'，蒸饺叫'蒸馒头'，煎饺叫'煎馒头'，包子叫'王馒头'等。""韩国有

---

　　① 旧时的蒸物是放在箅子上的，箅子没有围圈。箅子置入锅内，两边用提系提出。所以蒸物很容易从箅子上滑落，尤其是当厨人从蒸腾的热气中提出箅子的时候。当然，这里只是提供一个有趣的假说，供有志考证的朋友考实。

句俗话：'要吃皮，吃松饼；要吃馅，吃馒头'，可见韩国'馒头'馅料种类之丰富。"① 本文在朋友圈传阅时，就有朋友留言"想起来我在波恩的时候，校门口就有一家韩国店，叫 Mandu，画的就是图左这样的 logo（见图5）。我的中国胃一发作我就去他家吃一碗，是一种稍微扭曲了的乡愁的疏解。"

图 5　韩国馒头

综上来看，"馒"有"包"义，"馒头"本来是有馅的。现在北方地区的"馒头"大多没有馅，南方地区的"馒头"还保留有馅的形式。"馒头"和"包子"的区别在于制作方式不同，"馒头"的口朝下，放蒸笼一蒸就看不出来了，"包子"是从下向上"包"上来的，口可以捏出不同的褶皱花纹。而"饺子""汤圆"则来自有馅儿的"馒头（包子）"。所以，我们可以用下面的示意图来表示"馒头""包子""饺子"及"元宵（汤圆）"之间的关系。

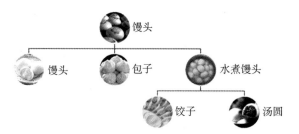

图 6　"馒头"谱系简表

---

① 参见 http://www.zglxw.com/news/hanguo_ 6208. html.

文末顺便澄清一下。民间多流传一则故事，认为"馒头"是诸葛亮发明的。盖出自宋高承《事物纪原》卷九"馒头"："稗官小说云，诸葛武侯之征孟获，人曰：'蛮地多邪术'，须祷于神，假阴兵以助之。然蛮俗，必杀人以首祭之，神则响之，为出兵也。"武侯不从，因杂用羊豕之肉，而包之以面，象人头以祠，神亦响焉，而为出兵。后人由此为馒头。至晋庐谌祭法，春祠用馒头，始列于祭祀之品。而束皙《饼赋》亦有其说。则疑馒头自武侯始也。"小说家言，本不足为训。拿馒头当人头敬神，是讥讽神不智，竟然辨不出馒头不是人头，还是欲说明诸葛亮傻：居然认为神分不清人头还是馒头。而且诸葛亮之前如果没有馒头，又怎样凭空想出蒸馒头以代人头。今天面粉已经不算很贵重了，试购二两面粉以水和之，看能不能蒸成馒头。当然，如果认为诸葛亮创意改革，自此祭祀用馒头而不用人头，那就是有改革之功而非发明之绩，自是另一回事了。（这跟祭屈原用粽子，让鱼鳖吃粽子不吃屈原是一样的，如果之前没有粽子，怎么知道要把米用粽叶裹起来，鱼鳖又怎么知道粽子比屈原香。）

附记：本文主体部分原载《开篇》第 14 卷第 32—34 页，好文出版社出版，1996。今重新编辑发表，郭敬一补充了不少书证和方言的内容。感谢刘海燕、刘剑、续三义等先生补充资料和建言。

（刘勋宁　日本千叶县浦安市　明海大学/西安陕西师范大学语言资源开发研究中心　liuxn@ meikai. ac. jp
郭敬一　西安　陕西师范大学语言资源开发研究中心
guojingyi89@ 163. com）

"饺子"里的语言学[*]

邢向东

"过年吃饺子"是我国北方地区重要的春节年俗。"饺子"的名称中包含着极为丰富的方言和汉语史信息，值得一说。仅就北方方言来说，普通话、北方官话叫"饺子"，晋语、中原官话、兰银官话的一些方言叫"扁食、角子、煮馍、煮疙瘩"等，不一而足。

一 "饺子"与"角子"中的方言和汉语史信息

普通话的"饺子"，不少中原官话区的人说"角子"。看起来区别不小，其实来源都是"角子"。其语音的差异，代表了北方官话（包括北京官话、冀鲁官话、胶辽官话）同中原官话（包括兰银官话）之间的一大区别：中古宕江摄入声字的韵母（注：中古韵母分十六摄，即十六类，分别用一个字来代表：果假遇蟹止效流咸山深臻宕江曾梗通。其中后面九摄包含阳声韵和入声韵），北方官话系读 ao、iao 韵，中原官话系读 o、uo、e、üe 韵，形成整齐的对应关系。以北京话、西安话为例（北京话注汉语拼音，西安话注国际音标）：

	烙	郝	脚	勺	药
北京	lào	hǎo	jiǎo	sháo	yào
西安	luo²¹	xuo²¹	tɕyo²¹	ɕyo²⁴	yo²¹

在普通话中，这部分字也存在文白异读。白读音反映早期北京、河北一带的读音系统，文读音反映河南、关中等中原官话的读音系统。例如

---

* 本文曾发表于《光明日报》2021 年 02 月 21 日 05 版，篇幅所限，文章删节较多。现重新编辑配图发表。

（先文读后白读）：

> 落 luò（~后）/lào（空~~）
>
> 凿 zuò（确~，现在多读 záo）/záo（~个洞）
>
> 雀 què（麻~）/qiǎo（~儿）
>
> 嚼 jué（咀~）/jiáo（~烂）
>
> 削 xuē（剥~）/xiāo（~皮儿）
>
> 着 zhuó（~陆）/zháo（睡~）
>
> 约 yuē（预~）/yāo（~一~）
>
> 钥 yuè（锁~）/yào（~匙）
>
> 剥 bō（~削）/bāo（~皮）
>
> 觉 jué（自~）/jiào（睡~）
>
> 角 jué（名~）/jiǎo（~落）
>
> 学 xué（~习）/xiáo（~说）

从汉语史来看，北方官话与中原官话的这种差异，最晚在元代已经形成。元周德清编《中原音韵》中，宕江摄入声韵存在系统性的两套韵母，一读入歌戈韵，一读入萧豪韵。王力《汉语语音史》（1985：384）指出："宋代的觉药并入元代的歌戈和萧豪。"其中一部分字兼入歌戈和萧豪，如"学鹤着杓阁乐跃落洛"等，另一部分字只入萧豪，如"角觉脚壳"。林焘主编《中国语音学史》（2010：141）指出：《中原音韵》的"萧豪部"（ɒu au iau iɛu），"来自《广韵》萧、宵、肴、豪诸韵；来自入声韵的字在《广韵》分属于觉、药、铎，它们兼收于歌戈韵。以今音推断，在本部的是白话音，在歌戈韵的是读书音。"

正因为元代北方官话口语中"角子"的"角"已经从读觉韵读入萧豪韵（接近今天的 iao 韵），同时在偏中、南、西部的官话中，它读入歌戈韵（类似今天的 üe 韵），为了避免读音的混淆，所以另外用了"饺子"来记写该词。古人早就指出了这一点，明张自烈《正字通》云："今俗饺饵，屑米面和饴为之，干湿小大不一。水饺饵即段成式《食品》汤中牢丸，或谓之为粉角。北人读角如矫，因呼饺饵为饺儿。"（转引自张志春《饺子的历时性称谓简说》）覃远雄先生告知，他老家广西荔浦现在仍然把饺子叫"粉饺"。

从官话方言的大格局看，"饺子""角子"之异，正好是北方官话和中原官话的一个重要差别点。

另外，"饺子馅"的"馅"读音也很有意思，它在大多数官话方言中读 xiàn 类音，齐齿呼；在西安一带读 xuàn 类音，撮口呼；在部分晋语和中原官话中读 hàn 类音，韵母是开口呼，声母是舌根音，与"下吓解（～下）"等的情况相同。正好反映了官话方言中舌根音声母腭化为舌面音的速度有快有慢，有些字因此落后了。

二 "饺子"的称谓与方言词汇

在方言词汇上，"饺子"的称谓也颇为有趣。宋元以前，"饺子"原本叫"角子、角儿"（最早叫"馄饨"，本文不是追根溯源，不赘述）。到了元明之际，由于语音的变化，北京一带把"角子"改写为"饺子"，中原官话的一些方言仍然保留"角子、角儿"的称谓，另外一些北方方言则称其为"扁食"。据《汉语方言大词典》，"扁食"的叫法今天仍分布在中原官话、兰银官话、晋语等方言中。而闽南方言的厦门、漳州还用"扁食"指馄饨。

图 1　陕北的饺子

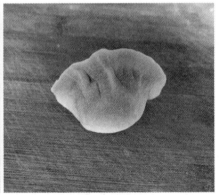

图 2　陕北的扁食

"扁食"的来源至今众说纷纭。方言学家周磊先生曾写过《说"扁食"》一文，讨论其分布和来源。蒙古语专家丁石庆教授告知，"饺子"在蒙古语族诸语言基本都用近"扁食"的发音形式，但个别方言也有近"饺子"的发音形式，达斡尔与个别方言有近"包子"的发音形式。博士生马晓慧告知，维吾尔语中"饺子"的说法（benshire）也接近汉语的"扁食"。有人据此认为汉语北方方言的"扁食"可能是蒙古语借词。但丁石庆教授并不认同这种说法。这个问题饶有趣味，笔者赞同周磊、丁石庆先生的观点，很有可能是北方民族借用了汉语的词。

由于"扁食""饺子""角子"在指称对象、来源和语音上的纠葛和构词的差异，有的方言就试图将它们区分开来。比如在陕北，饺子因形制和烹饪方式不同而所指不同，捏成元宝状、煮着吃的叫"扁食"；形体较大、蒸着吃的叫"饺子"（绥德不区分，叫"蒸扁食"）。同时把比蒸饺大而形制相同的包馅儿食品叫"角子"。陕北话把带馅儿的糕捏成大饺子状，叫"角子糕"，把这种糕的个体叫"糕角儿""糕角子"。因此，在方言地区，同样是"饺子"，可能与普通话形同实异。比如，陕北神木人如果要包饺子，一定会问"吃饺子还是吃扁食"。

图3　陕北的角子糕

关中方言中，"饺子"的说法更加丰富多样。其中最普遍、地道的说法是"煮馍""煮角子、角角、扁食、圪瘩（子）"，"圪瘩（子）"一般特指肉馅儿的饺子。华阴还保留了饺子最早的称谓"馄饨"。例如（有的一县存在多种说法）：

煮馍： 西安、富平、华县、蒲城、渭南、临潼、泾阳

煮角（子）： 韩城、合阳、澄城

角角、角（儿）： 合阳、澄城、白水、富平、黄陵

圪瘩子/儿（多特指肉馅儿的）：西安、合阳、大荔、蒲城、富

平、潼关、华县、渭南、洛南、商州、丹凤、富县、黄陵、铜川、耀州、高陵、周至、眉县

扁食：富平、商州、宜川、泾阳

馄饨：华阴

　　把"饺子"叫"煮馍"，外地人大概难以理解。其实，关中人几乎把所有蒸、烤（甚至煮）的面食都叫"馍"。如"蒸馍"指馒头，"花馍/礼馍"指逢年过节蒸的各种造型的馍馍，"烙馍"指烤制的发面饼，最有名的是陕西八大怪之一的"锅盔馍"，"白吉馍"指做肉夹馍的发面饼，关中名吃"泡馍"指牛羊肉带汤煮的九分死面一分发面的"坨坨馍"。饺子状的"煮馍"，只是众多的"馍"中的一种而已。

　　北方地区方言中关于饺子的说法，构成了一幅多姿多彩的图画。在汉语方言中，像"饺子"这样充满着语言学信息的食品名称还有许多，值得仔细挖掘。

参考文献

林焘主编：《中国语言学史》，语文出版社 2010 年版。

王力：《汉语语言史》，中国社会科学出版社 1985 年版。

许宝华、[日] 宫田一郎主编：《汉语方言大词典》（修订本），中华书局 2020 年版。

张志春：《饺子历时性称谓简说》，《教师报》2020 年 10 月 28 日第 05 版。

周磊：《说"扁食"》，《语言研究》2004 年第 4 期。

（邢向东　西安　陕西师范大学文学院/语言资源开发研究中心

xingxd@ snnu. edu. cn）

潮汕美食"㴖烧番薯芋"中的"㴖"[*]

黄瑞玲

潮汕人的宴席和年节饭桌上讲究"头甜尾甜",即头一道菜和最后一道菜都得是甜食,寓意是生活从头甜到尾。在诸多甜食之中,有一种"㴖烧[koᵏsioᵏ]"类甜食广受民众喜爱,如"㴖烧番薯芋""㴖烧白果银杏""㴖烧莲藕"等。"㴖烧"是一种烹饪方式,指将食材浸没于汤汁中烧至汁液浓稠,可简单理解为慢火煲煮或熬煮。"㴖烧"类甜食的"㴖"字,常被写作与之同音的"糕""羔"或"膏",本文辨析"㴖"与"糕、羔、膏"之区分,明确"□[koᵏ]烧"中的[koᵏ]本字应当为"㴖"。

一 "糕""羔""膏"并非本字

从语音层面来看,"糕""羔""膏"都读[koᵏ],在中古音系统中俱为效摄开口一等豪韵见母平声字。潮汕闽语见母字今读声母主体层为k-,无文白之分。效开一豪韵字的韵母则呈现出系统性的文白对立,体现为-au文-o白。这些读为-au、-o的豪韵字里,并非部分读-au部分读-o,而是有三种情况:①只读-au;②只读-o;③既读-au又读-o。第三种字有两种读音,这两种读音是具有对立性特征的文读和白读两种语音形式,例如以下两字:

表1

	文读音	文读词汇	白读音	白读词汇
高	[kau]	高兴、高大	[ko]	高_{姓氏}
告	[kau]	告诉、告知	[ko]	告_{告状}

* 本文为国别史等研究专项"清手抄本韵书《同音集》与《增补同音字类标韵》综合比较研究"(19VJX121)的阶段性成果。

确认豪韵字韵母读–o 具有白读特征后，可知"糕""羔""膏"三字读"□[ko¹]"都有可能是口语中常用的"□[ko¹]烧"中"□[ko¹]"。从词汇层面来看，"糕""羔""膏"的语义有所不同。

糕：《说文新附·食部》："糕，饵属。从食，羔声。古牢切。"

羔：《诗·召南·羔羊》："羔羊之皮。"毛传："小曰羔，大曰羊。"《说文·羊部》："羔，羊子也。从羊，照省声。古牢切。"

膏：《诗·卫风·伯兮》："自伯之东，首如飞蓬。岂无膏沐，谁适为容?"《说文·肉部》："膏，肥也。从肉，高声。"

在《现代汉语词典》（第七版）中，"糕"只用作名词，指"用米粉、面粉等制成的食品"。糕类食物虽有软糯的特质，却是固体的，"□[ko¹]烧"的"□[ko¹]"若写作"糕"，无法解释"□[ko¹]烧"类食物汁液浓稠的问题。

"羔"就更不可能了。从古至今，"羔"主要指小羊，也泛指其他动物的幼崽（如"鹿羔"）。"羔烧"难道是像烧小羊羔那样来烧制食材？潮汕地区的羊带有膻味，民众鲜少食羊，"□[ko¹]烧"不应是"羔烧"。

图1 普宁玉山餐厅的"滒烧番薯芋"　　图2 北京潮舍餐厅的"糕烧双色"

再来看"膏"，本义是油脂。成语"焚膏继晷"中的"膏"便是指由动物油脂或植物油脂制成的灯油。在 BCC 语料库中，有两个"膏烧"的例子：

图 3 北京潮舍餐厅的"羔烧滋补山药"

（1）主治野鸡病，杀虫，发嗽，壳发众香，尾灰断产后痢，膏烧集鼠未试。（宋·寇宗爽《图经衍义本草》卷三十二）

（2）黠胥取利如斧樵，苛法销骨如膏烧。官规难减賨布税，县政莫急蛮人徭。（元·刘诜《和萧克有主簿沅州竹枝歌四首》其四）

此二例的"膏烧"应指"以灯油烧"或"以油脂烧"。"膏"后来还引申为浓稠的糊状物质，如"牙膏、药膏"中的"膏"。从这一点来看，"膏"比"糕""羔"更为符合"□[ko¹]烧"中"□[ko¹]"的语义特征。只是，"□[ko¹]"除了形容食物多汁之外，还可用以形容地上湿漉漉的样子等，而"膏"并不符合此类语义。

总体来看，"糕""羔""膏"的语音与白读音"□[ko¹]"是相符的，但由于不大相符或语义完全不符，只能暂先排除。

二 "㵮"为本字

潮汕籍著名语言学家李新魁先生曾考证过此字，李先生在《潮汕方言词考源》（1964：101）一文中谈到：

㵮[ko¹] 潮州话谓"多汁""稠状"为"㵮"，如说"一间

渦渦溶"（满地湿漉漉地），"撮糜冷渦渦"（粥成稠状）。渦，《广
韵》歌韵："古俄切，多汁"；《集韵》："居何切，《说文》：多汁
也"；《广雅》："淖也"（《字林》："濡甚曰淖"）；《淮南子·原道
训》："甚淖而渦"，高注："渦亦淖也，饘粥多潘者谓渦"。

从语义层面来看，"渦"的"多汁"义符合"□[ko¹]烧"中
"□[ko¹]"的特征，"濡甚曰淖""甚淖而渦"则与"渦"形容水多貌
相符。以下分析"渦"的语音情况。

"渦"在中古音系统中为果摄开口一等歌韵见母平声字。中古见母今
读 k-，中古平声今读阴平都没问题，关键是"渦"的韵母 -o 的层次归属
问题。潮汕闽语果开一歌韵字读 -o 主要见于文读层，与白读韵母 -ua、-a
等相对立。"渦"的韵母 -o 若是来自文读层，很可能是读同了同样是古俄
切的"哥"字。但是，潮汕人称"哥哥"为"兄"，"哥"只用于书面语
中。而根据土人感（母语者语感），"□[ko¹]"与"□[ko¹]□[ko¹]
溶湿漉漉"中的"□[ko¹]"不太可能是文读层读音，"渦"的韵母读为 -
o 令人疑惑。

潮汕闽语歌韵字读 -a 既有文读层也有白读层。文读层的 -a 是后期进
入语音系统的，白读层的 -a 则是系统中固有的。汪荣宝先生在《歌戈鱼
虞模古读考》（1923）中提出了一个著名的论断："唐宋之上，凡歌戈韵
之字皆读 a 音，不读 o 音；魏晋以上，凡鱼虞模韵之字亦皆读 a 音，不读
u 音或 ü 音也。"李新魁先生（1997：374-376）对此表示赞同，并认为
潮州话歌韵字口语字音读 -a 保留的正是上古歌部字的音值。"渦"的上古
拟音（参考郑张尚芳《上古音系》，上海教育出版社 2013 年版）为：
＊kaal（郑张尚芳）；＊ka/＊kar（高本汉）；＊ka/kai（王力）；＊kar
（李方桂）。根据各家的拟音系统来看，"渦"在上古时期的主元音应为
＊-a-。从这一点与"渦"的语义来看，基本可推断"渦"在潮汕闽语中
的今读韵母 -o 为早期韵母 -a 之变体，属于白读层，而不是后期受官话影
响而产生的文读层的 -o（"多、萝、左、佐"等在潮汕只用于书面语的歌
韵字，其韵母 -o 便是文读音）。

总的来看，无论是语义还是语音，"渦"都与潮汕闽语口语中常见的
"□[ko¹]"对得上，应为"□[ko¹]"之本字。

三 "潖"的主要用法

(一)"潖烧"中的"潖"

"潖"可用于"潖烧"中。"潖烧"为烹饪方法,主要用来制作甜食。通常是用白砂糖腌制食材,静置几小时后倒入浓糖浆中熬制,直至浓稠多汁。成品食材被夹起时往往会往下滴淌浅褐色糖浆,对嗜甜者而言有很大的诱惑力。番薯、芋头、银杏、马蹄等都可以用来潖烧,以此法制作的食材可用"潖烧XX"来命名。例如:潖烧番薯、潖烧芋芋头、潖烧芋泥、潖烧白果银杏、潖烧钱葱马蹄等等。潮汕餐桌上常见的潖烧番薯芋便是潖烧番薯加上潖烧芋的简称。

"潖烧"的制作方式也可称为"□[ŋiaŋ¹]"或"□[kʰiak⁸]",这两字在潮汕闽语中没有同音字,本字不明。揭阳有的地方会将动词"□[ŋiaŋ¹]"用作构词语素,如"番薯□[ŋiaŋ¹]""芋□[ŋiaŋ¹]"指的是以"□[ŋiaŋ¹]"亦即"潖烧"的方式制作的番薯或芋头,后来又在这类名词前加上动词"□[khiak⁸]"来强调制作方式,组成"□[khiak⁸]番薯□[ŋiaŋ¹]"和"□[khiak⁸]芋□[ŋiaŋ¹]"等动宾结构。①

"□[ŋiaŋ¹]"或"□[khiak⁸]"都仅限于制作甜食,"潖烧"则可用于制作咸味菜肴。例如,潮汕有的地方有潖烧白菜、潖烧大头菜等菜肴,其做法与广府菜的"煲"类菜肴有相似之处。潖烧白菜是将大白菜、野生香菇、大虾干(或海米)、瑶柱(干贝)、干鱿鱼丝、姜片和因与"发财"谐音而备受广东人青睐的发菜一同放入锅中,加清水浸没食材,再放少许香油,大火烧开后转细火慢熬。待两三个小时后起锅,白菜与

图4 揭阳家常版"潖烧白菜"

---

① 蒙曾俊敏先生告知,特此感谢!

诸多食材混在一起，汤汁浓稠、香味四溢。潲烧白菜需盛到碗里，用调羹舀着吃，可见其软烂多汁之程度。

（二）形容词"潲"及其重叠式"潲潲"

"潲"的句法功能较为受限，用作形容词性成分时无法受到程度副词修饰，仅可用在"V+加+潲+□[tseʔ⁷]"（V得更稠一些）结构中。"潲潲"具有状态形容词的基本句法特征，可单用，也可受仅用于状态形容词之前的助词"呤"的修饰。

"潲"主要用以形容食物浓稠的样子。"潲潲"可形容：①食物汁多、浓稠的样子；②泥土、粪便或其他黏稠物湿软的样子；③地上湿漉漉的样子；④衣服破烂至极的样子；⑤伤口因溃烂而不断流脓的样子。例句如下：

（1）块糊擂加潲□[tseʔ⁷]。（米糊/浆糊擂得稠一点儿。）

（2）块糜煮加潲□[tseʔ⁷]。（粥煮得浓稠一点儿。）

（3）只块潲烧白菜块汤呤潲潲。（这道潲烧白菜的汤真浓稠。）

（4）向头块田涂潲潲，勿行去。（那边的田土是湿软的，别走过去。）

（5）路边块牛屎乞侬踏遘潲潲。（路边的牛屎被人踩得稀烂。）

（6）块涂炭□[tsʰiap⁸]着好久还未直，还呤潲潲。（土炭搅了很久还没好，还湿软湿软地。）

（7）涂下怎呢物到潲潲？（地上怎么搞得湿湿地？）

（8）间厝漏水，涂下拢潲潲溶。（这间屋子漏水，地下全是湿漉漉地。）

（9）伊双脚糜遘潲潲。（他的双腿溃烂得不行了。）

（10）个物汰潲，一身拢糜遘潲潲。（那个人是麻风病，全身都溃烂得不行了。）

（11）阮许珍时无乜好衫颂，所颂个衫拢破潲潲。（我们以前没什么好衣服穿，穿的衣服都破到稀巴烂。）

参考文献

李新魁：《潮汕方言词考源》，《学术研究》1964 年第 3 期。

李新魁:《李新魁音韵学论集》,汕头大学出版社 1997 年版。

汪荣宝:《歌戈鱼虞模古读考》,《国学季刊》1923 年第 1 期。

郑张尚芳:《上古音系》,上海教育出版社 2013 年版。

（黄瑞玲　西安 陕西师范大学文学院/语言资源开发研究中心

huangruiling2014@ 163. com）

陕北"打火"民俗的方言文化意蕴*

高 峰

提 要："打火"是指陕北各地在春节前后以"火"为主题的民俗活动。本文在田野调查基础上，描写陕北晋语"打火"的民俗事象，观察其地域分布和差异，考察方言和文化之间的互动关系，通过共时比较和历时溯源，揭示这一民俗现象蕴含的文化意义及其来源、传承与发展。

关键词：打火；陕北；方言文化；文化意蕴

在语言资源保护工程的实施过程中，"方言文化"是出现频率极高的概念。所谓"方言文化"，是指用方言形式所表达的具有地方特色的文化现象，包括地方风物、民俗活动、口彩禁忌、俗语谚语、民间文艺等，民俗文化是方言文化的主体和核心内容。从已有的研究看，方言文化研究的范式有"语言文化资源保护模式""方言文化互释互证模式"。此外，我们提出"语言文化现象考源模式"，即"在描写记录方言文化的基础上，在一定区域内考察民俗文化的不同语言表达形式和含义，对方言文化现象进行解释和溯源。这种研究范式强调从方言入手，深入挖掘和揭示方言词语、民俗事象背后的文化意义。"（高峰 2020）本文就是运用"语言文化现象考源模式"来考察研究陕北晋语区的"打火"民俗。

"打火"是指陕北各地在春节前后以"火"为主题的民俗活动。各地的叫法不完全相同，我们以延安的叫法"打火"统称之。

　＊ 本文为国家语委项目"陕北方言口传文化遗产典藏与综合研究"（YB2003C003B）的阶段性成果。

一　延安的"打火"民俗

延安的许多中老年人都有这样的儿时记忆，每年的月尽儿（除夕）、正月十五、正月十六的晚上，家家门前都会打火。

"打火"在点燃之前的程序基本相同：当日清早，人们去山上、河畔折一些干净的树枝或捡一些干净的庄稼杆儿，日出前返回家中，在院子里或大门前，把捡回的干柴叉架成堆。傍晚天色一暗，由男主人亲自点燃。因为各次"打火"的目的、寓意不同，所以点燃后的仪式不完全相同。

月尽儿清晨，除了拾柴，还要去河边砍些冰块儿，把碎冰块撒到院子里，寓意是银钱常有。大概是因为月光照在冰块上，银光闪闪，酷似银锭。晚上柴堆点燃后，人们在火堆旁烤火闲聊，然后散去，任火堆燃尽，第二天清晨清扫灰烬。过去民间认为，年三十儿晚上"打火"是为了驱邪、安神谢土。

正月十五打火，是敬老君爷（太上老君）。人们围着火塔或火堆转圈儿，同时往火里扔一些粮食粒，祈求平安、丰收；第二天清晨把燃剩的灰烬拨成七堆，在里面寻找粮食粒，有什么粮食粒就预示着这一年哪一种粮食会大丰收。这种预示在以前甚至会影响人们开春选种什么庄稼。

正月十六则是"打火燎百病"，全家参与。先是"跳火"，一家人一个接着一个跳过火堆，再抱着铺盖（被褥）、枕头在火堆上方甩几下。如果孩子小，就抱在怀里跨过火堆，或者双手架着孩子的胳肢窝在火堆上方甩半圈。同时，嘴里念念有词："燎百病燎干净，一年不害病。"等到火变旺、浓烟淡下去，人们就拿出"年茶饭"里的糕、油馍馍、米面馍馍等，穿在长长的细棍上，在火上烤热，一家人分食。"年茶饭"是腊月提前做好的春节期间吃的食物的统称，主要有油糕、馍馍、黄馍馍、烧肉、丸子、臊子、各种蒸碗等。陕北各地腊月都要做"年茶饭"。

二　陕北各地的"打火"民俗

"打火"在陕北各地叫法不同，时间和过程也有一定的差异。

神木、府谷、横山叫"打火塔子"，榆林、米脂叫"打火塔塔"，绥德叫"垒火塔塔"，"打、垒"同义。米脂、绥德、子洲、吴堡叫"打烟

图1　延安打火的柴堆　　　　　　　图2　燃烧的火塔

火"，清涧、吴起、志丹、延安叫"打火"。各地的不同叫法，与火堆的材料、形状等有关。北部的神木、府谷、榆林、横山等地盛产煤炭，常用煤块垒砌成塔状火堆，俗称"火塔塔、火塔子"，名称切合其形状。火塔或以大磨盘为底，或从地面拔地而起，用方方正正的大煤块垒成高塔状，塔芯儿里竖插一些助燃的"硬柴"和"碎炭"。众人集资、单位出资或寺庙里的大型火塔高达两三米，自家垒的则比较小，但都彻夜不熄。南部子洲以南产煤少，通常用"硬柴"（干树枝、庄稼杆儿、荆条或莎草等）扎成束再架成堆，有大有小，随人心意。柴堆点燃后有烟有火，叫"打烟火"或"打火"。绥德、米脂属于多煤区和少煤区的过渡地带，所以兼有两种火堆。"打火塔塔"和"打烟火"同时存在，属于民俗现象的叠置。

　　根据笔者的田野调查，以前各县区"打火"的次数往往三到四次不等，各地综合起来，举行的时间几乎包括了春节前后九个重要的日子：腊月二十三（送灶马爷）、月尽儿（年三十）、正月初一（大年初一）、小年（正月初六）、人七儿/人清儿（正月初七）、正月十五、正月十六、正月二十三/二十四（迎灶君）、二月二（龙抬头）。比如，延安是三次（见上文）；吴起、志丹是四次：腊月二十三小年、年三十、正月初七、正月二十四。

　　陕北各地"打火"仪式举行的时间不统一，寓意却基本相同，分为"鬼火、神火、人火"。除夕或人七儿（正月初七，清涧等是初六）的是"鬼火"，寓意是驱赶鬼怪。正月十五的是"神火"，敬老君爷（太上老君)，并卜问粮食播种事宜。正月十六或正月二十三的是 "人火"，人们转火塔、跳火堆，驱邪消病。

三 "打火" 民俗的分布

《中国地方志民俗资料汇编》《中华全国风俗志》汇集了清代和民国时期各地的方志资料，其中记载有民间与火有关的习俗。（丁世良等1989；胡朴安1986）《中国岁时礼俗》也提到一些地区的祭火习俗，认为 "除夕于庭院中拢火燃烧之俗在江南塞北都是比较普遍的"。（乔继堂1991）说明祭火仪式是全国普遍流传的一种民间风俗。不过南方和北方的仪式明显不同。例如，陕南安康同样是祈求平安健康，祭火仪式的核心是 "燃烧灯笼"：正月十六，孩子们打着舅舅送的灯笼出去玩耍，回家前把灯笼使劲转圈甩动使其燃烧，比赛看谁的灯笼先烧完。福建省漳州市顶岱山村，九月初九九龙宫踏火仪式，男性村民赤着脚，飞速地从火堆上踩过去。

陕北的 "打火" 仪式和邻省山西、内蒙古晋语区和甘肃等地比较接近：或转火堆，或跨过火堆。陕北的 "打/垒火塔塔"，山西平遥叫 "垒旺火火"，柳林叫 "垒火炉子"，怀仁叫 "垒旺火"，内蒙古也大多叫 "垒旺火"，甘肃靖远叫 "垒火堆"，都是用煤块来垒。比如内蒙古乌兰察布市，多用一个特制的火盆儿，用砖块架起来，上面垒上炭块，垒成塔状旺火堆。腊月三十儿白天把旺火垒好，上面挂上 "旺气冲天" 的红纸条。讲究点旺火的时间，要让新年、旧年交接的子时旺火烧得最旺。"交子" 之时，旺火正炽，爆竹齐鸣，焰火腾空，大人小孩儿围着旺火转圈儿，吃柿子、苹果，喝红糖水，期望新的一年事事平安，百病不生！

四 "打火" 民俗是中华多民族文化融合的产物

"打火" 是一种从遥远的过去一直持续至今的民俗现象。古代记载有 "燎柴" "燔柴" "庭燎"。《集韵·笑韵》："尞，《说文》：'柴（柴）祭天也。'或从火。《逸周书·世俘》：'时四月既旁生魄，越六日庚戌，武王朝至，燎于周。'"（罗竹风2001）"打火" 可能跟 "燎柴祭天" 的风俗有承继关系。

　　"打火"民俗的形成也与北方阿尔泰诸民族的原始宗教萨满教对"火"的崇拜有关。"从对一系列文化遗迹和考古文物的研究中,考古学家认识到,中国古代北方文化的一个重要内容是萨满教文化。就一定意义讲,萨满教文化是中国文化的一个源头,尤其是北方文化的源头。"(孟慧英2002)从匈奴到北魏(鲜卑)、辽(契丹)、金(女真)、元(蒙古)、清(满),中国北方曾经长时期处于阿尔泰诸民族的统治之下,北方文化受其影响是毋庸置疑的,它与"北方汉语阿尔泰化"正可相互印证。在萨满教的教义中,火来源于天界,最神圣洁净,能洗涤污秽、驱赶魔鬼、卜问休咎,任何宗教仪礼都离不了火。陕北等地的"打火"仪式用火来驱邪消病、预兆未来,包括蕴含的"敬神、娱神"等寓意,都和萨满教的基本观念相同。邻省山西、内蒙古晋语区和甘肃等地同陕北晋语区一样,"打火"过程中都有"转火塔""跳火塔"等动作,而且神木、绥德、山西柳林、怀仁等地都讲究左转三圈右转三圈,跟蒙古族转敖包的讲究相同,可能正是同一文化源头的反映。

　　至于正月十五打火敬太上老君,则和道教直接相关。而火塔的基本形制类似佛塔,又明显受到佛教的影响,其名称更是直接采用梵语借词"塔"。

　　可见,"打火"民俗是汉族文化、民族文化、道教文化、佛教文化等多种文化融合的产物。

五　"打火"民俗的传承和演化

　　时移世易,随着口承传统的语境逐渐消失和社会的进步,民间对"打火"民俗有选择地传承,抹除了被视作"封建迷信"的信仰要素。表现为次数减少,仪式简化。

　　过去,陕北各地从腊月到正月,每逢重要的时节都要打火。近年来打火的次数逐渐减少。横山保留四次,次数最多:年三十在自家门前"垒火塔子",正月十五由政府在街上"垒大火塔子",正月十六用玉米秆等"打烟火燎百病",正月二十三"撂火蝎子",是将柠条、圪针等点燃后扔下山崖,寓意扔掉一切灾害。绥德次之,保留三次:正月十五和正月二十三"垒火塔塔""转火塔塔",正月十六"打烟火"。米脂两次:正月十五"垒火塔塔",正月十六"打火"。如果从文化接触和历史层次的角度看，横山、绥德、米脂叠置着"打火"民俗的不同层次。① 多数地方则减成了一次：神木、府谷在年三十，延安在正月十六，定边在正月二十三，吴起、志丹在正月二十四。有意思的是，各县区在打火仪式中都保留了"撩病"的主题：陕北北部神木至子洲叫"撩（去声）百病"，绥德、米脂及以南叫"燎（阳平）百病"，靠西部的定边、吴起、志丹叫"燎干"（跟甘肃相同）。"撩"的意思是"扔"，"燎"的意思是"烧"，"撩"与"燎"声韵相同，又与"疗"谐音双关。"撩百病"意思是把各种病痛扔掉，"燎百病"意思是火把各种病痛烧掉，"燎干"意思是"让火把病或灾烧干净"。"撩百病、燎百病、燎干"寄寓着人们"一年无病无灾"的愿望。这意味着"打火"仪式的信仰功能逐渐消减，"祈求健康"的功能则被顽强地保留下来。

"打火"仪式不断简化，则与民间信仰的模糊、居住条件的改变、环保意识的增强有关。延安家住城区高层住宅的人们，往往以报纸代替柴枝，省略了找冰块等程序。绥德等地省略了"烤食物敬火神"的环节。另外，出于环保原因，现在陕北各地对"打火"的数量、规模都有一定的限制。在盛产煤炭的神木，市区内禁止"打火塔子"，只在农村或者寺庙可见。不过神木城春节前有商店专卖"火塔子"。"火塔子"用预制的型煤垒成，形状更像佛塔，也比较环保，体现了新环境下对传统民俗的传承和变异。

与此同时，人们又赋予"打火"以新意。燃烧的火塔和火堆成为生活红红火火的象征，同时"自娱"的色彩也更浓厚。"打火"与"扭秧歌、转九曲"一道，成了陕北最重要的年俗之一，也是孩子们最喜欢、期待的年节活动。冬春交接之际天气仍然寒冷，大人小孩儿放下一年的辛劳，围着大"烟火/火塔子"，跳跃、追逐、嬉笑、放炮（爆竹），喜庆热闹。所以，"打火"除了它所包含的传统意蕴，也被用来营造过年时喜庆的气氛。

如今的陕北，"打火"仪式的信仰意味越来越淡化，更多地寄寓着人们对当下、对未来的希望。

---

① 近年来神木等地也引入了点燃柴枝的"打火"，不过只用于白事。

参考文献

丁世良、赵放主编：《中国地方志民俗资料汇编》，书目文献出版社1989年版。

高峰：《探索方言文化研究的新范式》，《中国社会科学报》2020年8月19日。

胡朴安编著：《中华全国风俗志》，河北人民出版社1986年版。

罗竹风主编：《汉语大词典》，汉语大词典出版社2001年版。

孟慧英：《考古与萨满教》，《北方文物》2002年第1期。

乔继堂：《中国岁时礼俗》，天津人民出版社1991年版。

（高峰　西安　西北大学文学院　shenhuagao@126.com）

老西安的过年习俗

韩承红

提　要： 20 世纪中期的西安城区，人们非常重视节日，保留着比较完整的春节习俗，主要有祭祀、守岁、拜年、送灯等。孩子们口中的童谣、街上热闹的叫卖声，也使春节增加了丰富的色彩。

关键词： 老西安；春节；习俗；童谣；唱数

在 20 世纪五六十年代西安城里，过年有不少的讲究。

过年的第一个重大活动就是祭祀。年前每家都要打扫里里外外的卫生，把家中上房厅堂不用的东西都清理走，在年三十儿这天中午饭后，老人们先把家中先人（祖先）的牌位请出，依顺序摆放在厅堂条桌上，牌位前面摆上香炉、烛台、供品，桌子要有桌裙，地上有跪拜时用的垫子。接下来由家中的男丁在外面"接灵"，因为城市人家离坟地太远，加之交通不便，所以一般就在街道的十字路口烧纸，迎接先人回家。回家后点蜡烛、上香，家人跪拜，祭奠先人，然后才能吃年夜饭，接着一起守岁，女人们一边聊着家常一边包饺子，娃们家（小孩子们）则一起玩耍、放鞭炮，说着过年的童谣："新年好，新年好，穿新衣，戴新帽，吃白馍，砸核桃。"

"初一的饺子初二的面"，以面食为主的西安人，初一早上讲究吃饺子，饭后，小辈儿开始给老辈儿拜年，先给自己家老人拜年，接下来给本家长辈儿拜年。

初一是不走亲戚的，出门的女子（女儿）大年三十儿和初一也不能在娘家过。从初二开始，女儿开始回娘家拜年。出嫁女儿回娘家是有讲究的，结婚后第一个春节，娘家给定好一个日子，以后就一直按这个日子回来拜年，回来时，女子、女婿、娃一起回来，娘家叫"待女婿"。因为有约定的日子，为了热闹和省事，这一天除了自己女子一家外，同时来的还有侄女、外甥女等人。春节走亲戚要送礼，收礼的一方还要回礼，比如收到 10 个礼馍，一般留 6 个，回 4 个，再放些核桃、枣等食物，让送礼人的篮子不空。

正月初五家中地方小的人家，就可以撤走祭祀的牌位、香炉、烛台等，送走请回家的先人，叫"破五"，一切回归正常。

正月初六开始到正月十五，娘家、舅家开始给外孙、外甥"送灯"，即送灯笼。第一年送灯是非常讲究的，这一天，婆家要盛情款待娘家来送灯的人，送灯一般讲究要四到六对儿，条件好的，还有送八对儿的，灯笼必须要成双成对儿。不管送几对儿，必须有宫灯、莲花儿灯、火葫芦儿灯等品种，据说如果不送火葫芦儿灯就不算送灯。每种样式都代表着美好的寓意和祝福，莲花儿灯有"莲花坐子"的说法，火葫芦儿灯则寓意"前途光明"。送灯的时候，走到姑娘家门口要把灯点亮，因此说"外甥打灯笼——照（旧）舅"。送灯的同时还要送食物，比如元宵、粽子等是用来"坠灯"的，因为蜡烛在灯里燃烧的时候摇摆不稳，底下要用重东西坠着，保持平衡，元宵、粽子等食物是此功能的象征；送灯的礼物还要有麻花，因其形状细长，象征用来挑灯笼的竹竿；此外还有一种做成老鼠形状的蒸馍，叫"件儿"，有人说，西安话的"鼠"和"福"发音都是 fu，所以送老鼠形状的礼物有吉祥的寓意。外甥的灯一般送到 12 岁，满 12 岁这一年要有一个"完灯"的仪式，比之前的送灯都要隆重。老西安还有一种习俗，叫"躲灯"，说的是在正月十五的晚上，第一年结婚的新媳妇儿，要避开婆家的灯光，说是害怕新媳妇儿"害眼疼"，即得眼病。

过年期间，天刚一擦黑，孩子们三五一群，打着灯笼上街嬉戏玩耍，年龄相仿的淘气娃娃还相互撞灯，把谁灯笼里的蜡烛撞倒了，灯笼着火了才结束。打着灯笼还说着童谣："灯笼会，灯笼会，灯笼灭咧回家睡。奶奶不叫爷爷睡，爷爷在茅房开大会。"还有："打灯笼，照舅舅，俺舅藏在门后头。干啥呢，吓娃呢，把娃吓得叫舅呢。"

当时西安制作灯笼最有名的地方，是曲江塬上的三兆村，那里家家户户都做灯笼。春节期间，西安的灯市非常热闹，主要在八仙庵、竹笆市、东木头市等处，灯笼的品种繁多，令人目不暇接。

五六十年代的西安城，正月十五有民间社火队上街巡演，有香米园的竹马，大白杨的芯子，东仓、西仓、城隍庙、何家营等处的鼓乐，还有柳木腿（高跷）、狮子龙灯、大头娃娃、划旱船等，各路社火队围着钟楼转向四条大街，人山人海，热闹非凡，在西大街的城隍庙里，还有秦腔名角登台表演。西安的童谣有"锵锵，戚锵戚，城隍庙里看大戏"，说的就是此时的热闹景象。当年的莲湖、兴庆、儿童、革命这几大公园，都举办灯会、灯展，人们观花灯、猜谜语，热闹要持续四五天。正月十五要是碰上下雪天，叫做"雪打灯"，那可是吉祥的事情，民谚有"正月十五雪打灯，当年定是好年景"的说法。

正月十五吃元宵也是孩子们很盼望、大人们很重视的一项内容。孩子们的歌谣非常欢快："高楼高，高楼高，高楼底下卖元宵。元宵圆，元宵圆，元宵不圆不要钱。"西安话说，娃们家都"为嘴"（嘴馋）得很。那时候东大街的新中华甜食店有"元宵大王"之称，西大街的老关家甜食店、解放路百花甜食店、北大街甜食店以及东大街黎明泡馍馆的元宵也非常有名。在票证供应时期，一碗元宵是1两粮票9分钱3个，一般人就可以过过瘾了。

图1　元宵节（张永文绘）

图2　老城记忆（陶浒绘）

西安著名文化学者朱文杰在他的文章中记录了当时卖元宵的情景①：

　　五六十年代老西安卖元宵的唱着数元宵特别好听，你听他边唱边数元宵："一个的五咧，五个的十，十个的十五咧，听好了数，二十个够咧，包上咧个请。"其中"听好了数"，即叫你听好了复核再数一下；"包上咧个请"，则是给你把元宵包装好了，"请"即请走好，送客了。语言简练干脆，富含节奏韵味，尤其是大过年的听着极温馨舒服。而卖元宵的每次唱数不一样，唱词也在变，总之唱数时自己似

① 朱文杰：《从邮票上"吃元宵"说起》，《陕西交通报》2019年2月26日第01版。

平特高兴、特享受，沉浸在做小生意的乐趣之中。"唱数"应该是最惬意的吆喝了。

过去人们的经济并不富裕，但是非常重视节日，讲究礼仪，西安的老人家们说："宁穷一年，不穷一节"，意思是平时省吃俭用，日子过紧一点儿，省下来东西也要把节过好。

（韩承红 西安 陕西学前师范学院 hchxa@126.com）

关中西府年俗

张永哲

提　要：文章依次描写了关中西府的祭灶、吵年、扫舍、蒸年馍、过年等民俗事象，反映了西府年俗的内涵和特点。

关键词：西府；祭灶；吵年；扫舍；蒸年馍；过年

本文的"关中"是指今行政地理上的关中，包括渭南市、西安市、铜川市、咸阳市、宝鸡市，"西府"指今宝鸡市所辖地区，与明、清凤翔府管辖范围吻合（张永哲，2020：6—7）。西府各地年俗大同小异，凡不同之处在正文或注释中予以说明。西府话内部存在差异，凡方言说法统一注凤翔区虢王镇的读音。

关中西府有句民谣："腊八祭灶腊八节过后，腊月二十三日祭祀灶神，新年来到；女儿要花，儿子要炮；婆婆扯个新裹脚奶奶扯了块布做了条新裹脚布，爷爷要戴新毡帽。"腊八节一过，人们就开始了过年的准备活动，西府人叫"安顿年事〔ŋæ⁵³ tuŋ²¹ n̠iæ²⁴ ʂʅ⁴⁴〕"。安顿年事的活动丰富多样，年味也在一天天地变浓，下面从腊月二十三日的祭灶说起。

一　祭灶

"祭灶〔tsi⁴⁴ tsɔ⁴⁴〕"即祭祀灶神，西府人称灶神为"灶爷〔tsɔ⁴⁵ ie³²〕""灶王爷〔tsɔ⁴⁵ uɑŋ³² ie²¹〕"。民间认为，灶爷主管饮食，也掌管着一家的福禄，是一家之主，因此备受人们的敬奉。灶爷在凡间工作一年之后，要在腊月二十三日夜间回天宫述职，人们采取各种形式为其送行，一则对灶爷一年来为保佑全家付出的辛劳表示慰问和感激，二则希望灶爷"上天言好事，下凡降吉祥"，报喜别报忧，莫在玉皇大帝面前打小报告。

祭灶由负责全家饮食的家庭主妇主持。第一步是准备祭品。祭品主要有灶干粮（也叫"干粮"）、灶糖、灶花、五色粮食等。"干粮〔kæ⁵³ liaŋ²¹〕"是当地人外出常带的一种烧饼，味美、食用方便、耐保存。干粮用于祭灶时就叫"灶干粮〔tsɔ⁴⁵ kæ̃³² liaŋ²¹〕"（见图1）。灶干粮以小麦粉为原料，和面发酵好后，加少许盐，有人还会在里面加些香料，将面揉至软硬均匀，切分成大小一样的小面团，面团擀制成比碗口略小的圆饼，用梳子、发卡、顶针等在饼上扎刺或压印出各种图案，再于饼上撒少许芝麻，等饼稍稍发起，轻轻放入擦了油的锅里用文火烙，翻转几次，十五到二十分钟左右，饼变成橙黄色，灶干粮就烙熟了。出锅的灶干粮散发着香味，一般十五公分大，两公分厚。灶干粮通常烙十二个（即一个月一个），遇有闰月的年份要烙十三个。① 民间认为，从凡间到天上路途十分遥远，灶干粮就是送给灶爷一路上吃的。"灶糖〔tsɔ⁴⁵ tʰaŋ³²〕"是用蔗糖水调和黄米粉（当地叫"糜面〔mi³¹ miæ̃⁵³〕""糜子面〔mi³¹ tsʅ⁵³ miæ̃⁴⁴〕"）"熬制的一种黏性大的糖。送灶糖的用意有两个：一是慰劳，二是怕灶爷上天后打小报告，用灶糖糊住灶爷的嘴，不让在玉帝面前乱说话，也想让灶爷嘴甜一点，多说好话，来年给家里一个好光景。"灶花〔tsɔ⁴⁵ xua³²〕"是把蒸馒头用的面搓成条，然后盘成大小不一的圆馒头，每个中间夹一个大枣，蒸熟后由大到小一层一层地摞在灶爷跟前，叫"灶山〔tsɔ⁴⁵ sæ̃³²〕"（见图2），意思是灶爷可以从这"山"上到天上去。另外，还会用竹篾编制灶爷上天骑乘的纸马，并准备一把喂牲口的草料。"五色粮食〔u⁴⁴ sei²¹ liaŋ³¹ ʂʅ⁵³〕"就是从当地普遍种植的小麦、玉米、高粱、谷子、黄豆、红豆等粮食中取出五种，由于颜色各异，故名五色粮食，寓意灶爷保佑全家五谷丰登。

图1　灶干粮　　　　　　　　　图2　灶山

---

① 当然，若家人喜食，会多烙一些，这就另当别论了。

第二步是祭灶仪式。祭灶一般在晚饭前进行。天快黑时，主祭人将手和脸洗干净，在灶爷牌位前点两根蜡烛，插三炷香，烧几张黄表纸。这时，户外燃起鞭炮，以示祭灶开始。接下来摆放祭品，由于灶爷牌位安置在紧挨锅台一侧的墙上，空间狭小，故往往以锅盖为祭台，上置一托盘，在盘里摆放各种祭品。主祭人边摆边念念有词，如摆放灶干粮时说："十二个干粮一炷香，打发灶爷上天堂，玉皇爷若问凡间事，就说弟子都安康。"还会从每个灶干粮中心抠取一小块儿放入盘中，以示灶爷享用。接着，把贴在牌位上的灶爷画像小心翼翼地撕下来，用筷子将盘里的灶糖夹一点儿涂抹在灶爷的嘴上，边抹边说："灶王爷，你嫑嫌别嫌弃，糜面馍馍_{黄米粉烙}的饼比蜜甜；到了天宫说好话，弟子一家都团圆。"祭灶过程中，主妇还会对灶爷嘱托一些话，如"让某某的病赶快好了""让某某考上大学""让某某找个好工作"等。在妇女们心中，灶爷俨然是家庭和上天沟通的纽带。最后，慢慢地烧掉灶爷画像，示把灶爷送上了天。给灶爷磕三个头，祭灶活动基本结束。第二天早晨，将祭祀留下的灰烬和少许干粮末儿用黄表纸包起来，扔到河里或田间，① 至此，祭灶才算正式结束。

待到除夕，灶爷又会与其他诸神一同被请到人间。灶爷被认为是给天上诸神下凡引路的，其他诸神在过完年后再度升天，只有灶爷会长久地留在主人家厨房里。

二 吵年

"吵年 [tsʰɔ⁵³ ȵiæ̃²⁴]"，也叫"贺年 [xuo⁴⁴ ȵiæ̃²⁴]"，是指打锣鼓。传说，"年"是一种头长尖角的怪兽，体形庞大，凶猛异常，它平时深藏于海底，一到岁末便爬上岸来掠食噬人。人们吓得躲进深山。起初，人们对"年"无可奈何，整日心惊胆战，饥寒难耐之下，有人开始生火取暖、做饭，柴火燃烧的"噼啪"作响声，锅碗的碰撞声，及其他各类声响嘈杂一片，竟然把"年"给吓跑了。人们惊奇地发现，"年"的一个致命弱点就是怕响声。于是，大家试着在村庄敲锣打鼓，齐声呐喊，燃放爆竹，"年"再也没敢来。由此相沿成习，每到过年，人们就聚在一起，吵吵嚷

---

① 有的地方，大户人家有上马石的，将纸包倒在上马石前，意即灶爷骑马出发了；穷苦人家没有上马石，就将纸包倒在碌碡后面，意即灶爷踏着碌碡上马了。

嚷，用震天响的锣鼓声驱赶"年"，祈盼平安。

西府基本上村村有锣、钹、鼓等乐器，每年腊月二十三祭灶至正月二十，都有打锣鼓之俗，其中，正月初一、初五、十五三天及各村庙会日敲锣打鼓是必备的活动。下午或傍晚，男人中的爱好者按套路有板点地敲打着锣鼓，男女老少闻声前去看热闹。过年期间，有些村子之间还要进行锣鼓大赛，看谁家的锣鼓打得整齐，有气势，而且形式更加多样。鼓谱有"十样锦""风搅雪""咚咚嚓""慢三锤""紧三响"，等等。

三　扫舍

"扫舍 [sɔ⁵³ ʂɚ⁴⁴] "就是岁末大扫除。祭灶前后，① 家家户户就开始彻底打扫家宅卫生，以示去旧迎新和祈新岁安康。腊月里白天时间短，扫舍的任务紧张繁重，当天，全家大人小孩一大早起来就得动手。扫舍时，先将屋内家具、被褥、炕席（包括压在席下混杂着尘土的旧麦秸）、锅碗瓢盆等可移动的物件全部搬到院子空旷处，穿上旧衣服，戴上草帽，用毛巾围住口鼻，手持长把笤帚，脚踩梯子，将房顶或窑顶的灰尘、蜘蛛网、纤维等统统扫下来，尘埃落定后，清理掉屋内垃圾，洒上水，将门窗等擦拭干净。过去，农村多为土木结构的房屋，房屋打扫干净后，用水把白土（当地叫"白墙土 [pʰei²⁴ ʂæ⁴⁵ tʰu³²] "）泡成稀泥，手拿废旧布片，蘸着白土泥水将里里外外的墙壁粉刷一新。墙壁某处跌落一块，还得先用和着短小麦秸的泥补上，待几日晾干后再进行粉刷。屋里搬出的物件擦洗干净后再搬回屋内，摆放整齐。将炕席卷起，在屋外用棍子掸净席缝中的杂物，往炕面上铺一层干净的新麦秸，再依次铺上炕席、被褥。未来几天，大人小孩抽时间理发、洗澡；男人们还要清理掉厕所、畜圈里的粪便，将粪土拉到田地里散开，往后院拉满够一个月使用的干土；妇女们拆洗、缝补被褥和衣服。

四　蒸年馍

扫过舍后，接下来依次是磨面、蒸年馍、糊窗子、贴窗花。这里介绍

---

① 扫舍时间西府地区不一，有的地方讲究在祭灶前扫舍，有的地方讲究在祭灶后扫舍。

一下"蒸年馍〔tʂən³¹ n̠iæ̃²⁴ mo⁴⁴〕"。"馍""馍馍"在关中方言中含义十分丰富，馒头、花卷儿、烧饼、锅盔、包子等统称为"馍〔mo⁴⁴〕""馍馍〔mo³¹ mo⁵³〕"。平日里西府人对吃的馍馍没有什么讲究，但过年不吃烙的馍馍，一定要吃蒸的馍馍。这个讲究可以用本地的一句俗话进行诠释："三十后晌借接口哩腊月三十下午借蒸笼，你蒸也教我烙也吗你要蒸，却让我烙吗（两个"也"同读"〔ia²¹〕"，为后事时助词)？""蒸〔tʂən³¹〕"即蒸蒸日上，"烙〔luo³¹〕"音同落，即下降。人们期盼日子过得一年胜过一年，蒸蒸日上，谁也不愿落在人后。

"年馍〔n̠iæ̃²⁴ mo⁴⁴〕"（见图3）讲究圆、光、白，馍馍的顶端还要点上红色梅花点。年馍大致分为三类：一类是家人和招待亲戚时吃的馒头；一类是作为神灵的供品，个头较大，俗称"献祭〔çiæ̃⁴⁵ tsi³²〕"；一类是给亲戚的回礼，个头较小，俗称"回盘〔xuei³¹ pʰæ̃⁵³〕"。

为示丰足，年馍比任何时候都蒸得多，要能食用到正月初十以后。年馍既不能蒸得太早，也不能蒸得太晚，一般赶腊月二十八蒸好。太早的话，馍馍存放时间过长，容易干裂，样子不好看，味道也就变了，不好招待客人。正如俗话所说："亲亲亲戚游到初四五，炸皮表皮破裂馍馍酸豆腐。"也不能动手太晚，过年前一两天如果下雪，柴湿了就很麻烦①，湿柴烧火只冒烟，火势上不去，馍馍就蒸不好。年馍是妇女们的体面，大家对这项工作都特别认真、谨慎。蒸年馍时忌讳有人来借东西，更忌讳妇女在厨房门口一脚门里、一脚门外站着说闲话。有些女人在蒸年馍的时候会关闭大门，避免外人打扰。

图3　年馍

图4　灶帘

---

① 过去人们房舍较少，柴草基本堆放在露天，遇雨雪就湿了，给烧火做饭带来不便。

年馍出锅后放在大笸箩中晾凉，然后在缸（土语叫"瓮 [uŋ⁴⁴]"）底铺上干净的麦秸，缸四周也用干净麦秸垫上，再一个个把馍馍放进去，馍馍放完以后，上面蒙一层干屉布，最后用盖帘把缸盖上，这样做一定程度上可以防止馍馍受冻、干裂和霉变。

五　过年

西府人将除夕日称为"大年三十 [ta⁴⁴ ȵiæ²⁴ sæ³¹ ʂɿ²⁴]"，这天要做的事情很多。早起打扫室内外卫生。吃完早饭，妇女们主要忙着准备过年吃的饭菜，男人们则忙着贴春联、迎神请祖等。有些人家年货尚未置办齐全，还得连忙去集市上买年货，这个时间很紧张，因为大年三十的集市是"跑集 [pʰɔ⁴⁴ tsʰi²¹]"，集市只开半天时间，正午一过，集市就散了，商家们也回家过年去了，即使有钱也买不到需要的东西了。

午时，家家户户开始贴春联和家宅保护神的画像，迎接诸神的到来①。西府人管对联叫"对子 [tuei⁴⁵ tsɿ³²]"，凡大小门都要贴对子，诸神画像左右也要贴。本地家里敬奉的神灵主要是门神、土地神、灶神、天神、井神、仓神、弼马温，西府方言分别叫"门神 [məŋ³¹ ʂən⁵³]""土地爷 [tʰu⁴⁴ tsʰie²¹ ie²¹]""灶爷 [tsɔ⁴⁵ ie³²]""天爷 [tsʰiæ⁵³ ie²¹]""井王爷 [tsiŋ⁴⁴ uaŋ²¹ ie¹]""仓神爷 [tsʰaŋ⁵³ ʂən²¹ ie¹]""马王爷 [ma⁴⁴ uaŋ²¹ ie¹]"，统称"爷爷 [ie³¹ ie⁵³]"。门神的对子内容丰富多样，既可以自拟语词，也可以沿用以往的语词，具体内容依各家喜好而定。其他神灵的对子内容比较固定，土地爷为"进门一老仙，四季保平安""土中生白玉，地内产黄金""天高悬日月，地厚载山川"；灶爷为"上天言好事，下凡降吉祥"；天爷为"太平原有象，造物本无私"；井王爷为"龙泉供百口，福水养万家""井能通四海，水可达三江"；仓神爷为"年年取不尽，月月用有余"；马王爷为"槽头兴旺，六畜平安"。门楣和除门神之外的诸神画像顶端还要贴彩色门笺，西府人管门笺叫"旗旗 [tɕʰi³¹ tɕʰi⁵³]"，门楣上的旗旗形状大小似铁锨头，也叫"铁锨头 [tsʰie³¹ ɕiæ²¹ tʰou¹]"，诸神画像顶端贴的是深红、粉红、黄、绿、紫五种色彩的窄小旗旗，也叫"五色旗旗 [u⁴⁴ sei²¹ tɕʰi³¹ tɕʰi⁵³]"。铁锨头上

---

①　西府有些地区迎神活动在午饭之后。

除镂空花纹外，还刻有字，每张一个字，可以三张组合并贴，也可以四张、五张组合并贴，构成三言、四言、五言的吉祥语，如"迎新春""新年好""福禄寿""四季平安""风调雨顺""万象更新""吉星高照""福禄寿喜财""平安好运来""家和万事兴"等。灶爷画像五色旗旗下面要先贴"灶帘"，"灶帘 [tsɔ⁴⁵ liɛ̃³²]"（见图4），顾名思义，灶爷的帘子，为巴掌大形似帘子的一张浅黄色带红边的薄片纸。另外，还要贴春条和"福"字，如家门口一侧贴"出门见喜"，卧室贴"身体健康""身卧福地"，院内贴"满院春光"，树上贴"根深叶茂"等。该贴的都贴完之后，下来敬神，给诸神一一点蜡上香，然后燃放鞭炮迎接诸神到来。外出回家的人要赶这个时间回到家中团圆。然后才吃午饭，这一顿饭要把所有剩饭吃完，剩饭不能放到下一年去。

下午，男人们领着家里男孩，拿上蜡烛、香、纸钱、烟、酒、茶水、水果等去祖坟祭拜，请祖先亡灵回家一起过年，土语叫"请先人 [tsʰiŋ⁵³ siɛ̃⁵³ ʐəŋ²¹]"，但大多数人习非成是地认为除夕上坟是为先人送过年的各类用品，让他们在阴间也能过个祥和的春节。等请完先人，天也就快黑了，下来就是晚上吃年夜饭。

吃年夜饭，西府人叫"喝酒 [xuo³¹ tsiou⁵³]""抄盘子 [tsʰɔ³¹ pʰɛ̃³¹ tsʅ⁵³]"。每个独立的小家庭的所有成员可以一起吃年夜饭，一个大家庭也可以一起吃年夜饭。大家庭的概念具有伸缩性，同胞弟兄家庭合在一起可以称为大家庭，五服以内的家庭合在一起也可以称为大家庭，这个大家庭土语叫"门子 [məŋ³¹ tsʅ⁵³]""家门 [tɕia⁵³ məŋ²¹]"。平时，若无喜事、丧事及其他重要事情，同一门子的叔伯弟兄很难聚到一起，但每年除夕夜是规定的团聚日子，这种吃年夜饭的形式最为普遍，也最为隆重。天黑不久，祭祀过诸神，男人们各自端着自家准备的一道菜，或荤，或素，或凉，或热，有的还会带上烟、酒，先来到最年长的祖辈或父辈家。坐定后，大家依次给这家长辈敬酒，敬完酒后齐举杯，再动筷子吃菜，一边吃、喝，一边聊，聊的内容一般是当年的农业收成，各人一年来的生活、工作情况，村子及周围已经或即将发生的各类事情，碰杯声、碗筷声、聊天声、说笑声等汇成一股欢快的交响乐，浓浓的亲情味洋溢其间，平时兄弟之间发生的摩擦、矛盾等一般也在这欢乐的气氛中消除了。一段时间后，大家回家重新端了一盘菜又去了年龄次长的祖辈或父辈家，这样依辈分、年龄顺序一家接着一家聚，等结束就到十一点来钟了。这下回家准备放炮迎新年。

全家人聚在一起守岁，西府土语叫"熬残年［ŋɔ²⁴ tsʰæ̃³¹ ɳiæ̃⁵³］"。全家人吃过年夜饭后，边看春节联欢晚会边包饺子，有说有笑，不知不觉间就快到午夜十二点了，急忙做好放炮的准备。新年钟声敲响的瞬间，整个村庄鞭炮齐鸣，迎接财神爷下凡。有些地区还要在院子里烧"柏朵［pei³¹ tuo²¹］柏树枝叶"，撒入紫苏、白芷、藿香等，袅袅柏烟中散发着香味，即芳香缭绕迎财神，也希望用这吉祥的烟熏走晦气，迎来祥运。

大年初一天未亮，鸡未鸣，人们就早早起床，人们认为，一年的第一天"早"，全年的各样事情就早，早即勤，勤则富，故形成了"赛早"习俗。洗漱毕，先祭祀诸神，接着鸣炮，之后尽快做好和吃完新年的第一顿饭。大年初一的早饭可以吃臊子面，也可以吃饺子，以前只吃臊子面，饺子和臊子面都是带汤的。第一碗饭必须敬诸神，将碗中的汤给诸神滴一点儿以示享用。家有老人去世，需舀一碗祭在牌位前。然后由家里长辈先吃，其他人随后吃，妇女在厨房忙碌，吃得最晚。不到八点，早饭就吃完了。

同一门子的男人们匆忙领着穿着新衣服的孩子，成群结队去祠堂"朝祖［tʂʰɔ²⁴ tsu⁵³］祭祖"，路上碰到乡邻，互致祝贺："年过得好！"祠堂会给前来朝祖的每户各发两根"麻糖［ma³¹ tʰɑŋ⁵³］麻花"，麻糖拧成绳状，寓意同祖之人团结和睦。①女人们则带着香、蜡烛、烧纸、水果等去庙里或寺院求神拜佛，祈祷全家幸福安康。

很快，锣鼓喧天，村庄沸腾，人们开始在村里相互拜年。一般是大人带领孩子们，逐户给同一门子的长辈拜年。长辈端出花生、瓜子儿、糖、水果等进行招待，逐一给孩子们发"年岁钱［ɳiæ̃²⁴ suei⁴⁵ tsʰiæ̃³²］压岁钱"。

当地同一姓氏往往聚族而居，大村庄多有两个以上的姓氏，他们和谐相处，新年第一天各姓氏的族人还会敲锣打鼓到对方祠堂进行拜贺。

中午，全家人围成一桌吃菜，凉、热、荤、素搭配，吃着菜就着馒头，喝鸡蛋醪糟汤、红枣儿米汤。

下午便是各类娱乐活动。孩子们三五成群地玩耍，村子里不时发出一声炮响，那是男孩子们将一整串鞭炮拆散开后一个一个地在放。大人们或

---

① 年夜饭也吃麻糖，寓意相同。

敲锣打鼓，或聚在一起闲聊，或陪小孩子们玩耍。其中有一项大人小孩都喜欢的活动就是打秋千，既娱乐，又健身。有些人还会一起开车去扶风法门寺、岐山周公庙、凤翔灵山等名胜景区游玩。全年难得有这么一天共同的休闲、娱乐时间，人们尽情地享受着新年的欢乐。

参考文献

李福蔚：《西府民俗》，陕西旅游出版社 2000 年版。

肖逸：《"吵年"与"炒年"》，《宝鸡日报》2015 年 2 月 10 日第 A11 版。

张永哲：《凤翔方言代词研究》，硕士学位论文，陕西师范大学，2011 年。

张永哲：《关中方言词汇研究》，陕西师范大学出版总社有限公司 2020 年版。

中国人民政治协商会议陕西省凤翔县委员会办公室：《凤翔民俗》，三秦出版社 2016 年版。

中国人民政治协商会议陕西省千阳县委员会：《千阳民俗》，三秦出版社 2016 年版。

（张永哲　西安　陕西师范大学文学院/语言资源开发研究中心
zhangyongzhe1985@126.com）

陕南春节的祭祀习俗
——"上亮"

柯西钢

　　春节是阖家团圆的时刻，也是敦亲祀祖的日子，陕南春节的"上亮"是一年中最隆重的祭祀活动，也是亲朋之间一种非常重要的团聚沟通方式。记得每年腊月，老人们都要谈起某位过世的老辈子（前辈）给自己托梦了之类的事情，那是潜意识里觉得到了该祭拜祖先的时候了。

　　陕南春节期间的祭祀活动主要包括送灶、接灶、祭城隍、上亮等，各地举行的时间和程序会略有不同。本文主要介绍年三十的上亮。

　　陕南团年（吃年夜饭）大多在年三十中午，吃完趁天还亮着就要去先人的坟前上亮，进行本年度最重要的祭祀活动了。

　　上亮需要准备的主要是火纸、香、蜡、炮子（鞭炮）、花子（烟花）等。火纸是一种用野竹、杂草等制成的黄色粗纸，质地粗糙，容易燃烧。买回家的火纸要存放在干燥处，以免受潮。火纸在祭祀之前有个程序叫"打纸"，就是在火纸上打上钱的"印记"，使之成为纸钱，在祭祀时焚化。打纸非常有讲究，要由家中长子操作，要在中午12点以前完成，要用专门的"钱镯子"（一端镶上银元的木槌见图1、图2）。打纸时需先取一叠火纸（厚薄均可，薄点"印"得更充分，"打纸"见图3），将钱镯子上的银元比在火纸上，再用一根木棒击打"钱镯子"的另一端，银元的轮廓就印在了火纸上。打好的火纸上满是银元的圆形印记，要横竖交叉叠放，和未打的区别开。还有简单些的做法就是将百元钞票按在火纸上，用指甲画出轮廓。以往陕南都讲究买了火纸回家自己打，心诚意真，现在大家这方面的意识逐渐淡薄，加之商贩服务周到，大多数人便直接买打好的火纸去上亮了。

　　过去陕南一直是土葬，坟墓选址特别讲究，大多落在风水好的地方。老家白河的坟墓主要建在县城西南边的绣屏山腰，可以俯瞰全城，被称为"六居委"（县城居民委员会一共只有五个）。这些地段都是在山高陡峭、

图 1　钱镯子 1（陈刚拍摄）

图 2　钱镯子 2（余晓莉拍摄）

图 3　打纸（余晓莉拍摄）

蜿蜒难行之处，给每次上亮带来了不便，如果再遇上雨雪天气，更加难行。但在祭祀的后辈来看，越是难行越能考验自己的诚心，也越能打动先人，给自己带来福报。

年三十下午两三点钟开始，本来各家各户都关着门团圆的县城慢慢热闹了起来，三五成群去上亮的人们涌上街头。因为目的地相对集中，大家大多和亲友相约前往，边走边聊，热热闹闹的。碰到熟识的人，见面第一句就是"年办得怎么样了？"对方的回答一般都是程式化的"年在你那儿啊！"小孩子们已经迫不及待地把过年的新衣服穿上了，大人们就不停地在后面叮嘱着爬山慢点儿。陕南山区的春天来得更早一些，春节时山里已经泛了绿意，赶上天气好，上亮爬山其实就是一趟早春游了。很多平时见不到的朋友都能在上亮途中相遇，大家互相打着招呼，频频驻足小聊几句，温暖而惬意。

来到先人坟前，简单收拾一下坟边的灌木、打理一下坟头的蒿草，就可以开始上亮了。上亮的核心环节是在坟龛里立稳点燃的蜡烛，需要拿一个小瓶子或小石片等支撑物，将蜡烛粘立在上面，保证在燃烧的过程中不会倾倒。因为要使在万家灯火通明的新旧年交替之际蜡烛仍然明亮，要选择至少能燃烧十来个小时的粗蜡。蜡烛放好后需用报纸等封住坟龛，以防被风吹灭。这个过程非常讲究：密封的物体要透光，要牢固地粘贴在坟龛两边，还不能完全将坟龛封死，上下要留一点缝隙，否则会有空气不足无法燃烧之虞。讲究点的人会在坟龛里放一个充电的小夜灯，点亮时间会更久，以期让逝去的先人能够多多共享明亮的美好生活。入夜后，山脚下县城里千家万户张灯结彩，辞旧迎新；山间坟园也都是点燃的烛火，似繁星点点，天上人间一起迎接新年的到来。

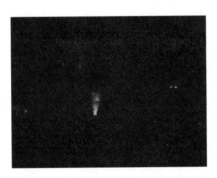

图4　入夜后的坟园（余晓莉拍摄）　　　　图5　上完亮的坟园（余晓莉拍摄）

　　蜡烛安放完毕就可以开始烧纸了。烧纸时需要把打好的火纸正面（有钱印的那面）朝上对折，先取一两张引着，然后再陆续添纸。烧纸者需要跪立，一边添纸一边祈求先人保佑，一般常说的有"某某（逝去先人的称谓）捡钱噢！""某某（逝去先人的称谓）保佑我噢！"也可以喃喃地汇报着自己的工作生活，提出希望得到的支持，和逝去的先人们进行跨时空的交流。烧完纸要上香，一般每人上三根或一根，不能上双数。上完叩头作揖，祈求祖先保佑。上亮的最后一个环节就是放炮放花子，噼噼啪啪热闹一番。现在随着烟花燃放禁令的执行，上亮也就没有这个程序了。火纸燃烧殆尽，确定不会有引燃附近草木的风险之后，大家就相携缓步下山。此时小小的县城已经华灯初上，春晚就快开始了。

　　正月十五也要上亮，和年三十的环节相同。白河有句言子（谚语）"三十夜的火，十五夜的灯"，说的就是年三十和正月十五，不仅家里，逝去的先人坟头也要灯火通明，让先人与今人共度新年。老家上亮讲究扶老携幼、全家参与，大家一起通过这种极富特色的形式为逝去的先人送上自己的思念与敬意，感恩祖德，慎终追远。

　　近几年，随着火葬的逐步普及和城市开发，坟园的数量在逐步减少，加之人们环保意识的树立，年三十和正月十五去上亮的人慢慢减少，上亮时烧纸点蜡的环节也在简化。大家逐渐住进城市、搬进高楼，离先人坟园越来越远。因为越来越不方便，上亮也逐渐被其他的祭奠方式替代，这一陕南老家重要的过年习俗在慢慢变淡，这一儿时过年的温情元素也在记忆中慢慢消逝了。

（柯西钢　西安　陕西师范大学文学院/语言资源开发研究中心

kexigang@ snnu. edu. cn）

文献词汇研究

黄侃《〈通俗编〉笺识》与词语释义[*]

曾昭聪

提 要：黄侃为清代翟灏《通俗编》作了笺识，立足于词语释义的角度与方法对黄侃笺识进行分类总结与疏证，可以对黄侃关于"发明"的学术研究观点有更为深入的理解。

关键词：黄侃；《〈通俗编〉笺识》；词语释义；角度；方法；发明

清代翟灏《通俗编》是清代俗语辞书中成绩最大者，共 38 卷，采集方言俗语 5456 条，分 38 类，每类下面分别收录相关词目。每一词目下引用书证以明词义与来源，或加按语。中国近代民主革命家、语言文字学家黄侃先生极重视《通俗编》，曾在书眉对该书 364 个条目作了"笺识"。笺识原收录于《量守庐群书笺识》①。因学界对《〈通俗编〉笺识》的系统研究尚付阙如，故拟对其作系统整理与研究。

本文拟立足于词语释义的角度与方法，对《〈通俗编〉笺识》中的相关内容进行分类总结与疏证，以揭示黄侃在相关研究方面的成绩。本文所引《通俗编》据乾隆无不宜斋雕本，并参考了颜春峰点校本的标点；本文所引黄侃笺识据《〈通俗编〉笺识》，引文后标明《〈通俗编〉笺识》在《量守庐群书笺识》中的页码。篇幅所限，每类只举数例。引用训诂材料时古人专书用略称且省去书名号；引文中少数文字有必要时保留繁体形式。

---

* 本文为国家社科基金重大项目"汉语词源学理论建设与应用研究"（17ZDA298）的阶段性成果。

① 黄侃笺识，黄焯编次：《〈通俗编〉笺识》，载《量守庐群书笺识》，武汉大学出版社 1985 年版，第 417—460 页。颜春峰点校《通俗编》时又将黄侃笺识以当页脚注形式一一过录在相应条目之下，颇便利于治学者，见《通俗编（附直语补证）》，中华书局 2013 年版。

一 语音角度

(一) 从连绵词角度释词

连绵词是汉语中的一种特殊词,其书写形式基于其双声叠韵的语音基础而不拘于某一固定的形体。如果对连绵词进行释义只专注于其中某一书写形式,可能会过多地从字形上考求而不能准确揭示词义。黄侃的笺识注意到连绵词的语音基础及书写形式上的字无定体,在释词时举一反三,故而释义准确。例如:

(1)《通俗编》卷八"娄罗"条:"《唐书·回纥传》:'含具绿[俱录],华言娄罗也。'盖聪明才敏之意。《五代史·刘铢传》:'谓李业等曰:诸君可谓偻儸儿矣。'《宋史·张思均传》:'思均起行伍,征伐稍有功,质状小而精悍,太宗尝称"楼罗",自是人目为"小楼罗"焉。'苏鹗《演义》:'人能搂览罗绾,谓之"搂罗"。''搂'字从手不从木。《酉阳杂俎》:'天宝中,进士有东西朋,各有声势。稍伧者多会于酒楼,食毕罗,故有"楼罗"之号。然梁元帝辞云:"城头网雀,楼罗人著。"及《南史·顾欢传》:"蹲夷之仪,楼罗之辩。"则知"楼罗"之言,非始于唐。'按:古人多取双声字为形容之辞,其字初无定体,故或作'娄罗',或作'偻儸',或又以'娄'作'楼''搂'。《笑林》载:'汉人过吴,吴人设笋,问:"是何物?"曰:"竹也。"归而煮其床箦不熟,乃谓其妻曰:"吴人轳辘,欺我如此。"''轳辘'亦'娄罗'之转,大率言其僄狡而已,苏、段以义说之,皆属穿凿。"

黄侃于词目下笺识:"'娄罗'盖'磊砢、磊落、礧硌、历录、牢笼、玲珑、寥亮'之同类语。"(p.420)

按,《通俗编》所说"古人多取双声字为形容之辞,其字初无定体","苏、段以义说之,皆属穿凿",极确。盖连绵词以音记词,故字无定体,黄侃进而指出"'娄罗'盖'磊砢、磊落、礧硌、历录、牢笼、玲珑、寥亮'之同类语","同类语"即指连绵词这一特殊类别的词。《汉语大词典》"磊砢"条:"亦作'磊坷'。亦作'礧硌'。""磊落"条义项一:"亦作'磊犖'。""寥亮"条:"后多作'嘹亮'。"已指出这些连绵词有不同的书写形式。另外,"磊硌"即"磊砢"之音转,"历录"又可作

"历鹿""轳辘""历碌"等词形①，"牢笼"又可作"捞笼""牢龙"等，"玲珑"又可音转为"玲琅"等，均是连绵词字无定体的表现。

（2）《通俗编》卷十三"将将朵朵"条："庄绰《鸡肋编》：'世俗以手引小儿学行谓之朵，有"将将朵朵"之谣。'按：《易》正义释'朵颐'云：'朵是动意，如手之捉物，谓之朵也。'《广韵》别有'跢'字，丁佐切，训'小儿行'。《集韵》转平声，训'携幼行也'。《类篇》又作'踒'，音与朵同。踒踒，小儿行态。'将'，《尔雅》云；'送也，资也。'谓资辅以送其行也，《说文》作'牄'，云；'扶也。'《仪礼》凡言'相将'，皆谓彼此相扶助。《晋书·载记》：'诸将谓姚苌曰："陛下将牢太过。"'注云：'将牢，犹俗言把稳。'《广画录》有'乳母将婴儿图'。'将将朵朵'之谣，义真而词远矣。"

黄侃于词目下笺识："当为'趄趄'，与'差池''蹉跎'同意。"（p. 423）

按，"朵"同"朵"。《通俗编》以为"朵"有"以手捉物"义，"跢"有"小儿行""携幼行"义，"踒踒"，"小儿行态"；"将"，"资辅以送其行"，《说文》作'牄'，"扶也"。黄侃则从连绵词角度认为"当为'趄趄'"。"趄"，《说文·走部》："趄，走意。""趄"，《说文·走部》："趄，趄趄，久也。"段玉裁校改为"夂也"，注："夂，行迟曳夂夂也。楚危切。各本皆讹久也。《玉篇》《广韵》不误。趄趄，双声字，与嵚崎、簚箸、蹢躅字皆为双声转语。"（"簚箸"同"踌躇"）朱骏声通训定声："趄，迟于行也。""差池"，《诗·邶风·燕燕》："燕燕于飞，差池其羽。"马瑞辰通释："差池二字叠韵，义与参差同，皆不齐之貌。""蹉跎"，《通雅》卷六："参差，一作憯差、参縒、篸瑳、柴池、差池，又转为蹉跎、崔隤之声。""趄趄"与"差池""蹉跎"古音相近，意义相通，是一组同源词。《通俗编》从单字角度解释，黄侃则从连绵词角度解释。因为"将将朵朵"的来源不明（《鸡肋编》中并无此语），未有相关语境帮助判断。从形式来看，AABB 重叠式有"AB"扩展式和"AA+BB"式两种，重叠式的语义与原有的 AB、AA 或 BB 相比都会有某些变化，所以从连绵词角度来理解应该更有道理。

---

① 汪业全：《释"历录"及其他》，《广西师范大学学报》2001 年第 1 期。

（二）从缓音、合音、音转、方音角度释词

汉语语音有古今之变，有地域之变，语音的变化形式多样，因致字随音变。破除字形障碍，方可准确释义。黄侃笺识注意到"缓音""合音""音转""方音"的变化，从语音变化角度释词，因而准确揭示词义。各举一例：

（1）《通俗编》卷十七"謑落"条："《荀子·非十二子篇》：'无廉耻而任謑诟。'按：謑，谓詈辱也。高则诚《琵琶曲》有'奊落'语，'奊'盖'謑'误。"

黄侃于词目下笺识："'謑落'乃'谑'之缓音。"（p. 426）

按，"奊"，《说文·夨部》："奊，大腹也。"罗振玉《增订殷虚书契考释》以为"罪隶为奊之本谊"。"謑"，《说文·言部》："謑，耻也。"段玉裁注："謑，诟，耻也。"《集韵·齐韵》："謑，謑诟，小人怒。"此"耻"或"小人怒"之义可视作"罪隶"义的引申（二者实为一事：小人怒而诟骂，使对方蒙耻，即《通俗编》"詈辱"之义），"謑"当视作"奊"之后起分化字。《通俗编》以为"奊落"一词，"'奊'盖'謑'误"，表述不准确，应该说是同源通用字更恰当。据考察，古籍似只有"奊落"而没有"謑落"的用法。黄侃说"'謑落'乃'谑'之缓音"，从语义上来看，《说文·言部》："谑，戏也。"即戏弄之意，程度加重即是"詈辱"。从语音上来看，"謑"在《广韵》中有胡礼切、呼㖿切二读，前者是匣母，后者是晓母。"落"在《广韵》是来各切，来母铎韵。"谑"是虚约切，晓母药韵。"谑"之声与"謑"同，"谑"之韵与"落"非常近（戴震《声韵考》："药""铎"同用），因此黄侃笺识是有一定的道理的。"謑落（奊落）"一词中，"謑"有实义，"落"或为音节衬字。

（2）《通俗编》卷三十三"咋"条："《广韵》'咋'音如诈，训曰'语声'。按，杭州人凡有所急问，辄曰'咋'，盖以'甚'读如'舍'，而又以'做舍'二字反切为'咋'也。"

黄侃于词目下笺识："'咋'即'做舍'合音，至谛。蜀人云作舍事谓'咋事'，读如'札'。"（p. 442）

按，《通俗编》所说是也。"做啥"急语之，则合音为"咋"。黄侃笺识又拈出四川话"咋事""札"，是记音用字的不同。

（3）《通俗编》卷十八"安童"条："《梦粱录·雇觅人力》有'私

身、轿番、安童'等人。按：俚俗小说每有'安童'之称，尝疑其为'家童'之讹。今据此，则当时自有此称。"

黄侃于词目下笺识："安，'阿'之转。"（p. 428）

按，"安童"即童仆，然构词理据难明。黄侃说"安，'阿'之转"，"阿"为影母字，但《广韵》《集韵》只记其歌韵与哿韵读音，读 ā 音当是后起的读音。"阿"可作名词词头，宋赵彦卫《云麓漫钞》卷十："古人多言阿字，如秦皇阿房宫、汉武阿娇金屋。晋尤甚，阿戎、阿连等语极多，唐人号武后为阿武婆。妇人无名，第以姓加阿字。今之官府妇人供状皆云阿王、阿张，盖是承袭之旧云。"[①]"安"亦为影母字，《广韵》在寒韵。"阿"与"安"声同，韵则为阴阳对转。黄侃所说有其道理。据此，则"安童"为附加式双音词。

（4）《通俗编》卷三十三"能"条："《海录碎事》：'成都进士杜暹出家，名法通。苏子瞻问：通师若不脱屣场屋，今何为矣？柳子玉云：通若及第，不过似我能。'朱冲和《嘲张祜》诗：'冬瓜堰下逢张祜，牛屎堆边说我能。'《言鲭》：'今吴中俗音如此。'"

黄侃于词目下笺识："此'能'乃'侬'之转。吴语今曰'我俚'，'俚'又'能'之转。"（p. 441）

按，"侬"是吴语方言。《晋书·会稽王道子传》："道子颔曰：'侬知侬知。'"唐司空图《力疾山下吴村看杏花》诗之七："王老小儿吹笛看，我侬试舞尔侬看。""我侬"后音转为"我能"。盖"侬"在《广韵》中是泥母冬韵，"能"是泥母咍韵，二者声同韵近。又，"俚"在《广韵》中是来母之韵，n 与 l 不分，许多方言如此。故黄侃"吴语今曰'我俚'，'俚'又'能'之转"，其说是也。

此外，如《通俗编》卷三十一"叶子"条，黄侃于"俚俗有以纸牌为戏，号曰马吊者"下笺识："今有麻雀戏，亦曰马将，将、雀一声之转。其始盖呼马吊为马鸟，其音不雅，遂转为麻雀耳。"（p. 437）按，"吊""鸟"在《广韵》中均为端母萧韵，因男性性器亦称为"鸟"，以

---

① 《汉语大字典》（第二版）"阿"（三）ā 义项一引此例之后加按语："按，《汉书·贾山传》'阿房之殿'颜师古注训'阿'为'近'，与称谓名词异。"然其所引《云麓漫钞》之语脱"如秦皇阿房宫"六字，令读者有不知所云之感。又，引文"以姓加阿字"前《汉语大字典》亦脱"第"字。

此称纸牌戏不雅，遂将纸牌戏（后又发展为竹子、骨头或塑料制成的戏具）之名音转为"雀"，且"鸟""雀"义近也。后又音转为"将"，遂为今日通行之"麻将"一名。又，《通俗编》卷三十三"阖"条，黄侃于词目下笺识："'阖'即'盍'，'阖胡'复语。今吴语曰'阿'，如云'阿曾看见'。通语曰'可'，如云'可是的'。"（p.448）按，"盍"同"盇"，本为"覆也"义，借用为"何""何不"义。"阖"通作"盇"。又，《通俗编》卷三十六"趼"条，黄侃于词目下笺识："今云'鸡眼'，乃其缓音。"（p.456）按，"趼"本义是"兽足企"（兽前脚着地）。此义《广韵》音吾甸切，今音 yàn。由此引申指手足所起硬皮。表示此义时音变为古典切（《广韵·铣韵》），今音 jiǎn。故黄侃说"鸡眼"乃其缓音。"鸡眼"，流俗词源以为似鸡之眼而得名，误也。

二　语义角度

（一）　以系联同义词的方式揭示词义

汉语中存在大量理性意义相同相近的词，即同义词。用同义词进行释义的方法可以直接揭示一组词中的各个成员之间的语义关系（尤其是各成员理性意义关系），是最简洁、最直观的方法。黄侃笺识中经常有意识地以系联同义词的方式揭示词义。例如：

（1）《通俗编》卷十二："打叠"条："韩偓诗：'打叠红笺书恨字。'罗大经《鹤林玉露》：'吾辈学道，须是打叠，教心下快活。'王鞏《闻见近录》：'道士谓张文懿："打叠了未？"'叠，一作'揲'。赵概《闻见录》：'须当打揲，先往排办。'苏子瞻《与潘彦明书》：'雪堂如要偃息，且与打揲相伴。'"

黄侃于词目下笺识："今云'打点'。"（p.423）

按，"打叠"即收拾、安排。宋刘昌诗《芦蒲笔记·打字》："收拾为打叠，又曰打迸（一作併）。""叠"本指重叠，又可指折叠。《集韵·帖韵》："叠，屈也。""打叠"即将杂物折叠好。"揲"本音 shé，指按定数更迭数物分成等分。《说文·手部》："揲，阅持也。"段注："阅者，具数也。更迭数之也。"但在《广韵》中指"折揲"义时音徒协切，定母帖韵，音 dié，与"叠"的读音完全相同。因此"打叠"与"打揲"是异形词。"点"，《说文·黑部》："点，小黑也。""点"又是句读所用"、"号及其动作，本音"黜"，谓黜点，后世径称"点"。因之"点"又引申为查对义（查对时常以点号作标志）。《玉篇·黑部》："点，检点也。"与"收拾、安排"义近。"点""叠"上古音、中古音均相近，但词源不同。黄侃"今云'打点'"揭示了"打点"与"打叠"之同义关系，但二者构词理据是不同的。"打"是词头，不烦论述。

（2）《通俗编》卷三十三"业已"条："欧阳修《与梅圣俞简》：'业已知如此，当少安之。'"

黄侃于词目下笺识："古又云'绪已'，犹'事已'也。俗又云'已经'。"（p. 439）

按，"业"本指乐器架子横木上的大版。《说文·丵部》："业，大版也，所以饰县（悬）钟鼓，捷业如锯齿，以白画之，象其鉏铻相承也。"又可指筑墙版。《尔雅·释器》："大版谓之业。"大版乃筑墙之先必备器具，故引申指开始。《尔雅·释诂上》："业，绪也。"郭璞注："业，又谓端绪。"《广雅·释诂一》："业，始也。"由"开始"义又可引申为"已经"，盖始做之事对于后做之事来说就是已经做了的事。《史记·留侯世家》："良业为取履，因长跪履之。"司马贞索隐："业，犹本先也。谓良先已为取，遂跪而履之。""业已"连用者，如《史记·司马相如列传》："相如欲谏，业已建之，不敢。"后代续有用例。黄侃所云"绪已""事已""已经"与"业已"是同义词。"绪已""事已"《汉语大词典》未收，我们暂时亦未发现"绪已"用例。而"事已"用例甚多。"俗云'已经'"，"已经"最早见于晋干宝《搜神记》卷十五："乃出聘刘祥，已经三年。"现代汉语中是常用词，不烦阐述。

此外如《通俗编》卷三十三"动不动"条，黄侃于词目下笺识："'动不动'即'动辄'也。《庄子·达生》：'辄然忘吾有四肢形体也。'《释文》：'不动貌。'然'辄'本字当作'聑'，安也。'动辄'与俗语'横竖''左右'同意。至'专辄'之'辄'，又当为'执'。执，持也，断也。"（p. 439-440）按，此处列出一组同义词："动辄""横竖""左右"。又，《通俗编》卷三十三"才方"条，黄侃于词目下笺识："俗云'方刚'或'刚才'。"（p. 439）按，"才方"犹"方才"，加上黄侃所称"方刚""刚才"，构成一组同义词。

（二）以古语释今语

语言有古今之异，古今之异表现在语音、词汇、语法、语用等多个方面。同一概念，古今或以不同的词来记录。古籍尤其是经典中的词，大多数音义形式已经固定，人们对其认识也相对固定，因此用音义固定的古代词语解释当代音义形式尚未为人们所普遍认识的词语成为可能。黄侃笺识中有一些以古语释今语的情况。例如：

（1）《通俗编》卷十七"口唠噪"条："《陈龙川集·答朱元晦书》：'亮未尝干与外事，只是口唠噪，见人说得一切事情，便喊一饷，一似曾干与耳。'又《传灯录》稜和尚谓道匡曰：'你每日口唠唠地作么？'"

黄侃于词目下笺识："《说文》作'呶''唠'。呶，女交切。唠，敕交切。"（p. 425）

按，"口唠噪"即言语啰唆繁复。黄侃说"《说文》作'呶''唠'"，"呶"，《说文·口部》："呶，讙声也。"《广韵·肴韵》："呶，喧呶。""唠"，《说文·口部》："唠，唠呶，讙也。"《集韵·麻韵》："呶，唠呶，讀也。""呶"，《广韵》女交切（今音 náo）；"唠"，《广韵》敕交切，然《集韵》有郎刀切之读音（今音 láo），《通俗编》卷十七："唠呶"条："《说文》：'唠呶，讙也。'按：俚俗有云'唠叨'者，即此小转。'叨'音滔，训贪，与讙言略无关涉，惟元曲每云'絮絮叨叨'。"（p. 238）黄侃所说"《说文》作'呶''唠'"应当是指"口唠噪"所记录的意义《说文》用"呶""唠"二词表示，相当于用古语释今语。

（2）《通俗编》卷三十三"看"条："《传灯录》：'广德源云：你诸人试开口看。云门偃曰：汝等且说个超佛越祖底道理看。'《朱子集·答张敬夫》亦有'更商量看'语。"

黄侃于词目下笺识："俗尚循用，即古之言'察'。"（p. 440）

按，"看"，《说文·目部》："看，睎也。从手下目。"段注："锴曰：宋玉所谓'扬袂障日而望所思'也。""看"用在动词或动词结构后面，表示试试的意思。北魏贾思勰《齐民要术·作菹藏生菜法》："尝看，若不大涩，杬子汁至一升。"石声汉注："'尝看'是本书常用的一句话，即今日口语中的'尝尝看'。"《初拍》卷十五："众人道：'岂有又逃的理？分明是你藏匿过了，哄骗我们。既不在时，除非等我们搜一搜看。'"

（三）以今语释古语

　　而语言是发展变化的，对于大多数人来说，更多地了解当时语言而不是古代语言，因此对古籍书面语进行训诂工作时更加有必要以今语释古语，即用大多数人明白的语言去解释停留在古籍文献中的语言。黄侃笺识中以今语释古语的内容较多，例如：

　　（1）《通俗编》卷三十三"几乎"条："《水经·浍水注》：'鲁定公问：一言可以丧邦，有诸？孔子以为几乎。'以'乎'字为语绝。"

　　黄侃于词目下笺识："俗云'差不多'。"（p. 439）

　　按，"几乎"之"几（幾）"义为"近"。《易·系辞上》："易不可见，则乾坤或几乎息矣。"孔颖达疏："几，近也。"故黄侃说"俗云'差不多'"。而"差不多"也早已是固定短语。《二十年目睹之怪现状》第八回："有了一万或八千，我想万把银子的老债，差不多也可以将就了结的了。"

　　（2）《通俗编》卷三十三"究竟"条："《传灯录》：'僧问道行师：如何修行？又问：毕竟如何？僧问省念师：如何是不欺人底眼？又问：究竟如何？'《群书备要》：'琴操问东坡，亦云究竟如何。'按，'毕竟''究竟'一也，皆若云'到底'耳。唐人又多作'至竟'，如杜牧'至竟息亡缘底事''至竟江山谁是主'是也。"

　　黄侃于词目下笺识："俗云'到底'。"（p. 439）

　　按，"究竟"从字面来说，是"穷尽、到底"的动词用法。《史记·三王世家》："夫贤主所作，固非浅闻者所能知，非博闻强记君子者所不能究竟其意。"引申为副词用法，为"毕竟、到底"之义。宋苏轼《观妙堂记》："欲求多分可以说者，如虚空花，究竟非实。"而佛典中常见用法当然如此，或是动词用法，或是副词用法，指对佛法了解的最高境界。《大智度论》卷七二："究竟者，所谓诸法实相。"唐王维《西方变画赞》序："究竟达于无生，因地从于有相。"黄侃笺识"俗云'到底'"，这一"到底"的用法则纯为副词用法。

　　此外如《通俗编》卷二十三"干没"条，黄侃于《三国志》裴注"有所徼射，不顾干燥与沉没而为之也"下笺识："'干没'犹连言缓急、存亡，而以裴注为定义。俗云'死活要钱''横直要钱''左右要钱'，则'干没'犹云'不管干底湿底'耳。或云'干没'犹'干冒'。《国语》云'戎狄覓没轻儳','覓没'犹'干没'矣。"（p. 431）又，《通俗编》卷二十七"蝴蝶面"条，黄侃于"俚俗又名为蝴蝶面也"下笺识："水引，即今之挂面。蝴蝶面，徽州食肆有其名。"（p. 435）又，《通俗编》卷三十三"云云"条，黄侃于词目下笺识："犹'如此如此'。"（p. 438）又，《通俗编》卷三十三"只管"条，黄侃于词目下笺识："俗又云'只顾'。"（p. 440）又，《通俗编》卷三十三"也得"条，黄侃于词目下笺识："今云'也可以'。"（p. 440）又，《通俗编》卷三十三"不成"条，黄侃于词目下笺识："俗亦云'不见得'。"（p. 440）又，《通俗编》卷三十三"惟独"条，黄侃于词目下笺识："今亦云'衹'。"（p. 441）又，《通俗编》卷三十三"这畔那畔"条，黄侃于词目下笺识："今但云'这边''那边'，北语云'这儿''那儿'。"（p. 442）又，《通俗编》卷三十四"麻胡"条，黄侃于"杨文公《谈苑》：'冯晖为灵武节度使，有威名，羌戎畏服，号麻胡，以其面有黸子也'"下笺识："黸子，即今麻子。"（p. 449）按，黄侃笺识语是说"黸子"在概念上即今"麻子"，不是说"黸"字就是"麻"字。

（四）通过解释重点语素来释词

汉语词汇发展的总体方向是复音词所占比例越来越大。复音词多由几个语素组成，释词时自然应该对每一个语素进行解释，这样才能准确深入地释义。就大多数词来说，词中的语素虽有多个，但从人们理解的角度看，各个语素的难易程度是不一样的。黄侃笺识注重解释重点语素，因而对于读者准确理解词义有画龙点睛之妙。例如：

（1）《通俗编》卷十八"小厮"条："《剑南集》有《示小厮》绝句二首。《觚不觚录》：正德中一大臣投书刘瑾，自称'门下小厮'。"

黄侃于词目下笺识："厮，厮养也。"（p. 427）

按，黄侃此处是对"小厮"一词中的语素"厮"进行解释："厮，厮养也"。按"厮"，《说文·斤部》："斯，析也。从斤，其声。《诗》曰：'斧以斯之。'"劈开柴草之义后起字作"廝（简化字作厮）"，后因指从事这种职业的人（服杂役者）。《公羊传·宣公十二年》："厮、役、扈、养，死者数百人。"何休注："艾［芟］草为防者曰厮。""厮养"，《汉语大词典》释为"犹厮役"，《史记·张耳陈馀列传》："有厮养卒谢其舍中曰：'吾为公说燕，与赵王载归。'"裴骃集解引韦昭曰："析薪为厮，炊烹为养。"《战国策·齐策五》:"士大夫之所匿,厮养士之所窃,十年之田而不偿也。"鲍彪注:"厮,析薪养马者。"鲍彪此注释"厮"为"析薪养马",实际是连带解释"养"为"养马",有所不妥。当从上引韦昭注。"厮养"为类义连用之词。黄侃所说"厮,厮养也"当理解为"厮"乃"厮养"之"厮",即服杂役者。"小厮"即年轻男仆,《通俗编》所引二例即此义。

(2)《通俗编》卷三十三"自然"条:"《仪礼·丧服记》'童子惟当室缌'传曰:'不当室,则无缌服也。'疏云:'《记》既云惟当室缌,自然不当室则无服,而《传》言之,恐若《曲礼》文之同也。'按,此谓事理之无可疑者,犹云固然。"

黄侃于词目下笺识:"'然'犹'如是',俗云'应该'。"(p. 439)

按,《仪礼·丧服》:"童子,唯当室缌。传曰:不当室,则无缌服也。"郑玄注:"当室者,为父后承家事者,为家主。"贾公彦疏:"当室是代父当家事,故云为家主。""当室"指代父主持家事。"缌服"即缌麻服,多指关系较远的族亲。指代父主持家事者则缌服,"不当室则无服"。"自然"本指天然、非人为的。《老子》:"人法地,地法天,天法道,道法自然。"引申指当然、应该。《北史·裴叔业传》:"唯应送家还都以安慰之,自然无患。"由《通俗编》所引《仪礼》贾公彦疏之语以及《汉语大词典》首引《北史》语,则唐代已有此用法。

(五) 通过揭示词源来释词

词源是词的音义的历史来源。词源的探求不仅要注意探求原初造词的音义来源,也要注意探求因语言随着历史发展变化而形成的新词的音义来源,也就是说,词的起源和历史来源都是汉语词源探求的工作。黄侃笺识注重揭示词源(包括考求被释词的同源词),因而在准确释义的同时还能溯其词源,解释也就更为深入。例如:

(1)《通俗编》卷三十一"把戏"条:"《元史·百官志》:'祥和署掌杂把戏男女一百五十人。'"

黄侃于词目下笺识:"当作'百戏'。"(p. 436)

按,"把戏"一词理据不明,如黄侃之说则明。即"把戏"是"百戏"的方言音转。"百戏"是古代乐舞杂技的总称,《后汉书·安帝纪》:"乙酉,罢鱼龙曼延百戏。"音转为"把戏"则首见于《元史·百官志》,

后又引申出能耐、手段、乱子等义（据《汉语大词典》）。

（2）《通俗编》卷三十四“䵾𩅂”条：“《方言》：‘南楚凡大而多谓之䵾，凡言过度及妄施行谓之𩅂，乌孔、奴动二反。’《博雅》：‘䵾𩅂，多也。’《广韵》：‘盛多貌。’按，俚俗以物之陈久而臭恶曰䵾𩅂，古无此训，岂以‘𩅂’有过度之义而牵合欤？”

黄侃于“俚俗以物之陈久而臭恶曰䵾𩅂，古无此训”下笺识：“此‘癰膿’之意也。”（p. 453）

按，《广雅·释诂三》：“䵾、𩅂，多也。”王念孙疏证：“䵾、𩅂者，䵾之言拥，𩅂之言浓，皆盛多之意也。……《后汉书·崔骃传》‘纷秾塞路’李贤注引《方言》：‘秾，盛多也。’秾与𩅂通。”“农”声字与“邕”声字义中多含“多”之源义素。《通俗编》不解“俚俗以物之陈久而臭恶曰䵾𩅂”，黄侃以为“癰膿”意也。按“䵾𩅂”自有多义，物之陈久，是时间上的多，故名“䵾𩅂”，这是从时间角度来说的。时间陈久，有臭恶之气是自然的。黄侃则以“臭恶”角度入手解为“癰膿”，实则“癰膿”二字亦从邕声、农声，也含“多”之源义素，只不过表词义的重点在于肿义（炎症所聚多之处），肿义与臭恶义相通。因此，从词义角度，不必用“癰膿”来解释“䵾𩅂”，但如果从词源角度，则可以将二者系联为同源词，当然也就有利于词义的阐释。

（3）《通俗编》卷三十六“焐”条：“元杂剧屡见。《同乐院博鱼》《青衫泪》俱有‘焐脚’之语，《朱砂担》有‘湿衣焐干’语，而字书未收此字。世俗率以‘熩’当之。‘熩’音户，光也，与偎暖意略不相涉。”

黄侃于词目下笺识：“此‘妪’字也。”（p. 459）

按，“焐”首见于元曲，指偎暖。熩，《玉篇·火部》：“熩，光也。”故《通俗编》认为“与偎暖意略不相涉”。其说是也。黄侃认为“此‘妪’字也”，“妪”除了常见的指母亲和妇女通称的用法之外，还有禽鸟以体孵卵义，《集韵·噳韵》：“妪，以气曰煦，以体曰妪。”《诗·小雅·巷伯》“哆兮侈兮”毛传：“妇人曰：‘子何不若柳下惠然，妪不逮门之女，国人不称其乱。’”《礼记·乐记》：“羽者妪伏，毛者孕鬻。”孔颖达疏：“谓飞鸟之属，皆得体伏而生子也。”此义《集韵》委羽切，影母噳韵，今音 yǔ。“妪”由禽鸟以体孵卵义可以引申指一般的偎暖义（不限禽类，亦不限于人体），故黄侃之说可从，即“焐”字应当是“妪”音义演变而来的后起俗字，“妪”是“焐”的词源。

此外如《通俗编》卷十八"渠"条，黄侃于词目下笺识："即'嗛'字。本只作'其'，作'迮'。"（p. 428）按，"渠"是"其"的音变，是方言的记音字，或作"㑞"。黄侃笺识要理解为第三人称代词"渠（㑞）"本作"其"（词源），"其"作语气词又与"迮"通。又，《通俗编》卷二十六"东西"条，黄侃于词目下笺识："'玉东西'见宋人词，然当以《齐书·豫章王嶷传》为语原。东西，依拟不定之辞，犹言'左右、上下、出入、往来'，移以指物，则为通名，今俗语言时为'早晚'，指数为'多少'，亦其比方矣。"（p. 433）按，"东西"的得名之由，学界讨论颇多，黄侃笺识可备一说。又，《通俗编》卷二十六"骨董"条，黄侃于词目下笺识："《说文》有'匵'字：'古器也。'然'古董'犹'活东'，乃'科斗'之转。文字以'科斗'为最古，移以言凡古物。"（p. 434）通过考其本字与同源词以揭示"骨董"的词义。又，《通俗编》卷三十三"真箇"条，黄侃于词目下笺识："'箇'当为'果'。倒之则曰'果真'。"（p. 440）按，"真箇"，或作"真個"，现代汉语多写作"真格"，均为同词异写。而溯其本源，黄侃所说是也。《说文·木部》："果，木实也。"木实是树木开花繁育的必然结果，故引申可指"实现、如约"，再引申就有虚词用法了，表示"果真、当真"。又，《通俗编》卷三十四"鏖糟"条，黄侃于词目下笺识："尽杀人为'鏖糟'，今倒言'糟皋'。不洁清为'鏖糟'，乃'握齪'之转。"（p. 453）按，《通俗编》所记"鏖糟"二义，一是"尽死杀人"（拼命厮杀），二是"不洁"（肮脏）。黄侃以为"尽杀人为'鏖糟'，今倒言'糟皋'"，"糟皋"，今作"糟糕"，指人、事、物极其不佳或不顺，此义与"尽死杀人"略相通。而表示"不洁"义的"鏖糟"，黄侃认为"乃'握齪'之转"。"握齪"，通常作"龌龊"，有肮脏之义。又，《通俗编》卷三十六"傻"条，黄侃于"此即俗言'耍公子''耍孩儿'之'耍'也"下笺识："'戏耍'之'耍'，乃'姍''娑'字之转。"（p. 456）按，"姍"乃"媻姍"，"娑"乃"婆娑"。参照《通俗编》卷十二"孛相"条黄侃笺识："即'婆娑''媻姍''媻蔢''勃屑'之转。"诸词均有"嬉游"之义，音义俱近，有同源关系。黄侃之说可从。

（六）揭示词义演变轨迹

汉语词义有古今变化，因而在释词时不能拘泥于先秦古义或造字本义，而要用发展的眼光来看待词义的演变。任何以"匡谬正俗"为目的而非难词义演变的做法都是无视语言发展变化的基本规律。黄侃笺识中注重揭示词义演变的轨迹，因而更准确地解释了词义。例如：

（1）《通俗编》卷三十三"哏"条："《元典章》有'哏不便当'语。按，'哏'字未见于诸字书，而其辞则至今承之，如'哏好''哏是'之类，度其义，当犹云'甚'耳，世俗不知，或欲以'很'字当之，则无义解。"

黄侃于全条之末笺识："作'很'不误，犹唐人言'恶嫌'，言'伤多'。'恶''伤''很'皆谓太过。"（p. 441）

按，"哏"是元代出现的副词，用同"很"。《通俗编》以为"当犹云'甚'耳，世俗不知，或欲以'很'字当之，则无义解"，认为不能改作"很"。《说文·彳部》："很，不听从也。一曰行难也。一曰戾也。"三个义项，一是违逆不听从义，二是行难义，三是险恶义（后来写作"狠"），均有程度深重之义，故虚化为表示程度的副词。《广雅·释诂四》："很，恨也。"证其同源通用。黄侃说"'恶''伤''很'皆谓太过"，也说明"太过"（程度重）义是可以虚化为程度副词的，"恶""伤""很"三词具有同步引申的语义变化特点。

（2）《通俗编》卷三十四"握龊"条："《史记·司马相如传》：'委琐握龊。'一作握齪。《汉书·郦生传》：'其将握齱好苛礼也。'亦作龌龊。鲍照诗：'小人自龌龊。'韩愈诗：'贫馋羞龌龊'按，此乃狭小之貌，今俗以不净当之，失其义。焦竑曰：'今言不净者，盖谓恶浊。'"

黄侃于"此乃狭小之貌，今俗以不净当之，失其义"下笺识："不净义乃引申也。"（p. 450）

按，据《通俗编》，"握龊"又作"握齱""龌龊"，义为狭小，引申指不净，黄说是也。如元高文秀《黑旋风》第一折："他见我风吹的龌龊，是这鼻凹里黑。"

此外如《通俗编》卷三十三"傥若"条，黄侃于词目下笺识："'傥'正作'尚'，庶几也。"（p. 441）按，"尚"作副词，有"庶几"之义，犹言也许可以，引申为假设连词；而"傥"亦有此义，引申为假如义。黄侃笺识当理解为"尚""傥"二词在此二义上是音转关系的同源通用字，词义的变化是同步引申。又，《通俗编》卷三十四"活络"条，黄侃于词目下笺识："'活络'亦关捩也。"（p. 453）按，"活络"乃灵活之义，黄侃笺识所谓"关捩"本指能转动的机械装置，引申用以比喻事物的紧要之地。

三 文字角度

（一）从正俗字、古今字角度释义

文字初创，尚无正俗字、古今字之概念。文字孳乳日多，文字规范观念与措施也逐渐产生，正俗字的观念是在文字运用的规范形成之后出现的，正字即规范字，俗字即不规范字。古今字则是历时的同词（或同语素）而书写形式不同（异字）的现象。黄侃笺识注意从正俗字、古今字角度释义，将汉语与记录汉语的文字研究相结合。例如：

（1）《通俗编》卷十八"你"条："字本作'伱'，又或作'伲'。《广韵》：'秦人呼旁人之称。'《北史·李密传》：'宇文化及嗔目大言曰："与你论相杀事，何须作书传雅语！"''你'字初见于史。《艺苑雌黄》：'唐时有"遮莫你古时五帝，何如我今日三郎"之语。'罗隐《谒文宣王庙代答》诗：'吾今尚自披蓑笠，你等何须读典坟。'"

黄侃于词目下笺识："即'尔'字。"（p.428）

按，《正字通·人部》："伱，汝也。俗作你。"《集韵·纸韵》："伲，汝也。或作你。"黄侃说"你""即'尔'字"，"尔"本为句末表示判断的语气词，《说文·八部》："尒，词之必然也。""尒"又书作"尔"。《说文·㸯部》："爾，丽爾，犹靡丽也。从冂从㸯，其孔㸯，尒声。此与爽同意。"段玉裁注："丽爾古语，靡丽汉人语。以今语释古语，故云犹。毛传云：纠纠犹缭缭也，掺掺犹纤纤也。是此例也。后人以其与汝双声，假为爾汝字。"即"丽爾"本指疏朗，但段氏"后人以其与汝双声，假为爾汝字"之说，即"爾"是借为第二人称代词用法。上古汉语中"爾"是第二人称通称。"尔"又是"爾"的俗字。《玉篇·八部》："尒，亦作爾。"民间俗书以"尔"字记录"爾"的第二人称用法。语音上，"爾"，《广韵》日母纸韵，但《集韵》中又有泥母荠韵的读音，《集韵·荠韵》："濔，《说文》：'满也'。一曰濔濔，众也。或省。"即"或省作'爾'"。作此义时"爾"读泥母荠韵，即"你"的读音。也就是说，"尔"字记录了"爾"第二人称的语义，又借用"爾"表示"满，多"义的音，因指人，又加人旁作"你"。

（2）《通俗编》卷十九"抽签"条："《幸蜀记》：'王衍祷张恶子庙，抽签，得"逆天者殃"四字。'剑南诗自注：'予出蜀日，遗僧乞签于射洪陆使君祠，使君以老杜诗为签，予得《遣兴》五首中第二首。'《朱子语类》谓：'《易》爻辞如今签解耳。'按：诸签解最家谕户晓者，莫如关帝签。据陆粲《庚巳编》：'苏州江东神行祠，在教场之侧，以百签决休咎，甚著灵异。记所知者数事，一长洲赵同鲁乞得诗云"前三三与后三三"，一县桥许氏得诗云"万里鹏程君有分"，一周应良得诗云"巍巍独步向云间"，一陶麟得诗云"到头万事总成空"，一毛钦得诗云"忆昔兰房分半钗"。'凡此俱今关帝签句也，陆氏谓其神姓石名固。然则此百签，初不属关帝，其移就未详何时。"

黄侃于词目下笺识："即谶也。"（p. 428）

按，"抽签"之"签"，原繁体字作"籤"。《说文·竹部》："籤，验也。一曰锐也。"徐锴系传："籤出其处为验也。"即标识之义。《玄应音义》卷十四引《通俗文》："记识曰籤。"《说文》"籤"朱骏声通训定声："［假借］为鑯……又为谶。今俗谓神示占谘之文曰籤。"朱氏假借实指引申。"籤"本指标识，引申指"神示占谘之文"，因另造后起字"谶"以记录此义。黄侃所说"即谶也"之"谶"，《说文·言部》："谶，验也。""验"，《玉篇·马部》："验，征也，证也。"既可指征兆，也可指验征。指征兆时，是指将被证实的征兆，强调实征性。《论衡·超奇》："文章之人滋茂汉朝者，乃夫汉家炽盛之瑞也；天晏列宿，焕炳阴雨，日月蔽匿，方今文人并出见者，乃夫汉朝明明之验也。"黄侃所评"即谶也"是用记录引申义之后起字（即"今字"）"谶"解释由古字记"籤"记录之预告、征兆义。

此外如《通俗编》卷二十六"概"条，黄侃于全条之末笺识："入声者其字作'杚'，平也。亦不误。"（p. 433）按，《说文·木部》："杚，平也。"《正字通》认为此乃俗字，正字当作"枆"。又，《通俗编》卷三十"蘡兰"条，黄侃于"《本草纲目》谓'薄荷'为讹称"下笺识："薄荷本名菖菹，即蘘荷，作'荷'亦未为讹。"（p. 436）按，《说文·艸部》："蘘，蘘荷也。""荷"承"蘘荷"一词"荷"之语素而来，故黄侃说"作'荷'亦未为讹"。又，《通俗编》卷三十六"浏"条，黄侃于"马致远《岳阳楼》剧谓潜逃去曰'浏了'"下笺识："即'流'字。"

(p. 459) 按，“浏”本为水深清貌。《说文·水部》：“浏，流清皃。”指风疾貌是通“飉”，是通假用法；而“今俗读乃如‘柳’平声”的读音本于《元曲选》臧循音释“柳”平声，这个词后来写作“溜”。而“溜”本来是水名（依《说文》），表示潜逃、暗中走开义也是借字。黄侃说“即‘流’字”，《说文·㳄部》：“㳅，水行也。从㳄㐬。㐬，突忽也。流，篆文从水。”由此可以引申为潜逃、暗中走开义并音变为阴平。“流”则其正字也。

(二) 从异形词角度释义

古汉语异形词指“古汉语阶段中同时或先后产生的同音（包括方言音变和历史音变）、同义而书写形式不同的词语”①。除“异形词”术语之外，学界尚多使用异写词、同词异写等术语。异形词的基础是多词同音同义而用字不同，故而分辨字形，通过异形词释义也可以说是文字角度的工作，即将不同书写形式（文字）的词系联到一起以释义。黄侃笺识注意从异形词角度释义，例如：

(1)《通俗编》卷三十四“唧溜”条：“卢仝《送伯龄过江》诗：‘不唧溜钝汉，何由通姓名。’郑思肖《锦钱馀笑》诗：‘昔有古先生，忒杀不唧溜。’《中山诗话》：‘古人平易句，而不得其意义，翻成鄙野可笑。卢仝云不即溜钝汉，非其意义，自可掩口，宁可效之耶？’按，卢诗本云‘唧溜’，贡父引之作‘即溜’，宋景文又作‘鲫溜’，《五灯会元》泐潭英云‘不唧嗗汉’，二字又俱从口，可见音发字无一定也。”

黄侃于词目下笺识：“即‘精灵’，今云‘即令’。”(p. 451)

按，“唧溜”“即溜”“鲫溜”“唧嗗”，同词异写，《通俗编》所谓“见音发字”，即听音为字，故字无定体。黄侃说“即‘精灵’，今云‘即令’”，前者例如《金瓶梅词话》第五十二回：“个个人古怪精灵，个个人久惯老诚。”而其所谓“今云‘即令’”，可能是方言读音，实际上现代汉语中主要是“机灵”的写法。

(2)《通俗编》卷三十四“鹘沦”条：“《朱子语录》：‘干是鹘沦一个大底物事。’又，《文集·答杨至之》曰：‘圣人之言，自有条理，非如今人鹘囵儱侗无分别也。’《传灯录》：‘僧问法真：如何是无缝塔？真曰：

① 曾昭聪：《古汉语异形词与词语释义》，《中国语文》2013年第3期。

鹘崘砖。'方岳诗:'宠辱易生分别想,是非正好鹘仑吞。'按,沦、崘、囵三字,体别义同。或又作'囫囵',亦见《朱子语录》'道是个有条理底不是囫囵一物'是也。其实则皆'浑沦'之转。《列子·天瑞篇》云:'浑沦者,言万物未相离也。'"

黄侃于"亦作鹘囵、鹘崘、囫囵,实即'浑沦'之转"[①]下笺识:"即'浑沦'。"(p. 452)

按,《通俗编》所记"鹘沦""鹘囵""鹘崘""鹘仑""囫囵"诸词,"体别义同",即字形不同而意义相同,异形词关系是也。又以为皆"浑沦"之转,即诸词与"浑沦"为同源关系。而黄侃说"即'浑沦'",指以上所有词均为同词异写关系,即异形词。黄侃之说是也。《列子·天瑞》:"太初者,气之始也;太始者,形之始也;太素者,质之始也。气形质具而未相离,故曰浑沦。浑沦者,言万物相浑沦而未相离也。""鹘沦""鹘囵""鹘崘""鹘仑""囫囵"都有同样意义。

此外例如《通俗编》卷三十三"阿㖿"条,黄侃于词目下笺识:"即'燠休'。"(p. 445)按,"燠休"指抚慰病痛者之声。《集韵·遇韵》:"燠,燠休,痛念声。或作噢。"又《集韵·尤韵》:"燠,燠休,痛念声。或作奥。"黄侃笺识指出《传灯录》中的"阿㖿"是"燠休"的音变记音。章炳麟《新方言·释词》:"今人呼痛曰燠休,休或呼如由,转呼曰阿育,皆一语也。""燠由""阿育"亦同为"燠休"之音变记音形式。又,《通俗编》卷三十四"腌臜"条,黄侃于词目下笺识:"《说文》作'涧灒'。"(p. 453)按,《说文·水部》:"涧,海岱之间谓相污曰涧。"《广雅·释诂三》:"涧,污也。"灒,《说文·水部》:"灒,污洒也。一曰水中人。"段注:"谓用污水挥洒也。……'中'读去声。"唐玄应《一切经音义》卷三:"涧,又作溅、浅二形。"《说文》"涧""灒"虽未连用,但都有肮脏义,黄侃笺识当是视作异形词。

四 语法角度

(一) 阐释虚词的来源

传统的训诂学中包括了语法研究的成分。从语法角度释词,是训诂学

---

① 此语与《通俗编》原文并非完全对应,实乃黄侃对《〈通俗编〉笺识》所作归纳。

的内容之一。黄侃笺识对于汉语虚词特别留心。汉语虚词从来源上看，有假借而来者，有虚化而来者，有字随音转者（因语音变化而另造新字形），黄侃一一为作笺识。例如：

（1）《通俗编》卷十八"小底"条："《宋会要》：'至道二年九月，帝阅试所择兵士骁骑，试射，中者六十人，以殿前小底为军额。'《晋公谈录》：'皇城使刘承规，在太祖朝为黄门小底。'周辉《北辕录》：'小底入报，传旨免礼。'《字典》：'凡供役使者曰小底。'《金史·传论》：'金人所谓寝殿小底，犹周之缀衣；所谓护卫，犹周之虎贲也。'按：今胥役及庶民缘事对官长俱自称'小的'。'的'与'底'，古今字也。宋儒语录凡须用'的'字为助语处，皆用'底'字。"

黄侃于全条之末笺识："'底''的'皆'者'之转。"（p. 427）

按，《通俗编》所录诸例中的"小底"实有不同词义：《宋会要》中的"小底"是指禁军中少年军士；《晋公谈录》《北辕录》《金史》中的是指内侍；《（康熙）字典》所释是"供役使者"，与《通俗编》"今胥役及庶民缘事对官长俱自称'小的'"同。《通俗编》以为"底"为助字，"底"与"的"是古今字。其说是也。黄侃进一步溯其语源，认为"'底''的'皆'者'之转"，后来吕叔湘先生也持此说。此外，学界还有不同的看法。现在较为稳妥的看法是，"底"来自"之"和"者"的合流，语法上，它承担了"之"的句中用法和"者"的句末用法；语音上，"之"与"者"的鱼韵读音合流，形成一个新音，与"底"的读音十分相近，故用"底"来代表。①

（2）《通俗编》卷三十三"呢"条："《商君书》用此为相问馀辞，释典作'聻'。《传灯录》：'慧忠问南泉曰：背后底聻？慧觉问宋齐邱曰：着不得底聻。'"

黄侃于词目下笺识："此即'尔'字。释典作'聻'，俗字也。'呢'非古字，今检《商君书》亦无之。"（p. 449）

按，"聻"用于句末，相当于"呢"。《正字通·耳部》："聻，梵书聻为语助，音你。如《禅录》云'何故聻？'云'未见桃花时聻。'皆语馀声。"黄侃说"释典作'聻'，俗字也"，是也。"'呢'非古字"，是也。《玉篇·口部》："呢，呢喃，小声多言也。"《广韵·脂韵》："呢，言不了

---

① 蒋冀骋：《结构助词"底"来源之辨察》，《汉语学报》2005 年第 1 期。

也，呢喃也。""呢"在句末作语气词的用法与之无关，语气词用法最早见于元曲，如元张国宾《合汗衫》第三折："婆婆，俺那孩儿的呢？"又，"此即'尔'字"之说可备一说。裴学海《古书虚字集释》卷七："尔，犹'乎'也。'尔'在口语作'呢'，'呢'即'尔'之古音也。"《公羊传》中多有这一用法。如《隐公元年》："然则何言尔？"《隐公二年》："何讥尔？"《僖公二年》："远国至矣，则中国曷为独言齐、宋至尔？"

此外如《通俗编》卷三十三"之乎者也"条，黄侃于词目下笺识："'之'皆'是'之借，除有所往之'之'。'也'皆'兮'与'乎'之借。俗语只连用，不变古。单用则'之'变'的'或'底'，以连系变'这'，以指斥'乎'变'呵'，'者'亦变'的''底'，'也'变'呀'。"（p.438）按，《通俗编》主要探讨"之乎者也"等语气词连用出现的时代与典籍，黄侃则从语言学角度指出诸语气词的来源与变化。又，《通俗编》卷三十三"杀"条，黄侃于"'杀'乃已甚之辞，非真谓死也。古诗'白杨多悲风，萧萧愁杀人'"下笺识："今直云'死'，元曲多作'厮'，动静字下皆可用。"（p.448）按，《通俗编》谓"'杀'乃已甚之辞，非真谓死也"，甚是。黄侃笺识说"今直云'死'"，表示程度之甚这一用法当然也不是清末现代才有的。《汉书·霍光传》中已有"令人不省死"之语，现代汉语用得很多，如"高兴死了"之类。另，"元曲多作'厮'"，恐非指"厮"有表示程度之甚的用法。因"厮"并无这一用法。黄侃笺识用语惜字如金，这里可能是指"厮"有不同于其本义的用法"互相"。

（二）标明虚词的词性

汉语实词与虚词之别可以从多个不同的角度进行区分，有些虚词只要指明其虚词性质，读者就可以明了其语义与用法。黄侃笺识有时直接注明某词的虚词性质，例如：

（1）《通俗编》卷三十四"活泼泼"条："《中庸章句》引程子语。或问：'程子所谓活泼泼地者，毋乃释氏之遗意耶？'曰：'此但俚俗之常谈，非释氏得而专之也。'按，释家语云：'无为无相活鲅鲅，平常自在此心体。'又云：'顶门之窍露堂堂，脚根之机活鲅鲅。'鲅皆从鱼，与程子亦小别。又《归潜志》：'李屏山晚爱杨万里诗，曰：活泼剌底，人难及也。'泼剌，犹言泼泼。"

黄侃于词目下笺识："'活泼泼地'，'地'乃助语。"（p.454）

按，《通俗编》举出"活泼泼""活鲅鲅"异写形式，黄侃则明确指出"地"乃助语，是也。"活泼泼地"之"地"是语气助词，用在形容词后，相当于现代汉语的"的"。

五　结语

黄侃精通语言文字研究，强调语言研究必须形、音、义相结合。"盖小学即字学，字学所括，不外形、声、义三者。《说文》之中，可分为文字、说解及所以说解三端。文字者，从一至亥九千余是也。徒阅文字，犹难知其所言，徒阅说解，而犹不能尽其指意，于是必究其所以说解。……而后知形、声、义三者，形以义明，义由声出，比而合之，以求一贯，而剖解始精密矣。"① 因而在其惜字如金般的笺识中，时时有意识地从语音、语义、文字、语法等不同角度进行释义，每个角度又有不同的方法。

黄侃治学，强调"发明"。他曾说："所贵乎学者，在乎发明，不在乎发见。今发见之学行，而发明之学替矣。"② "发见"（即发现）是指由新资料尤其是出土文献出发而进行研究，而"发明"则是由已有的传世文献出发进行研究。"罗振玉、王国维两人的学问，从哪个方面看都是发现，换句话说是倾向资料主义的。而发明则是对重要的书踏踏实实地用功细读，去发掘其中的某种东西。"③ 黄侃的《〈通俗编〉笺识》就是其"发明"的表现之一。从以上论述可以看出，黄侃的研究站在语言文字学的高度，其所"发明"的词语释义的研究角度与方法对传统的训诂方法有丰富、补充之功。本文踵步前贤，用"发明"之法对黄侃笺识中体现出的词语释义的角度与方法的条目进行了分类总结疏证。通过这一工作，我们可以对黄侃关于"发明"的学术研究观点有更为深入的理解，也可以为全面、深入的学术史研究打下更为坚实的基础。

（曾昭聪　广州　暨南大学中文系 zengzhaocong@126.com）

---

① 黄侃述，黄焯编：《文字声韵训诂笔记》，上海古籍出版社 1983 年版，第 8 页。

② 黄焯记录：《黄先生语录》，载《蕲春黄氏文存》，武汉大学出版社 1993 年版，第221 页。

③ ［日］吉川幸次郎著：《我的留学记·留学期间·黄侃给予我的感动》，钱婉约译，光明日报出版社 1999 年版，第 63 页。

从《华夷译语·衣服门》看明清赐贡制度及其文化含义[*]

郑　伟　盛雨婷　翟子顼　刘　恬　王馨宇

提　要：本文以故宫博物院藏清代乾隆本《华夷译语》"衣服门"所见的相关词汇为讨论对象，并比较明代万历年编定的有关译语材料，尝试探讨明清两代中央政府与西南番邦之间的赐贡制度在服饰方面的若干细节。通过结合史籍记录和语言学的分析，说明当时服饰赐贡制度的历史及文化含义。

关键词：《华夷译语》；乾隆本；衣服门；词汇；赐贡制度

一　引言

为了促进汉族与中国境内少数民族及周边国家之间的交往，加深彼此之间的了解，中央政府于明代洪武十五年始设"四夷馆"。由于是初创时期，故而只有用汉字标写蒙古语一种，于洪武二十二年刊行，学界称之为《华夷译语》，就是"用汉字译写番语"的意思。《明太祖实录》卷一百四十一载："丙戌，命翰林院侍讲火原洁等编类《华夷译语》。上以前元素无文字发号施令，但借高昌之书制为蒙古字以通天下之言，至是乃命火原洁与编修马沙亦黑等以华言译其语。凡天文、地理、人事、物类、服食、器用，靡不具载，复取《元秘史》参考，纽切其字，以谐其声音。既成，诏刊行之。自是，使臣往复，胡汉皆能通达其情。"

* 本文的写作获国家社科基金重大项目"西南各民族及'一带一路'邻国语言文字中汉字音的数字化整理与研究"（18ZDA296）、华东师范大学国家级大学生创新训练项目"比较语言学视野下的丁种本《华夷译语》词目汇校及研究"（202010269005G）的支持。承蒙编辑部提出修改意见，付印前友生李晨雨博士补充多种材料，并此致谢。尚存错漏，当由作者负责。

按照编纂的年代先后，学界将目前存世可见的《华夷译语》分作甲、乙、丙、丁四种。上述洪武本即为甲种本，仅有蒙汉译语一种。乙种本的成书年代大约为明代永乐五年，丙种本成书于明万历年间，丁种本则编辑于清乾隆年间。"乾隆年间是民族语文辞典发展到最鼎盛的时期，这一时期编纂的民族语文辞典无论是在语种文种的数量上，还是标音项目的增设和词语内容的发展规范上，版本、装帧的多样化以及坊刻辞典规模、数量等方面都比康熙、雍正时期的辞典有了更进一步的发展。"①

根据远藤光晓等（2016：539—546）提供的文献目录，将乾隆年以前所编"华夷译语"所收各种译语进行比较，可以发现：

> 并见于乙、丙种本的（四种）：女真（女直）、鞑靼、百夷、回回；
> 并见于乙、丁种本的（两种）：缅甸、西天；
> 并见于丙、丁种本的（一种）：琉球；
> 并见于乙、丙、丁种本的：暹罗、西番；
> 仅见于甲种本的（一种）：蒙古译语；
> 仅见于乙种本的（两种）：高昌、八百；
> 仅见于丙种本的（五种）：安南、占城、满喇加、畏兀儿、朝鲜；
> 仅见于丁种本的（十余种）：云南译语（包括耿马、镇康、猛卯、潞江、南甸、僰夷、车里、湾甸、芒市、猛麻、孟连、干崖、猛缅、猓猡等）、广西译语（包括太平土司、庆远土司、太平镇安译语）、苏禄、川番、嗼咕利、弗喇安西雅、伊达礼雅、额呼马尼雅、播都噶礼雅、拉氏诺。

需要说明的是，我们目前看到的"华夷译语"并非当时编定的民族语文辞书的全貌，部分只有存目，不见全帙。据明王宗载《四夷馆考》（巴黎本），该文上卷载明四夷（译）馆下鞑靼馆附兀良哈，回回馆附吐鲁番、天方、撒马儿罕、占城、日本、爪哇、满喇加。下卷高昌馆附哈

---

① 故宫博物院编：《同文之盛——清官藏民族语文辞典》，紫禁城出版社 2009 年版，第 16 页。

密、安定阿端、曲先、罕东、鲁陈、亦力把力、黑娄；百夷馆附孟养、孟定、南先、南甸、干崖、陇川、威远、湾甸、镇廉、大候、芒市、景东、鹤庆、都乐甸；八百馆则附老挝、车里、孟艮（向达 1940：184）。又据春花等（2018：385），"清代'译语'比起明代已增多了朝鲜、安南（越南语）、占城（占语）、满喇加（马来语）等'译语'，但目前故宫博物院图书馆藏《华夷译语》中没有收录南掌、真腊、爪哇语、朝鲜、安南、占城、满喇加等藩属国的'译语'。"

本文以"乾隆本"（即丁种本）《华夷译语·衣服门》所见词目为考察对象，通过对特定意义词汇的归纳、整理与考释，着重讨论这些特征词所反映出明清时期的赐服制度、封贡制度，以及若干文化含义。

二 从《华夷译语·衣服门》词汇看云南赐服制度

（一）与明代云南地区赐服制度有关的史书记载

为了恢复汉族政权，加强中央集权，明代大力恢复汉族传统礼制，采取了禁胡服、禁胡姓、禁胡语等政策，并建立了极其严格的服饰制度。朱元璋意识到服饰的重要性，并把汉代的兴盛、元代的灭亡与服饰制度联系起来，认为"古昔帝王之治天下，必定制礼制以辨贵贱，明等威。是以汉高初兴，即有衣锦绣绮縠操兵乘马之禁，历代皆然。近世风俗相承，流于僭侈，闾里之民，服食居处，与公卿无异，而奴仆贱隶，往往肆侈于乡曲，贵贱无等，僭礼败度，此元之失政也。"[①] 明朝的服饰制度包含一项很重要的制度，即赐服制度。

从朱元璋开始，明朝皇帝常常进行赐服的赏赐。赐服由皇帝特赏给有功之臣，不列于品官服饰序列内，是一种地位和荣誉的象征。赏赐对象包括皇室成员、文武官员、少数民族首领、藩属国首领等。明代赐服的第一种形式是"借服"，即官员品级没有达到而穿高于自身品级的冠服。另一种形式是带有特定纹饰的服装，例如蟒衣、飞鱼服、斗牛服、麒麟服。通过赐服制度，达到笼络人心、加强中央统制的作用。

对于云南，自朱元璋始，即有过多次赐服。我们在史书里可以找到不

---

① 《明太祖实录》卷五十五，江苏国学图书馆传抄本，第 3b 页。

少相应的记载：

　　洪武十五年，平云南，景东先归附。土官俄陶献马百六十四，银三千一百两，驯象二。诏置景东府，以俄陶知府事，赐以文绮袭衣。①

　　永乐二年，孟定土官刀景发遣人贡马，赐钞罗绮。遣使往赐印诰、冠带、袭衣，复颁信符，金字红牌。②

　　洪武十六年，寻甸土官安阳来朝，贡马及虎皮、毡衫等物，诏赐衣服、锦绮、钞锭。③

　　洪武十七年，元江土官那直来朝贡象，以那直为元江知府，赐袭衣冠带。④

　　洪武十六年，永昌州土官申保来朝，诏赐锦二匹，织金文绮二匹，衣一袭及钑花银带、靴袜。⑤

　　洪武十七年，伦发遣刀令孟献方物，并上元所授宣慰使司印。诏改平缅宣慰使为平缅军民宣慰使司，并赐伦发朝服、冠带及织金文绮、钞锭。……二十七年，伦发来朝，贡马、象、方物。已，遣使京卫千户郭均英往赐思伦发公服、幞头、金带、象笏。⑥

　　永乐元年，缅酋那罗塔遣使入贡，愿臣属中国，……乞命以职，赐冠服、印章，庶免欺陵。诏设缅甸宣慰使司，以那罗塔为宣慰使，遣内臣张勤往赐冠带、印章。……永乐元年遣内官杨瑄斋敕谕木邦诸土官。……明年……（土官）罕的法卒，其子罕宾发来朝，请袭，

<hr>

①　（清）张廷玉等：《明史》卷三百十三《云南土司一·景东》，中华书局1974年版，第8073—8074页。

②　（清）张廷玉等：《明史》卷三百十三《云南土司一·孟定》，中华书局1974年版，第8082页。

③　（清）张廷玉等：《明史》卷三百十四《云南土司二·寻甸》，中华书局1974年版，第8097页。

④　（清）张廷玉等：《明史》卷三百十四《云南土司二·元江》，中华书局1974年版，第8100页。

⑤　（清）张廷玉等：《明史》卷三百十四《云南土司二·永昌》，中华书局1974年版，第8103页。

⑥　（清）张廷玉等：《明史》卷三百十四《云南土司二·麓川》，中华书局1974年版，第8111—8112页。

命赐冠服。①

可以看出，赐服制度在云南推行的时间较长，也为维持明朝在云南的统治起了一定的作用。

（二）乾隆本《华夷译语·衣服门》与赐服有关的词汇条目

乾隆本《华夷译语·衣服门》记载了部分与赐服制度有关的词目，可以从一定程度上反映明朝时期云南地区的赐服制度。

该书第五卷《猓猡译语》（第一册）代表云南省东川府属的方言，收录的词目有"冠帽""冠带"；第六卷也收录了"冠帽""冠带"两个词目。第七卷收录的是耿马译语，为云南省永昌府的方言，所录词目多为日常服饰，未见有关赐服制度的词目收录其中。第八卷收录的是南甸、车里、湾甸、芒市等译语，分别为云南省永昌府属、普洱府属方言。其中《车里译语》中收录的词目"锦被"应与赐服制度有关，《芒市译语》中收录"龙袍"。第九卷收录猛麻、孟连、干崖、猛缅译语，分别为云南省顺宁府、云南省永昌府的方言。该卷多收录日常服饰，未见有关赐服制度的词目。

在云南地区的五卷译语中，收录有关赐服制度的有三卷，分别为第五卷、第六卷和第九卷，是明朝赐服制度在云南实行的印证和体现。赐服制度在社会政治、经济、民族关系等多个领域都有着重要的影响和意义。

首先，赐服制度维持了明朝在云南当地的统治。赐服以一种带有明显皇权意味的标志呈现，强化了皇权的地位，为云南当地的政治安定起到一定的作用。其次，赐服能够弥补官服制度的不足，有利于聚拢人心。

在经济方面，创造了进京朝贡者和朝廷双方的良好互动。云南当地的朝贡者从朝廷的赏赐中获取了服饰、衣料等生活材料，朝廷从进京者的贡品中获得了各种奢侈的用品。例如《万历野获编》记载："洪武十六年，其诏曰：'质维柔淑，志尚坚贞，万里来归，诚可嘉尚，可特授中书顺大

---

① （清）张廷玉等：《明史》卷三百十五《云南土司三·缅甸·木邦》，中华书局1974年版，第8130—8144页。

夫，武定军民府知府，并赐朝服、织金衣、纱帽、金带。"①

在民族关系方面，明朝政府通过赐服政策，对当地的少数民族进行怀柔和羁縻，并且通过赐服这样一种兼有文化和政治含义的行为，促进少数民族和汉族的交融，增强了少数民族对汉族朝廷的认同感。

不过，赐服制度也带来了一定的负面影响，主要表现在明代中后期赐服范围扩大、赐服人数增多，出现了大量伪造、滥造赐服的情况，危害了社会秩序，造成地方势力混乱，当地首领互相攀比，骄奢淫逸之风盛行。

三　从《华夷译语·衣服门》词汇看清代奉贡制度

"凡四夷朝贡之国，东曰朝鲜，东南曰琉球、苏禄，南曰安南、暹罗，西南曰西洋、缅甸、南掌。（西北番夷见理藩院。）皆遣陪臣为使，奉表纳贡来朝。"② 清朝朝贡制度不同于明代，清朝将不同国家分为亲疏强弱有别的朝贡关系，朝鲜、琉球、安南为遣使敕封的典型朝贡关系，而暹罗、缅甸等国家则为一般性的朝贡关系，因此有了比较的条件。

下表是乾隆本《华夷译语》所收《暹罗番书》"衣服门"中值得注意的贡赐物品词汇表：

表 1　　　　　《暹罗番书》（第二册）中的服饰类贡赐词汇

义类	词目	番字	番字转写	汉字对音	页码
衣服门	毡	เจิยม	ciiam	毡	150
衣服门	金织	คลีบ ทอง	gliip dɔɔŋ	克立唐	151
衣服门	花幔	ฝ้าลาย	phaa laaj	帕赖	152
衣服门	剪绒	กัมญี	ka ma nii	噶麦伊	152
衣服门	袈裟	จิวอร	ci wɔɔn	几晚	153
衣服门	红布幔	ฝ้าแดง	phaa ʔdɛɛŋ	帕冷	154
衣服门	贺南毯	พรัม	brom（u）	朴隆姆	154
衣服门	哆啰呢	สักกะหล่าด	sak ka hlaaʔd	萨葛喇	154

---

① （明）沈德符：《万历野获编》卷二十九 "叛贼·武定府改流"，中华书局 1997 年版，第 752 页。

② （清）允祹：《钦定大清会典》卷五十六《礼部·朝贡》。

续表

义类	词目	番字	番字转写	汉字对音	页码
衣服门	雨毛缎①	แพร สาด	brɛɛ saaʔd	迫勒萨	154

其中"氀"条目对应的泰文/ciiam/是汉字"氀"的音译词。丁种本的对音汉字"迫勒"即古泰文"丝织布,绸布"义语素 แพร/brɛɛ/(《泰华大辞典》,第 539 页,以下简称"《泰华》")。乙种本词条"段"的对音汉字写作"婆勒",丁种本"缎"条目的对音汉字写作"勃勒",此二者所对应的无疑就是丁种本的"迫勒"。而丙种本"段"的对音汉字写作"撒哩"(丙种本"纱"的对音汉字为"撒哩撒","罗"的对音汉字为"撒哩洛","绢"的对音汉字为"撒哩贯","彩段"、"织金段"的对应汉字均为"撒哩洞",显然都是相关的),看来和乙、丁二种的泰文语素来源不完全一样。

佛教在暹罗与缅甸盛行,袈裟也因此成为贡品之一。有确切文献记载的如雍正七年(公元 1729 年),暹罗遣使进贡,清廷下令免除暹罗例贡中的织金白袈裟、织金红袈裟、织金红幼布、花布幔等。暹罗所进贡布匹中许多为暹罗与西方国家的贸易物品,暹罗国王将其作为贡品进献给中国皇帝。由于清朝朝贡是出于统治者满足自身猎奇的需要,因而多次免除一些常规贸易物品的进贡。

"布(类)"在泰文里说ผ้า/phaa/(《泰华》,第 489 页),所以对音汉字为"帕",泰文 แดง/ʔdɛɛŋ/表示"红,红色"(《泰华》,第 292 页),所以其对音汉字为"冷"(声母 [l-] 与泰文内爆音 [ʔd-] 听感上亦相近)。同样地,泰文ลาย/laaj/是"花纹,花样,花斑"之义,而"花布"在泰文中的说法就是ผ้าลาย/phaa laaj/(《泰华》,第 670 页),用"帕赖"作对音汉字也很合理。

"贺南毯"条目之"贺南",可能为一地名。在云南沧源岩帅地区,历史上建寨最早的部落中就有佤族贺南部落,实力一度强于周边部落。上贺勐、班色、央弄等部落每年要向贺南送礼、纳粮、交钱等。后岩帅击败贺南,取代其地位,并于清光绪二十六年(公元 1900 年)发生暴动,将

---

① 乙种本《暹罗馆译语》另有"鞋"条目(对音汉字为"格"),丁种本《暹罗番书》也另有"鞋"条目(对音汉字为"脚")。两种本子的古泰文均写作 เกือก/kɯɯak/。

清驻岩帅的哨兵全部杀死在寨外。① 因此到清朝覆灭之时，贺南地区都是以比较稳固持久的联盟组织形式存在，受到清政府的影响较少。贺南地理位置处于西南边陲，在沧源、澜沧两县交界的地方，接近小黑江方向，靠近缅甸与暹罗，处于缅甸入贡道路。因而贺南毯可能是作为清朝与缅甸商业的纺织品，亦可能是一种由贺南传出的纺织工艺在暹罗和缅甸得到大量的运用，并作为贡品进贡清政府。

北京图书馆藏乙种本《华夷译语·暹罗馆译语》（成书于明朝永乐年间）② "衣服"门收词目共十四条，丙种本《华夷译语·暹罗馆译语》（成书于明朝万历年间）③ "衣服"门收词目共二十三条。丁种本《华夷译语·暹罗番书》"衣服门"则共收词目三十条。至少可以推测，明朝永乐年至清朝乾隆年间，中外封贡及贸易往来的丰富程度有增无减。据《钦定大清会典》卷五十六记载，乾隆年间"凡市易，各国贡使入境，其舟车附载货物，许与内地商民交易，或就边省售于商行，或搋至京师市于馆舍。所过关津皆免其征。"加之明清政府厚往薄来，施加怀柔政策，由此朝贡贸易日益兴盛，吸引藩国进献本地土产和珍奇宝物。

即便是共有（或部分共有）的词目，词目的写法、所用的对音汉字也是同中有异。举例如下：（丙种本无番字，故下表2未列）

表2　　　　　　　　　　　三种《暹罗译语》部分词目的比较

永乐本（乙种本）			万历本（丙种本）		乾隆本（丁种本）		
词目	番字及其转写	对音汉字	词目	对音汉字	词目	番字及其转写	对音汉字
花幔	ฝ้าลาย/phaa laaj/	帕赖	—	—	花幔	ฝ้าลาย/phaa laaj/	帕赖
织金	ดิน ทาง/ʔdiin dɔɔŋ/	顶搭	织金叚	撒哩洞	金织	คลิบ ทอง/gliip dɔɔŋ/	克立唐
剪绒	กดีฝา/ka ʔdii pfaa/	合里法	—	—	剪绒	ก๋มญี/ka ma ɲii/	噶麦伊

从上表2可以看出，乙、丙二种"花幔"的说法相同，至于"织金/织金叚/金织"这一条目，汉义条目在三种译语里均不同，但却有相互的

---

① 云南省民族事务委员会编：《佤族文化大观》，云南民族出版社1999年版，第231页。

② 北京图书馆古籍出版编辑组编：《华夷译语·高昌馆课·回回馆杂字·译语·百译馆译语·暹罗馆译语·八馆馆考》（"北京图书馆古籍珍本丛刊"第六种），书目文献出版社1990年版，第775页。

③ （明）第伯符辑、火源洁译：《华夷译语》，台北珪庭出版社1979年版，第256—258页。

关联。丙、丁二种译语的对音汉字"撒哩"对应"克立"，"洞"对应
"唐"，所以其相应的暹罗语语素完全一致。

据《清史稿·列传第三百十五》，可以明确找到有关暹罗国进贡"花
幔""哆罗呢"的记载：

第一，清高宗乾隆元年（1736 年），暹罗国进贡花幔、金缎："乾隆
元年六月，国王遣陪臣朗三立哇提等赍表方物来贡，赠贡驯象一只、金缎
二疋、花幔一条……"

第二，清高宗乾隆五十五年（1790 年），暹罗国进贡哆罗呢："是年，
入贡，因庆祝万寿，加进 …… 哆罗呢九种，帝亦加赐国王御笔
'福'字。"

"花幔""剪绒""袈裟""哆啰呢""雨毛缎"等为《暹罗番书》
《缅甸番书》两种西南少数民族译语里共同出现的词汇。

表3　　　　　　　　　　《缅甸番书》（第三册）中的服饰类贡赐词汇

义类	词目	对音汉字
衣服门	毡袜	嗷启挨
衣服门	毡衫	嗷巴
衣服门	织金	碎边犁
衣服门	花幔	点登
衣服门	剪绒	疋缸
衣服门	袈裟	想赶
衣服门	红布缦	点登泥
衣服门	哆啰呢	萨戛剌
衣服门	雨毛缎	买胧

缅甸进贡的记录虽未直接指明是哆啰呢，但也提及进贡呢料。如：清
高宗乾隆五十二年（1787 年）缅甸进贡大呢："耿马土司罕朝瑗报言，滚
弄隔岸即缅甸木邦缅酋孟云遣大头目叶渺瑞洞细哈觉控委卢撒亚三名率小
头人从役百余人赍金叶表文金塔及驯象、八宝石、金箔、檀香、大呢、象
牙、漆盒诸物，绒毡，洋布四种恳求进贡。"

哆啰呢，是一种质地柔软，色泽鲜艳，保温性强的毛织呢料，可御
寒，多用作冬衣布料炕毯，也作哆罗嗹、哆罗绒。哆啰呢最早出自荷兰，
明代传入中国。《明史·外国传·和兰》载："以哆啰嗹、玻璃器及番刀、

番酒，馈寀，乞代奏通市。""所产有金、银、琥珀、玛瑙、玻璃、天鹅绒、琐服、哆啰嗹。"清王士祯《池北偶谈》中写作"哆罗呢绒"。从明代起哆啰呢就已进入朝廷，但没有大量生产。直到清朝，荷兰分别在顺治、康熙、雍正时期向清廷大量进贡，数量较为可观的一次是在康熙二十五年，进贡物中有"大哆啰呢绒十五匹"，加上中西贸易中大量购入，哆啰绒才在宫廷生活中普遍应用起来，形成种类繁多的图案设计。由于明代时进贡数量少，词汇适用面窄，可能因此"哆啰呢"并未收录入乙种本《华夷译语·暹罗馆译语·衣服门》之中。

文献资料显示，缅甸进贡的"大呢"是一种粗呢，即粗仿毛织品。绒毡，为毡中精细者也，是用鸟兽身上的柔毛碾合而成的片状物①。据檀萃《滇海虞衡志》卷七记载："毡，滇各处俱出，以夷人养羊者多，如陕西也。"可见清朝时期云南的毡纺织业兴盛，制毡水平及产业规模较大，出现以毡为原材料制成毡衫毡袜作为贡赐贸易物品。又据《清史稿·属国三》可考证清朝辖境"顺宁"与缅甸藩国交界，缅甸在云南永昌府腾越厅边外，而顺宁普洱诸边皆与缅甸邻界②，那么《缅甸番书》中出现"毡衫""毡袜"等词也就不难理解了。

剪绒被收入《华夷译语》中应当是同时作为进贡物品和赏赐物品存在。以起绒杆织造绒织物的技术，在明以前的中国也有迹可循，如元朝的"怯锦里"，所以素绒和剪绒织物可以算是中国的本土技术。但是据《中国古代物质文化史》，以绒经架来代替纹经的经轴，个别控制每根起绒纹经的张力，织出如提花绒漳缎的新品种，可能如宋应星所说，是由海外传入的技术。明初进口物品中值得注意的就有十样剪绒花毯，而到了明末，在丙种本华夷译语《鞑靼译语》中就收录了"剪绒"一词③，常作为赏赐的纺织品流通。

"幔"意为悬挂起来用作遮挡的布、绸等。"缦"意为没有花纹的丝织品（《中华字海》第1332页）。因此"红布幔"与"红布缦"应为同一物或成品与原材料的关系。据《清史稿·属国三》，也可以找到有关红布的记载。清高宗乾隆五十一年（1786年）暹罗贡西洋红布："五十一

---

① 龚予等主编：《中国历代贡品大观》，上海社会科学院出版社1992年版，第850页。

② 赵尔巽等：《清史稿》卷五百二十八，中华书局1977年版，第14661页。

③ （明）第伯符辑：《华夷译语》，火源洁译，台北珪庭出版社1979年版，第310页。

年，华遣使入贡御前方物……西洋红布……"

那么"金织"与"织金"是否有关联呢？经查阅，"织金"的文献记载较为丰富，指用黄金制成线织入织物装饰纹饰的工艺，分为织金缎、织金绸与织金纱。用金装饰服饰的历史较为久远，但是由于金用料昂贵，生产技术有限，因此到了元代才有进一步的发展。元朝贵族好衣金锦，衣着审美以华丽为取向。元代政府曾大量织造一种称为"纳石失"的织金锦，对明清的织金生产产生过影响。工艺手段有捻金、片金、箔金、撒金、描金、浑金缎等，使织金工艺在中国较早地成熟起来。织金在清代宫廷服饰中有着广泛应用，是清朝宫廷服饰中常见的织物，例如官员朝服春秋两季用石青地织金缎或织金绸镶边，冬季以织金缎镶边（又称片金）。①

关于"金织"的文献记录，举例如下：

（贾）文备出奇邀击，大破之，帝赐金鞍、金织、文段、白金。（《元史·贾文备传》）

永乐十年，遣使奉玺书招谕其王马哈木，赐绒锦、金织文绮、彩帛诸物。（《明史·外国七》）

可见，金织亦是作为皇帝贡赐之物的一种布料。据《清史稿》："六十一年，部议暹罗入贡照安南国例，加赐国王缎八、纱四、罗八、织金纱罗各二；王妃缎、织金缎、纱、织金纱、罗、织金罗各二。"因此《华夷译语》收录"织金""金织"应当均是作为清朝政府对于藩国贡赐的回赐之物。康熙、雍正、乾隆《大清会典》对于回赐物品并无定制，到了嘉庆、光绪《大清会典》则对暹罗颁赐物品作出明确规定，织金缎、织金纱、织金罗是回赐国王及王妃的必有之物。对于缅甸，原例赏赐暹罗较缅甸更多，乾隆五十六年谕准缅甸赏赐照暹罗之例一体供给。

上文已经指出，乙种本《华夷译语·暹罗馆译语·衣服门》收录了词目"织金"，写法为ดิน ทาง，而非"金织"。因此推测金织可能与织金是一种类似工艺的昂贵布料而用处不同，金织更多作为一种花纹被提及。

---

① 支运亭：《清前历史文化》，《清前期国际学术研讨会文集》，辽宁大学出版社1996年版，第274页。

　　"雨"在暹罗语中写作ฝน/pfon/，乙种本和丁种本用的对音汉字都是"粉"，丙种本写作"分"（出现于"无雨"一词，对音汉字为"哈分密達"）。"雨毛缎"写作แพร สาด/brɛɛ saaʔd/，汉字对音为"迫勒萨"。可见"雨毛"作为汉语义项的词目，与"雨"并无关系，实际应为"羽毛"。我们可以看到若干有关羽毛缎的外国朝贡记载，如《钦定大清会典事例》卷三百九十三："康熙二十五年，荷兰人贡方物，哆啰绒十匹，鸟羽缎四匹……""又荷兰使臣进贡方物……荷兰花缎，哆啰呢、羽缎各一匹……"羽毛纱的材质，并不是人们通常概念里的禽鸟类羽毛，其原材料应当是羊毛或是羊毛与桑蚕丝交织的面料，因此符合大量生产条件，并可以进行封贡交易。同时，官吏外出遇雨，戴雨帽，多为尖顶，以细竹为胎，外蒙油绢、油纸羽毛缎。① 羽缎、羽纱在清中期以后，作为雨服制度被明文列入会典。又在清朝宫廷专用丝织物中，有一种"羽毛雨衣"，将羽毛和丝线捻在一起作为丝线编制成一种防水防雨的衣物。可能因羽毛缎或这种羽毛丝线可以作为防雨的材料，所以将"羽毛"写作"雨毛"，但实际情况是否如此，还需要进一步考查。

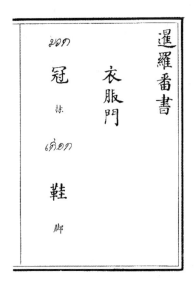

图1　乾隆本《华夷译语·暹罗番书·衣服门》书影

---

① 邹博：《中国国粹艺术通鉴·家具服饰卷》，线装书局2011年版，第318页。

参考文献

北京图书馆古籍出版编辑组编：《华夷译语·高昌馆课·回回馆杂字·译语·百译馆译语·暹罗馆译语·八馆馆考》（"北京图书馆古籍珍本丛刊"第六种），书目文献出版社 1990 年版。

蔡琴：《通向世界的丝绸之路》，贵州民族出版社 2014 年版。

陈孺性：《模范缅华大辞典》，仰光集美印务公司 1962 年版。

春花、李英、郭金芳：《清乾隆年编〈华夷译语〉述论》，《故宫学刊》2018 年第 1 期。

邓之诚：《骨董琐记全编》，邓珂点校，北京出版社 1996 年版。

龚予等主编：《中国历代贡品大观》，上海社会科学院出版社 1992 年版。

胡秋碧：《明清时期的四夷（译）馆》，博士学位论文，厦门大学，2008 年。

李德洙、王宏刚主编：《中国民族百科全书》（满族、朝鲜族、锡伯族、赫哲族卷），世界图书出版有限公司 2015 年版。

李侠、董咏啸：《吉林民间传统手工艺》，吉林人民出版社 2013 年版。

李争杰：《明代文官赏赐研究》，硕士学位论文，河南大学，2019 年。

李志跃：《明初南京出版的工具书〈华夷译语〉述略》，《江苏图书馆学报》1999 年第 3 期。

刘红军、孙伯君：《存世"华夷译语"及其研究》，《民族研究》2008 年第 2 期。

陆澹安：《小说词语汇释》，中华书局 1964 年版。

棠花：《泰华大辞典》（第二版），1946 年。

向达：《瀛涯琐志——巴黎本王宗载四夷馆考》，《图书季刊》1940 年第 2 期。

余建伟：《明代赐服研究》，硕士学位论文，西北民族大学，2013 年。

云南省历史研究所编：《〈清实录〉越南缅甸泰国老挝史料摘抄》，云南人民出版社 1986 年版。

魏英邦：《〈华夷译语〉研究拾零》，《青海社会科学》1982 年第

2 期。

　　张双福：《〈华夷译语〉研究》，《内蒙古社会科学》（文史哲版），1994 年第 5 期。

　　赵连赏：《明代的赐服与中日关系》，《历史档案》2005 年第 3 期。

　　支运亭：《清前历史文化》，《清前期国际学术研讨会文集》，辽宁大学出版社 1996 年版。

　　中国文物学会专家委员会主编：《中国艺术史图典·服饰造型卷》，上海辞书出版社 2016 年版。

　　台北"中研院"历史语言研究所编：《明太祖实录》，台北"中研院"历史语言研究所专刊。

　　竺小恩：《中国服饰变革史论》，中国戏剧出版社 2008 年版。

　　邹博：《中国国粹艺术通鉴·家具服饰卷》，线装书局 2011 年版。

　　（明）第伯符辑、火源洁译：《华夷译语》，台北珪庭出版社 1979 年版。

　　（明）沈德符：《万历野获编》，中华书局 1997 年版。

　　（明）宋濂等：《元史》，中华书局 1976 年版。

　　（清）张廷玉等：《明史》，中华书局 1974 年版。

（郑伟　盛雨婷　翟子颀　刘恬　王馨宇

上海华东师范大学中国语言文学系 wzheng@zhwx.ecnu.edu.cn）

浅谈古汉语词义演变的域外流播[*]

——以汉日"獭祭"一词为例

邵琛欣

提　要：本文以中国古代典籍中常见的典故"獭祭鱼"为例，兼谈借用到日语中的"獭祭"一词的使用情况，从文字、句法等角度分析"祭"的语义，追溯"獭祭"词义的域内演变路径和域外流播经过，并从语言学的隐喻机制、文学形象的塑造、人文地理的影响等方面试析引发这种现象的认知基础。

关键词：汉语借词；词义引申；日语

〇　引言

日语中有数量众多的汉字词（即汉语借词），基本都保存着借用时代的汉语词义。这些域外借词是汉语历史词汇的活化石，可以为汉语词汇史研究提供有力的佐证。（汪维辉 2009）比如：日语中的"湯"（ゆ）可以表示"热水""温泉""汤池"等。这三个词义都是"汤"在汉语中的古义，其中"热水"是基本义，后两者是引申义。《孟子·告子上》有"冬日则饮汤，夏日则饮水"，其中的"汤"即为热水义。表示"温泉"义的"汤"则大多保留在地名上，如北京的小汤山、黄山的汤口等。"汤池"义则多见于唐代的温泉浴池，如《新唐书·逆臣传上》："为卿别治一汤，可会十月，朕待卿华清宫。"今陕西临潼华清池温泉仍有"莲花汤""九龙汤""海棠汤""太子汤"等名称。可见，日语的"湯"（ゆ）虽然读音上是训读，但由于借用了汉字字形，其词义也随着汉语词义演变的轨迹

---

　　* 本文受到 2019 年中国国家留学基金委访问学者项目的资助，部分内容曾在 2020 年《日中文化学报》青年论坛上进行报告，同行学者提出了有益的意见和建议，在此一并表示感谢。

发生了变化，进而形成了汉语词义演变的域外流播现象。

本文选取中国古代典籍中常见的典故"獭祭鱼"为例，兼谈借用到日语中的"獭祭"一词的使用情况，追溯该词义的域内演变路径和域外流播机制，并试析引发这种现象的认知基础。

一 关于"祭"的语义阐释

(一)"祭"的两种释义

"獭祭鱼"中的"祭"在先秦两汉文献中多被注解为"取杀"和"祭祀"两种含义。各家注疏也给出了不同的证据。具体如下：

1. "祭"为"取杀"义之说

该释义集中于对《吕氏春秋·孟春》"鱼上冰，獭祭鱼"一句的注解中。首先，高诱最早为此句作注时称：獭，猵，水禽也，取鲤鱼置水边，四面陈之，世谓之祭鱼为时候者。类似的也见于高诱注《淮南子·时则训》"东风解冻，蛰虫始振苏，**鱼上负冰，獭祭鱼**，候雁北"一句中。高注简单地描述了水獭将捕捉的鲤鱼陈列于水边的场景，并指出世人见此场景即将"祭鱼"当作时令，其中对"祭"字的含义并无特殊阐释，后人范耕研（1933）、高亨（1962）则分别对高诱的注做了详解。

> 范耕研：高氏此注甚穿凿。按"祭"字从手持肉，此盖用其持肉之意而已。孟春之月，东风解冻，獭乃始可入水取鱼耳。**不言取而言祭者，变文示异**。曲说附会，甚无谓也。
>
> 高亨：旧儒解"祭"字，恐不可从。**"祭"当读为"杀"**。獭祭鱼者，獭杀鱼也。孟春冰始开，故獭杀鱼也。鹰祭鸟者，鹰杀鸟也。孟秋树叶落，鸟不易隐藏，故鹰杀鸟也。豺祭兽戮禽者，豺杀兽戮禽也。季秋木枯，小兽不易隐藏，故豺杀兽戮禽也。以"戮禽"二字观之，"祭"之为"杀"，殆无疑义。**祭、杀古通用**。《礼记·乡饮酒义》"秋之为言愁，愁之时以时察，守义者也"，**郑注"察或为杀"**；《管子·幼官篇》"察伐胜之行"，《庄子·天下篇》"判天地之美，析万物之理，察古人之全"，并以"察"为"杀"；《书·禹贡》"二百里蔡"，**郑注"蔡之言杀，减杀其赋"**，乃以"蔡"为"杀"；可

证"祭""杀"古亦通用矣。

前者以"变文示异"为由，认为"獭祭鱼"表达的就是獭入水猎取鱼之义，并无祭祀之义。后者则明确提出"祭""杀"二字在古代汉语中可通用，并引用郑玄"察""蔡"皆释为"杀"为证，认为"祭"及从"祭"之字皆可为"杀"义。陈奇猷（2002）对二人的意见进行了否定，坚持高诱注的合理性，认为在当时的神权时代是可以有水獭祭祀鱼这样的传说的。

同样认为这里的"祭"为"取杀"义的还有赵逵夫（2010）为《蜀都赋》所作的评注。魏晋时期左思的《蜀都赋》中有"其深则有白鼋命鳖，玄獭上祭"。赵认为此处"祭"为杀、捕捉之义，后人误解为祭祀，故文中才使用"上祭"。

2. "祭"为"祭祀"义之说

我们在前人的注疏中看到最多的是将"祭"释为祭祀义。如：《礼记·月令》："孟春之月，……东风解冻，蛰虫始振，鱼上冰，**獭祭鱼**，鸿雁来。……孟秋之月，……凉风至，白露降，寒蝉鸣，**鹰乃祭鸟**，用始行戮。"郑玄注：皆记时候也。……以惊蛰为正月中，此时鱼肥美，**獭将食之，先以祭也**。……**鹰祭鸟者，将食之**，示有先也。既祭之后，不必尽食。若人君行刑，戮之而已。郑玄认为"獭祭鱼""鹰祭鸟"都是借用动物捕杀当季猎物来标记时令，而獭和鹰都有相似的习性，即猎杀之后并不马上进食，而是要陈列四周以示祖先。

同样的观点在《大戴礼记·夏小正》"正月，……**獭兽祭鱼**"一句的注解中也有所体现：祭也者，得多也。善其祭而后食之。这里认为，之所以祭祀的原因是猎物获取较多。孔广森补注引陆佃《埤雅》曰：獭兽似狐而小，青黑色，肤如伏翼，水居食鱼，**亦自祭其先，取鲤于水裔，四方陈之，进而弗食**。此处可见鱼是水獭的主要食物，却被水獭陈列在水边而不吃，所以人们就当作其在祭祀祖先。清人姚燮在《夏小正求是》中更加生动、细致地描绘了獭祭鱼的场面：獭祭鱼衔一枚以爪按其头，作声象人巫祝，俗呼鱼师。祭毕，獭食诸鱼，纵鱼师入水。这里不仅承认了祭祀行为，还增加了类似人类祭祀活动中巫师角色的"鱼师"。

从前人的注疏中，我们可以看到，"獭祭鱼"中的"祭"有"取杀"和"祭祀"两种理解。前者的理由主要出于水獭的动物本能，祭祀是人类的活动，而动物只有猎杀、捕食的天性，将"獭祭鱼"理解为在水边以鱼祭祀祖先是人为的联系而已。后者则从"祭"字常用义出发进行训释，并通过鹰、豺等其他动物也有类似行为的类比加以佐证。实际上，在古人注疏中我们还得到了第三种解释，即颜师古在为《汉书·郊祀志》"祀者，所以昭孝事祖，通神明也。旁及四夷，莫不修之；**下至禽兽，豺獭有祭。是以圣王为之典礼。**"一段作的注中曰：豺，挚搏之兽，形似狗。獭，水居而食鱼。**祭者，谓杀之而布列，以祭其先也。**这里虽然也是倾向于理解为"祭祀"，但也说明了该祭祀过程中不可或缺的取杀、陈列等环节。

我们认为，"祭"的释义除了参考古注外，还要结合其字形、句法表现等多个方面来分析。

（二）从字形看"祭"的语义

以下是"祭"在甲骨文、秦文、楚文中出现的主要形体：

（《甲骨文编·乙五三一七》）
（《甲骨文编·甲三三一九》）
（《睡虎地秦简文字编·日乙一五五》）
（《长沙子弹库帛书文字编·甲 12-25》）

其中秦文和楚文已经颇具今天所见"祭"字的样貌，而对甲骨文中"祭"的形体该作何解释，前人也持有不同意见，分歧集中在对点形的释读上。如：罗振玉（1927）指出，虽然"祭"字形体多变，但"皆象持酒肉于示前之形"，"示"即为神，也就是像拿着酒肉在神前祭拜的样子。其中，"乚象肉，𠂇持之，点形不一，皆象酒也。"在之后的形体演变中或省"示"，或省"又"，到篆文中只剩下"从手持肉而无酒。古金文亦然。"吴其昌（1934）则认为罗氏将点形解为酒不甚恰当，点应是"附着于肉质之湆汁"，"湆汁"即肉汤，以此判断"祭"字中"手所持者为肉形矣"。对"祭"字形中点形的第三种解释是杨树达（1948/2013）在《积微居金文说·我作父己甗跋》中对𥘅的分析："此字所从之乚，与甲文血字意同，𥘅从血从示，象荐血于神前，盖祭字也。……罗氏释祭，是矣，但点形象血，罗氏不知，以为象酒形，则为误说耳。"杨从"祭"的一个省形字体𥅿中发现了表示血的𠃊，从而推断"祭"中的点形是血而非酒。

"血祭"在古代祭祀中很常见，《说文》中有多字都反映了这一习俗，如："血，祭所荐牲血也。""膟，血祭肉也。""衅，血祭也。""血"字本身就是器皿中装着鲜血的样子，是祭祀时敬献给神灵的牲畜的血。《金文诂林》也是从此角度解释了"祭"，即："按古代血食，其始祭亦当为血祭。甲骨文作𥙊，点形乃象血滴。解牲体而后献于示前。"

从字形构造来看，不论"祭"中的点形结构是血还是酒，都不能影响"祭祀"这一核心意义。虽然祭祀所需的牺牲确实涉及宰杀过程，但在"祭"的形体中还是无法直接显示出来，手持肉，是作为杀取结果而存在于祭祀过程中的，也就是持肉是祭祀的工具或一种状态。《说文》中运用"手持某物"表示存续状态来释义的情况还有："巨，规巨也。从工，象手持之。""夺，手持隹失之也。""掖，似手持人臂也。"

（三）从句法看"祭"的语义

表示"取杀"义的"祭"在古代汉语中并不常见，而"祭祀"义作为常用义则有多种句法表现。

1. 可以带宾语，形成"祭 NP"结构，如：

> 与天下更始，罢兵休卒，收养昆弟，共**祭先祖**。（《庄子·盗跖》）
> 海鸟曰"爰居"，止于路东门之外三日，臧文仲使国人**祭之**。（《国语·鲁语上》）

2. 不带宾语，单独使用，如：

> 诸侯**玄端以祭**，裨冕以朝，皮弁以听朔于大庙。（《礼记·玉藻》）
> 于是乎有刑**不祭**，伐不祀，征不享，让不贡，告不王。（《国语·周语》）

3. 可以带工具或方式补语，形成"祭（NP）以 NP"结构，如：

生，事之以礼；死，葬之以礼，**祭之以礼**，可谓孝矣。（《孟子·滕文公上》）

子期祀平王，**祭以牛俎**于王。（《国语·楚语下》）

4. 可以带处所补语，形成"祭（NP）于 NP"结构，如：

太子**祭于曲沃**，归胙于公。（《左传·僖公元年》）

辛有适伊川，见被发而**祭于野**者。（《左传·僖公二十二年》）

综上可见，虽然前人从音韵、文字、训诂、修辞等角度对"祭"的"取杀"义进行过阐释①，但仅凭《吕氏春秋》中出现的"祭兽戮禽"对文无法有力说明"獭祭鱼"的"祭"就是"杀取"义。祭祀的过程较为复杂，除了杀取，还有陈列、进献等环节，故不能以其中某个环节来定义整个过程。释为"祭祀"义更符合"祭"在上古汉语的基本面貌。

二 "獭祭"词义的域内演变

在明确了"獭祭鱼"就是表示"水獭将捕杀到的鱼陈列在水边作祭祀状"的意思后，我们发现这一典故频繁出现在中国古代典籍中，并逐渐发展出与时令节气、仁义品德、文人特质等相关的多个引申用法。

（一）"獭祭"与时令

典籍中可见的"獭祭鱼"的时令有正月、惊蛰、小雪、大雪等，如：

《月令》：正月，獭祭鱼。

---

① 这里指的是沈兼士（1940）的观点，即："夫以禽兽之冥蠢，安知追远之义。体物准情，殆不尽然。……孔疏云与人之祭食相似。相似云者，非真之谓，殆如今猫之捕鼠，先搏而噬杀之，置不即食，必徐徐待其气绝然后食之也。盖古代血食，祭之事必资于杀，故祭之语亦当原于杀。卜辞、《说文》'祭'字从又持肉，即告杀之义。……高诱以围陈之说解祭鱼祭鸟，实为得之。注家狃于常诂，又涉二月祭鲔之文，一切以祭祀之狭义释之，似是而非。实则祭兽与戮禽对言，祭戮即是杀戮，特上下文易其语以修辞耳。……且古者祭之音读，亦通于杀。……兹请更就古代之礼俗考之。……然则古者礼出于祭祀，而祭祀缘于饮食。……上古鲜食，但资田猎，故其祭法，重在杀以取鲜。"

《夏小正》：正月，獭兽祭鱼。

《逸周书·时训篇》：惊蛰之日，獭祭鱼。王引之：汉以前书无谓獭祭鱼在冬月者。

《孝经纬》：兽蛰伏，獭祭鱼。王引之：为十月中气，则小雪也。

《易·通卦》验曰：大雪獭祭鱼。王引之：则又以为十一月节气。

实际上，"獭祭鱼"的时间大致有春冬两季，详见贾公彦疏《周礼·天官》"渔人掌以时渔为梁"句："取鱼之法，岁有五：案月令孟春云'獭祭鱼'，此时得取矣，一也。季春云'荐鲔于寝庙'，二也。又案：鳖人云'秋献龟鱼'也，王制云'獭祭鱼，然后虞人入泽梁'，与孝经纬援神契云'阴用事，木叶落，獭祭鱼'同时，是十月取鱼，四也。**獭则春冬二时祭鱼也**。案潜诗云'季冬荐鱼'，与月令季冬渔人始渔同，五也。是一岁三时五取鱼，唯夏不取。"

渔人根据"獭祭鱼"判断是否到捕鱼时节也在历代文献中有所记录，如：《淮南子·主术训》有："豺未祭兽，置罝不得布于野；**獭未祭鱼，网罟不得入于水**。"《汉书·货殖列传》有："草木未落，斧斤不入于山林；**豺獭未祭，罝网不布于隰泽**；鹰隼未击，矰弋不施于徯隧。"《通志二十略·刑法略》有："春生秋杀，天之常道。冬狩夏苗，国之大事。豺祭兽，**獭祭鱼，自然之理也**。"《刘子·爱民章》有："先王之治也，上顺天时，下养万物，草木昆虫，不失其所。**獭未祭鱼，不施网罟**；豺未祭兽，不修田猎。"

（二）"獭祭"与仁义

由于祭祀本为人类行为，借用到獭兽身上便可阐发出不忘先祖的仁义道德来。因此，典籍中也多见用"獭祭鱼"来表达知恩图报、不忘本等意味。较早将此用意阐释出来的是焦循为《孟子·告子上》"然则犬之性犹牛之性，牛之性犹人之性与?"一句所作的注："孟子此章，明辨人物之性不同。……闻虫鸟以为候，闻鸡鸣以为辰，彼之感而觉，觉而声应之，又觉之殊致有然矣，无非性使然也。若夫乌之反哺，雎鸠之有别，蜂蚁之知君臣，**豺之祭兽，獭之祭鱼，合于人之所谓仁义者矣，而各由性成**。"

后代文献中多见用"獭祭"来比况人的本性，如：

祭祀之道，自生民以来则有之矣。**豺獭知祭祀，而况人乎**！故人知之至于念想，犹豺獭之自然也，顾古质略而后文饰耳。（《后汉书·志·祭祀》）

故孝子之于齐，见父母之存也，是以祭不宾。（《法言·孝至》）晋代李轨注：九月豺祭兽，正月獭祭鱼。**豺、獭犹有所先，人而不祭，豺、獭之不若也。**

君臣之义，报施而已。古人待我国士，我故国士报之。**至于豺獭，亦有报施。**如徐禧者，可谓不知报施矣。（《续资治通鉴长编·神宗元丰五年》）

冠昏丧祭，礼之大者，今人都不理会。**豺獭皆知报本**，今士大夫家多忽此，厚于奉养而薄于先祖，甚不可也。（《宋元学案·伊川学案上》）

祭先本天性，如**豺有祭，獭有祭，鹰有祭，皆是天性**，岂有人而不如物乎？（《程氏遗书·伊川杂录》）

如**虎狼之父子，蜂蚁之君臣，豺獭之报本，雎鸠之有别**，曰"仁兽"，曰"义兽"是也。（《朱子语类·性理》）

尝谓万物祖天地，维人于先又奚异。**豺獭鱼兽尚知祭**，昧兹宁不惭物类。（元张养浩《济南历城县侯氏先茔碑铭》）

水有报本獭，林有返哺鸟，人可以不如鸟乎！（明李东阳《乳姑曲》）

豺獭尚有一祭之知，介胄岂无三年之爱？（清王士禛《池北偶谈·谈故》）

从以上用例可见，从先秦至明清，"獭祭鱼"所代表的仁义道德一直被人们所称颂，成为该典故最常见的用法。另外，典籍中还记录了关于獭献其鱼以帮助人类赡养父母的故事，如《元史·列传第八十四》有："胡光远，太平人。母丧庐墓。一夕，梦母欲食鱼，晨起号天，将求鱼以祭，见生鱼五尾列墓前，俱有啮痕。邻里惊异，方共聚观，有獭出草中，浮水去。**众知是獭所献**。以状闻于官，表其闾。"《新唐书·列传第一百二十》也有："张士岩父病，药须鲤鱼，**冬月冰合，有獭衔鱼至前**，得以供父，父遂愈。"

（三）"獭祭"与掉书袋

在宋代，"獭祭鱼"出现了一种新的含义，用来形容古人作文时堆积词藻，罗列故实，和掉书袋意似。最早可见于宋人吴坰在《五总志》中对李商隐诗文的评述："唐李商隐，为文多检阅书史，鳞次堆积左右，**时谓为'獭祭鱼'**。"到了明代，王夫之《姜斋诗话》中也用了"獭祭鱼"批评多位诗人："立门庭者必饾饤，非饾饤不可以立门庭。盖心灵人所自有而不相贷，无从开方便法门，任陋人支借也。**人讥西昆体为獭祭鱼。**""苏子瞻、黄鲁直亦獭耳！彼所祭者，肥油江豚；此所祭者，吹沙跳浪之鲻鲨也。除却书本子，则更无诗。"至清代，"獭祭鱼"多省略为"獭祭"出现在多部典籍中，如：

> 问："与李合肥何如？"曰："一般。合肥全用**獭祭**。"（《榕村续语录》卷二十）
> 而李雨邨序称其"指呼六籍，镕液百家，在前人韵书中，别树一帜，虽**獭祭者**无以逾其博也"，殊不知是书亦从獭祭而来，取以借词赋之取材耳。（《郑堂读书记·经部》）
> 公等以毛大可为博学耶？渠作七言八句，亦必**獭祭**乃成。（《国朝先正事略·经学》）
> 胸既空疏而喜用典故，明知**獭祭**而视为妙文，所以受人欺妄，而诸生之以聪明自用者，亦以此欺人。（《履园丛话·笑柄》）
> 我见你精心阅加意翻，欢喜犹嫌相见晚。好似那**獭祭**般堆满缥缃，恨不作蠹鱼儿不出其间。（《升平宝筏》第十五回）

三 "獭祭"词义的域外流播

（一）正冈子规与"獭祭"

据我们目前掌握的材料看，"獭祭"一词进入日语大概是源于日本明治时期的著名俳人正冈子规（1867—1902），其自称"獭祭书屋主人"，去世之日9月19日也被世人称为"獭祭忌"。后人猜测正冈子规用"獭祭"作为自己书屋的名字，可能有两种原因：一是正冈子规在因病卧床期间，枕边摆放了各种必需品，便一时间觉得自己犹如水獭在岸边陈列鱼儿一般，借势为自己居住的地方取名为"獭祭书屋"①；二是正冈子规意在用"獭祭"表达对读书和藏书的狂热和挚爱，也或是一种自嘲。虽然"獭祭书屋"的命名原因暂时无从考证，但我们能看到"獭祭"一词在进入被借用到日语中后被并未直接继承汉语中"獭祭"典故所传达的仁义或掉书袋的含义，仅仅保留了"陈列"的语义特征。我们暂且将这一过程看作是"獭祭"词义在域外的第一次传播和流变。②

正冈子规在明治26年（即1893年）发表了《獭祭书屋俳话》，对日本传统的俳句创作提出批评，向江户末期的陈规陋习发起挑战，成为当时俳句改革的先声。③"獭祭"一词也随着正冈子规的文学革命被赋予了新的含义，由此产生了词义上的第二次域外演变，成为改革和创新的代名词，也才有了后来日本酒"獭祭"品牌的诞生。

（二）日本酒与"獭祭"

在日本酒众多的品牌中，20世纪80年代末90年代初出现的"獭祭"可谓是目前人气最高的一款清酒。伴随着酒文化传播，更多的人想知道"獭祭"一词究竟为何意。该酒厂旭酒造株式会社的官方网页有这一段日文介绍④：

　　獺祭命名の由来：弊社の所在地である獺越の地名の由来は「川上村に古い獺がいて、子供を化かして当村まで追越してきた」ので獺越と称するようになったといわれておりますが、この地名から一字をとって銘柄を「獺祭」と命名しております。獺祭の言葉の意味は、獺が捕らえた魚を岸に並べてまるで祭りをするようにみえるところから、詩や文をつくる時多くの参考資料等を広げちらす

①　详见日本专栏作家胜谷城彦所著《獭祭——归零再起，深山小酒造的谷底翻身奇迹》第三章《"獭祭"的诞生》。

②　由于材料所限，此次词义演变是否具有普遍性还有待进一步考证。

③　这次改革具体指的是，正冈子规提倡摒弃连歌14个音节的胁句，解放出17个音节，产生了现代为人们所熟知的五七五结构。例如其颇为有名的俳句：柿食べば鐘が鳴るなり法隆寺（方啖一颗柿，钟声悠婉法隆寺——李芒 译）

④　引自 https：//www.asahishuzo.ne.jp/dassai/origin.html.

事をさします。

　獺祭から思い起こされるのは、明治の日本文学に革命を起こしたといわれる正岡子規が自らを獺祭書屋主人と号した事です。「酒造りは夢創り、拓こう日本酒新時代」をキャッチフレーズに伝統とか手造りという言葉に安住することなく、変革と革新の中からより優れた酒を創り出そうとする弊社の酒名に「獺祭」と命名した由来はこんな思いからです。

以上可知，獺祭酒命名的由来大概有二：

一是，酒厂所在地是日本山口县的獭越，而"獭越"这一地名则源于当地古代的一个传说，据说曾经有一只年老的水獭化身成小孩子的模样跑到了这个村子里，此地就被称为"獭越"。以产地来命名酒名也是较为常见的命名方式，因此"獭祭"酒品牌中的"獭"字即与该地名相关。二是，以"獭祭书屋主人"正冈子规掀起日本文学革命为代表，"獭祭"一词所包含的改革、创新精神正适合 20 世纪 80 年代中期这家已有两百年历史的酒厂所面临的诸多挑战，獭祭酒的诞生实则是为了开创日本酒的新时代。无论是在酒厂负责人樱井博志社长的自述中①，还是在日本专栏作家胜谷诚彦的采访中，都可以看到用"獭祭"作酒名的缘由与正冈子规以"獭祭"作书屋名的关联。这一名称恰好能反映当时酒厂所处的境地，樱井博志在接手家传的酿酒事业后，开始酿造日本酒分类标准中最花工夫与时间的纯米大吟酿，并且打破业界常规，舍弃过往品牌名称，打造出了全新的品牌。

至此，"獭祭"的词义完成了在域外的两次演变，并将语言与文化的联系变得更加紧密。

四　日语汉字词语义引申的认知基础

（一）隐喻机制

我们将"獭祭鱼"的语义引申分为平行式引申和链条式引申两类，

---

① 详见樱井博志所著《獭祭·极致——日本第一名酒的重生销售之路》。

前者反映在本土演变中，后者反映在域外流播中。具体如下所示：

1. 平行式引申

獭祭鱼：捕鱼〈祭祀 → 象征仁义报本［类比联想］
　　　　　　　 堆叠 → 比喻堆砌词藻［抽象类推］

"獭祭鱼"在本土的语义引申起源于水獭的捕鱼习性。从"捕鱼"活动分出"祭祀"和"堆叠"两个引申方向，其中若着眼于水獭捕鱼后的祭祀行为，则可通过类比联想进一步引申出仁义、报本的象征义；若着眼于水獭捕鱼后把鱼陈列于水边的堆叠行为，则可通过抽象类推进一步引申出文人作诗文中堆砌词藻的掉书袋现象。这两个引申义都没有进入日语借词中。

2. 链条式引申

獭祭鱼：堆叠→书籍数量多［色彩中性化］→革新［人物隐喻］

"獭祭鱼"在日本的语义引申则直接起源于堆叠特征，通过正冈子规自嘲式的书屋命名，将本来带有贬义的掉书袋含义中性化为只表示书籍数量多，最终借助正冈子规本身所具有的革新精神又被赋予了新的引申义，成为酒品牌中所要表达的改革、创新象征义。

（二）文学形象

和"獭祭鱼"语义引申相关的另一个认知基础是獭怪或獭妖在中国古代文学和日本文学中的形象阐释。在中国，獭怪及其怪异故事可追溯的年代最确凿的例证是在东晋干宝所著的《搜神记》卷十八关于"丁初"这个人的故事中：吴郡无锡有上湖大陂，陂吏丁初天，每大雨，辄循堤防。春盛雨，初出行塘，日暮回顾，有一妇人，上下青衣，戴青伞，追后呼："初掾待我。"初时怅然，意欲留俟之。复疑本不见此，今忽有妇人，冒阴雨行，恐必鬼物。初便疾走。顾视妇人，追之亦急。初因急行，走之转远；顾视妇人，乃自投陂中，泛然作声，衣盖飞散。**视之，是大苍獭，衣伞皆荷叶也。此獭化为人形，数媚年少者也。**这里的獭怪被塑造成了可化为人貌来迷惑年少者的形象。

刘宋时期刘义庆所著《幽明录》中也有关于獭怪的相关记载：

> 东平吕球，丰财美貌，乘船至曲阿湖，值风不得行。泊菰际，见一少女，乘船采菱，举体皆衣荷叶。因问姑非鬼耶，衣服何至如此。

女则有惧色，答云：子不闻荷衣兮蕙带，俦而来兮忽而逝乎。然有惧容，回舟理棹，逡巡而去。**球遥射之，即获一獭，向者之船，皆是苹蘩蕰藻之叶**。见老母立岸侧，如有所候望，见船过，因问云：君向来，不见湖中采菱女子耶？球云近在后，寻射，复获老獭。居湖次者，咸云：湖中常有采菱女，容色过人，有时至人家，结好者甚众。

此处的獭怪化为貌美的少女形象，常活动于水上，穿着却和常人不同。

也有将獭塑造为老叟、老妪等形象的志怪故事，如宋代洪迈《夷坚志》支甲卷第一中有：唐小说载释玄照讲《法华经》于嵩山，有三叟日来谛听，自言是黑龙。照以天旱，令降雨，叟曰："雨禁绝重，傥不奉命擅行，诟责非细，唯孙处士能脱弟子之祸。"照为谒孙思邈致恳，是夜千里雨足。**三叟化为獭，匿于孙所居后沼**，遭使者捕执，孙使解而释之。事颇相类。明代洪楩《清平山堂话本》卷一中有：不打，万事皆休，那里打了几下，只见卯奴变成了乌鸡，**婆子是个獭**，白衣娘子是条白蛇。

可见，自《搜神记》以来，獭在中国古典文学作品中就是经常化身为俊男美女来诱惑人的动物。而在日本文学中，獭呈现出的却是另一种形象。

在日本，19世纪以前，水獭分布广泛，是河川、海岸地区的常见动物，关于它们的志怪故事很多。水獭被认为是"河童"的原型，而憨厚蠢萌的"獭妖"形象也深入人心。传说，若是夜晚走在河边，见到一个戴着斗笠，提着灯笼的矮小身影，走近时灯火突然熄灭，这便是獭妖。又有传说称，獭妖爱喝酒，能向人类买酒喝。[①]酒馆老板问：你是谁呀？獭妖口齿不清地说：是偶（我），是偶（我）。再问：你从哪来？獭妖说：河里来。

从幕府末年到明治初年，东京东部地区，即今天的江东区、墨田区、台东区，西部地区即今天的港区芝公园附近，都是獭栖息的广阔地域，因此就会有獭吓人之类的恶作剧出现。

增子和男（2010）分析了獭之所以有妖怪形象的原因，认为其关键

---

① 獭妖爱喝酒的传说或许也和"獭祭"成为酒名有某种关联，但据酒厂社长樱井博志所述命名缘由来看，这一关联尚未得到证实。

图1　〔日〕水木茂《图说妖怪大全》1994

在于它的生活习性和居住地。獭在平时有非常可爱的模样，一旦遇到捕食对象就会露出一副狰狞的姿态，因此即便是小型的獭也很让人害怕。此外，獭可以用后脚站起直立的样子也会让很多人心生恐惧。獭生活的环境是在阴气较重的河川边茂盛的芦苇里，身上味道较臭。这些都可能是人类把獭当作妖怪的原因。

从獭妖或獭怪的产生时间上看，日本最早把獭和妖怪关联起来的记述是 15 世纪《下学集》① 上卷中所收录的"獭"的义项"（獭）老而成河童者也"。这比"獭"出现在中国古代典籍的时间要晚很多。江户时期（1603–1868），泉镜花、芥川龙之介、夏目漱石等日本文人的作品中也能见到獭妖的形象。由此可见，"獭"在中日文学中表现出的都是比较常见的妖怪形象，这也得益于獭在早些时候与人类之间的密切关系。

（三）人文地理

"獭祭鱼"能够在汉语和日语中都有所发展，第三个认知基础是水獭在人文地理方面发挥的重要作用。如果一个事物是人们经常接触的，那么对它的认识也就更加全面和深入。水獭即有这个特点。由于水獭捕鱼数量过多，所以不加限制就会影响渔民养殖，因此我们在典籍中可以看到类似的记录，如：《淮南子·兵略训》中有"夫**畜池鱼者必去猵獭**，养禽兽者必去豺狼。"同样在《盐铁论·轻重》中也有"**水有猵獭而池鱼劳。**"这意味着渔民养鱼一定要去除水獭，否则鱼池中的鱼就会被水獭捕杀掉。

水獭虽然是一种野生动物，但在中国古代人们很早便已知道如何加以

---

① 《下学集》出版于 1444 年，是日本语词典，具有百科辞书的特点。

驯服和利用了。（刘敦愿 1985）唐宋时期，四川、湖南、湖北等地的渔民多利用水獭善于捕鱼的习性，或是饲养，或是制造木刻水獭，如：《朝野佥载·卷四》记载"**通川界内多獭，各有主养之**，并在河侧岸间。獭若入穴，插雉尾于獭穴前，獭即不敢出。去却尾即出。取得鱼，必须上岸，人便夺之。取得多，然后放令自吃，吃饱即鸣杖以驱之还。插雉尾，更不敢出。"类似用水獭帮助渔民捕鱼的故事还见于《酉阳杂俎·前集卷五》：元和末，均州郧乡县有百姓，年七十，**养獭十余头，捕鱼为业**，隔日一放出。放时，先闭于深沟斗门内，令饥，然后放之。无网罟之劳，而获利相若。老人抵掌呼之，群獭皆至，缘衿藉膝，驯若守狗。户部郎中李福，亲观之。《朝野佥载·卷六》则有："郴州刺史王琚**刻木为獭**，沉于水中，取鱼引首而出。盖獭口中安饵，为转关，以石缒之则沉。鱼取其饵，关即发，口合则衔鱼，石发则浮出矣。"

唐诗中也多有对水獭捕鱼的描述，如：杜甫《重过何氏五首》中的"花妥莺捎蝶，溪喧**獭趁鱼**。"白居易《池上寓兴二绝》中的"**獭捕鱼来鱼跃出**。此非鱼乐是鱼惊。"这些都为"獭祭鱼"能够引申出多种语义奠定了认知基础。但时至今日，却很难再看到"獭祭鱼"的场景。

同样，獭在日本的人文地理历史中也经历了从活跃到濒临消亡的过程。早在石器时代，日本人就开始捕捉、食用水獭，利用水獭的皮毛御寒。公元 7 世纪以后，佛教传入日本，"肉食禁止令""生灵怜悯令"等法令的出台，客观上限制了捕杀动物。直到 19 世纪中叶，獭的分布范围遍及日本四大岛的河川，以及近海岛屿。但从 1868 年明治维新以后，人与獭的关系却发生了翻天覆地的改变。明治新政府建立，幕府和地方的旧制度全被废止。限制狩猎的旧法令也在一夜之间荡然无存，导致日本国内的朱鹮、东方白鹳、鹤类等大型鸟类急速减少。日本水獭也在此时遭遇了空前的浩劫。1974 年，四国岛高知县出现过一只水獭，但从 1979 年以后，日本国内就再未发现水獭存活的确切证据。2012 年，日本将水獭（日语为"川獭"）定为灭绝物种。

五　小结

"獭祭"从汉语引入日语，时间大概在近代，即"獭祭"在本土引申出"堆砌词藻或典故"之义后才传入日本，正冈子规将其发展出"藏书众多"之义，酒厂经营者借正冈子规所代表的革新精神在"獭祭"这个品牌名称中再次丰富了该词的象征义。由于材料所限，本文暂时只能粗略地梳理出其演变过程，因"獭祭"在汉语和日语中都并非常用词，所以其词义演变的普适性还需要进一步考求。

此外，"獭祭"进入日语后，保留了其在汉语中的词法结构，仍为主谓关系，这样才能为后续语义的发展提供语法基础。从该词的日语读音 dassai 也可以看出，这是一个地道的汉字词。

参考文献

陈奇猷：《〈吕氏春秋〉新校释》，上海古籍出版社 2002 年版。

范耕研：《吕氏春秋》补注，《江苏国学图书馆年刊》1933 年第 6 期。

高亨：《诸子新笺》，山东人民出版社 1962 年版。

胡绍文：《杜诗"乌鬼"考——兼谈注释对词义演变的影响》，《语言研究》2020 年第 2 期。

李国正：《"蔡蔡叔"辨诂》，《中国语文》1997 年第 3 期。

刘敦愿：《中国古代关于水獭的认识与利用》，《农业考古》1985 年第 2 期。

陆宗达、王宁：《训诂方法论》，社会科学文献出版社 1983 年版。

罗振玉：《增订殷墟书契考释》，艺文印书馆 1981 年版。

沈兼士：《希、杀、祭古语同原考》，《辅仁学志》，第八卷第二期，收入《沈兼士学术论文集》，中华书局 1940/1986 年版。

汪维辉：《域外借词与汉语词汇史研究》，《江苏大学学报》（社会科学版）2009 年第 1 期。

吴其昌：《殷墟书契解诂》，原载武汉大学《文哲季刊》第五卷，武汉大学出版社 2008 年版。

杨树达：《积微居金文说·卷六》，上海古籍出版社 2013 年版。

杨雅丽：《释"獭祭鱼"》，《渭南师范学院学报》2002 年第 3 期。

赵逵夫：《历代赋评注·魏晋卷》，巴蜀书社 2010 年版。

周法高主编：《金文诂林》，香港中文大学出版社 1975 年版。

［日］安藤元一：《二ホンカワウソ》，东京大学出版社 2015 年版。

［日］清水荣盛：《ニッポンカワウソ物語》，愛媛新聞社 1975 年版。

［日］水木茂：《図説日本妖怪大全》，講談社 1994 年版。

［日］胜谷诚彦：《獭祭——归零再起，深山小酒造的谷底翻身奇迹》，林倩仔、林依璇译，台湾大都会文化事业有限公司 2018 年版。

［日］樱井博志：《獭祭·极致——日本第一名酒的重生销售之路》，陈美瑛译，台湾角川股份有限公司 2018 年版。

［日］樱井博志：《逆境经营——"獭祭"成功的秘密》，魏海波、罗齐慧译，上海远东出版社 2019 年版。

［日］增子和男：《獺怪異譚の盛衰をめぐって》（上），《中国詩文論叢》2009 年第 28 集。

［日］增子和男：《獺怪異譚の盛衰をめぐって》（中），《中国詩文論叢》2010 年第 29 集。

［日］增子和男：《獺怪異譚の盛衰をめぐって》（下）《中国詩文論叢》2011 年第 30 集。

［日］增子和男：《獺妖怪キャラクターの変遷―日中比較の立場から》，《アジア遊学——古典化するキャラクター》2010 年第 130 号。

［日］增子和男：《『山海経』所載の獺怪? をめぐって》，《日本聞一多学会報『神話と詩』》2013 年第 11 集。

［日］正冈子规：《獺祭書屋俳話》，日本新聞社 1893 年版。

（邵琛欣　西安　陕西师范大学文学院 shaochenxin@ snnu. edu. cn）

汉语方言研究

谈河北涿怀话中的否定回应习语

宗守云

提　要：河北涿怀话有一些用于否定回应的习语，如"不是（八四）三十二""就是（旧屎）你夜儿个屙的"等。这种否定回应习语是在对方话语的引发下产生的，说话人连接到自己的话语中，形成单小句结构、双小句结构或多小句结构，从而实现否定的目的。否定回应习语的否定机制包括唯一的因素、严重的后果、贬降的人性以及同义的言辞四个方面。

关键词：涿怀话；否定回应；习语

在现代汉语共同语中，否定回应可以采用两种方式：一是用否定结构（negative structure）或类否定结构（quasi-negative structure）回应，类否定结构包括疑问句、条件句等；二是用否定构式（negative construction）回应，否定构式通常采用"X个P"这样的形式。例如：

（1）A. 你是张三吧？ B. 我不是张三。

（2）A. 你是张三吧？ B. 谁是张三啊？

（3）A. 你是张三吧？ B. 我是张三，那全国人民都是张三了。

（4）A. 你是张三吧？ B. 张三你个头啊。

例（1）是直接用否定结构作否定回应，例（2）是疑问句，例（3）是条件句，由于疑问句和条件句都和否定相通（沈家煊1999），因此可以作为类否定结构，用于否定回应。例（4）形式上和否定无关，属于否定构式，但也用于否定回应，"这种结构采用的是一种间接方式，通过消除语值而实现否定目的。"（杜道流2005）

　　在河北涿怀话（涿鹿和怀来话，属于晋语）中，有些习语也可以用于否定回应，是为否定习语（negative idiom）。例如：

　　　　（5）A. 你管来。B. 不管你你就长大了？

　　例（5）A 说"你管来"，意思是"你不应该管我"，B 说"不管你你就长大了？"是反问式习语，意思是"如果不管你，你怎么能长大呢？"实际上说话人是把自己作为父母、把对方作为子女，有占对方便宜的意思，目的是否定对方的话语，其否定机制是：我是你长辈，如果不管你，你就不能长大，你既然长大了，说明我一直在管你，所以我应该管你。在这种情况下，说话人一般并不是对方的长辈，只是占对方便宜而已，其目的是通过"不管你你就长大了？"这一习语否定对方的话语。

　　用于回应的否定习语和否定构式有所不同，前者是习语形式，已经凝固化为固定的或比较固定的形式，需要个别习得，甚至可以编入辞书；后者是框架结构形式，是半固化结构，具有一定的开放性，可以按照一定的句法或语义原则进行词项填充，不需要个别习得，是语法构式研究的对象，一般不编入辞书。

　　本文讨论涿怀话用于否定回应的习语，根据习语的运用形式分四个部分：1. 引发；2. 连接；3. 形成；4. 否定。以下分四个部分说明，最后给出否定习语附录。

一　引发

　　用于否定回应的习语都是在对方话语的引发下产生的。由于说话人觉得对方的话语不正确或不得体，就需要进行否定回应。在说话人看来，对方的话语有时是认识上的错误，即判断分析不正确，有时是言语行为上的错误，即言语行为不得体。虽然在说话人看来都是否定，但很明显前者是知域引发的否定，后者是言域引发的否定。

（一）知域引发否定

　　知域引发的否定往往是由判断分析失误导致的。比如，教室里坐着的是学生，但某人说不是，这就是判断失误，说话人就对方的判断进行否定：

（6）A. 不是。B. 不是（八四）三十二。

例（6）说话人先把"不是"连接到自己话语中，然后谐音为"八四"（涿怀话属于晋语，"不"和"八"都是入声，读音相同），八乘四等于三十二，说话人说"八四三十二"否定对方的话语。这里的否定机制是，三十二才是"八四"（即"不是"），所以你说的"不是"是不对的。涿怀话属于张家口晋语，在其他张家口晋语中也有否定习语现象，但像万全、怀安等方言中没有"不是（八四）三十二"，因为在这些方言中"不"和"八"是不同的入声韵字，语音有较大的差异，不够近似，不容易在语音上建立连接，因而也就不能成为习语进行否定回应。

（二）言域引发的否定

言域引发的否定是言语行为不当导致的。比如，有人看到猴子，但又不认识猴子，就会问"啥"，说话人觉得对方不应该连猴子也不认识，所以不应该提问（提问属于言语行为），说话人会作这样的否定回应：

（7）A. 啥？B. 啥（耍）你一头屎。

例（7）说话人先把"啥"连接到自己话语中，然后谐音为"耍"（在涿怀话中，"啥"和"耍"声韵相同，都是 sua，但声调不同，二者语音非常近似），因为小孩子不懂事，经常耍得满头屎，所以说"耍你一头屎"，相当于说对方是小孩子，在认知上，小孩子的话经常是不得体的，所以用来否定对方话语的不得体。

二　连接

说话人需要把对方的话语成分连接到自己的话语中，从而达到否定的目的。说话人所连接的话语成分，就是要否定的对象，通过否定这个对象来否定全部话语。比如例（6），对方的话语可能是"我认为不是这样的"，说话人只把"不是"这个否定对象连接到自己的话语中，通过否定"不是"来否定"我认为不是这样的"这个话语。当然，在这个话语中，"不是"是话语的焦点成分，是话语中最重要的内容，不能省略。

具体说来，连接包括三种情况：一是全同连接，二是多义连接，三是谐音连接，其中谐音连接又分音同谐音连接和音近谐音连接。

（一）全同连接

全同连接是指说话人把对方的话语成分连接到自己的话语中，该话语成分不经过任何改造，词形、词音、词义全部相同。例如：

（8）A. 你打我试试。B. 打你身上你剥不下来。

例（8）否定的话语成分是"打"，说话人完全拷贝了对方话语中的成分，音和义都没有变化，"打"都是击打的意义。这里"打你身上你剥不下来"是隐喻，说话人把击打对方的结果（抽象物）当作具体物（衣物），可以穿上和脱下，表面意思是，我给你穿上去，就没有办法脱下来；实际要表达的意思是，我打了你，你也没有办法把我怎么样。这样就否定了对方的威胁——对方威胁说话人不敢打自己，但说话人进行否定回应，说即使打了对方，对方也不能怎么样。再如：

（9）A. 我知道。B. 你知道你娘圪蹴的尿。

例（9）否定的是话语成分"知道"，说话人在不经改造的情况下，把"知道"直接连接到自己的话语中，"知道"都是"明白、晓得"之意。根据社会固有模式，男性站着撒尿，女性蹲着撒尿，是人人皆知的事实，因此，"你娘圪蹴的尿"也是人人皆知的事实，说话人说对方知道这个人人皆知的事实，隐含着说对方只知道这个事实的意思，既然只知道这个事实，那么就不会知道其他事情，以此来否定对方知道某一事实。

说话人对"我知道"作出的否定回应还有"你知道吃饱不饿""你知道吃尿不扎牙"等，在否定习语中相对比较多，这和"第一人称权威性"（first person authority）有关，"当一个人声称他具有一个信念、希望、欲求或意向时，则他所做的假定并非是错误的，此时其他人的内心意向状态并不适用于这个人。"（赖蔚晨、张和友 2018）也就是说，在对事实的认识上，说话人常常认为只有自己才能正确认识事实，而对方通常不能有正确的认识。

（二）多义连接

多义连接是指说话人把对方的话语成分连接到自己的话语中，该话语成分经过了多义的改造，即同一个词，对方说的是一个意思，说话人说的是意义相关的另一个意思。多义连接非常少见，目前我们只收集到一例：

（10）A. 我想死。B. 你吃个死睡个死。

例（10）是言域否定的情形，说话人实际上否定的是对方的言语行为，即"你不应该说想死这样的话"。从句子内容看，说话人否定的话语成分是"死"，对方话语中的"死"是生命结束的意义，说话人话语中的"死"是程度达到极致的意义，二者有语义联系，而且具有历时的源流关系（宗守云 2014），"死"是多义词而不是同音词。说话人是经过了多义延伸，连接到自己的话语中。这种情形只用于对方陈述自己不愿意继续活下去，流露出自杀念头的时候，不用于其他死亡的情形。当对方陈述说自己想结束生命，但说话人觉得对方只是说说而已，不可能有勇气结束自己的生命，这是言语行为不当，不是判断分析不当，所以说话人说对方"吃个死睡个死"，也就是说对方贪吃贪睡，而且达到极致，这明显是活得舒服的标志，合理的推论就是，既然对方活得很舒服，就没有自我结束生命的可能，这就否定了对方的话语。

（三）谐音连接

谐音连接是指说话人把对方的话语成分连接到自己的话语中，该话语成分经过了谐音的改造，即语音相同或相近的两个词，对方说的是一个词，说话人说的是语音相同或相近的另一个词。谐音连接比较多见，可分为音同谐音连接和音近谐音连接两种。

先说音同谐音连接。音同谐音连接，是指对方话语中的词和说话人连接的词在语音上完全相同。又分两种情况，一是不论在普通话还是方言中，都完全相同。例如：

（11）A. 为啥？B. 为（喂）你干草拌料豆儿。

例（11）否定的话语成分是"为"，说话人经过语音改造，把"为"谐音为同音的"喂"（"为"和"喂"在普通话和方言中语音都完全相同），然后再延伸否定。"干草"的"干"本来是阴平调，和"湿、嫩"相对，"干草"是短语，但这里"干"变调为阳平调，"干草"是词，特指喂牲口的干草。"料豆儿"是喂牲口的黑豆，黑豆煮熟后加盐，用来给牲口增加营养，就是"料豆儿"。显然，说"喂你干草拌料豆儿"就是把对方当作牲口看待了，这实际上是非常严重的骂人话，但由于习语化，其骂詈程度已经淡化，当地人感觉不到有那么严重的骂詈色彩。说话人把对方看作牲口，就否定了对方询问原因的言语行为，即对方是牲口，所以不应该询问原因。

二是在方言中语音全同，但在普通话中语音不同。例如：

（12）A. 真的。B. 七月寿馒头，都还是真（蒸）的嘞。

例（12）否定的是"真"，说话人把"真"谐音为"蒸"，在普通话中，"真"和"蒸"并不同音，但方言中"真"和"蒸"语音全同。说话人通过音同谐音连接，进而实现否定。"七月寿"中"寿"是"十五"的合音，"七月寿"就是七月十五鬼节，当地人七月十五这一天都要蒸馒头，蒸面人儿，有的还做成兔子等蒸熟，蒸面人儿、蒸兔子等都作为礼物送给亲属中的小孩子。说话人说"七月寿的馒头都是蒸的"，隐含的意思是，只有七月十五的馒头才是蒸的，那么相应的推论就是，对方说的"真的"（蒸的），就不是真的（蒸的）。

再说音近谐音连接。音近谐音连接，是指对方话语中的词和说话人连接的词在语音上有所不同，但又比较相近。又分两种情况，一是轻声和非轻声的音近谐音连接，例如：

（13）A. 就是。B. 就是（旧屎）你夜儿个屙的。

例（13）说话人把"就是"谐音为"旧屎"，其实两者读音不完全相同，"就是"是轻声，"旧屎"是非轻声，但还是比较接近，因而可以连接来延伸否定。"旧屎是夜儿个屙的"（"旧屎是昨天拉的"）是一种认知的事实，说话人旨在说明，只有昨天拉出来的，才是"旧屎"（"就是"），对方说出来的话不是昨天拉出来的，所以不是"旧屎（就是）"。也可以理解为隐喻，因为排泄物常常被作为废话或错误话语的隐喻，对方是今天说出来的话，而不是昨天说出来的，因此是新屎而不是旧屎，这就否定了对方的"就是"。可见，这种否定机制的促动不仅仅是语用推理的结果，也和隐喻等认知方式有关。

一是不同声母的音近谐音连接。例如：

（14）A. 什么？B. 什么（瞎蠓）叮了你一身疙瘩。

例（13）是对方询问事物的属性，说话人认为对方不应该询问，先把"什么"谐音为"瞎蠓"，然后再否定。"什么"和"瞎蠓"即使在本地方言中，也只是近似，"什"和"瞎"都是入声韵，但前者声母是 sh，后者声母是 x（sh 和 x 是《汉语拼音方案》的标写方式，不是国际音标）。"瞎蠓"就是牛虻，牛虻其实并不叮咬人，只叮咬牲口，说"瞎蠓叮了你一身疙瘩"，就是把对方当作牲口看待了，意思是"你是牲口，不明白人的道理，所以你不应该发问"。这样就否定了对方的言语行为，意思就是对方不应该这么发问。

三 形成

连接成分是从对方话语中引用来的，说话人对连接成分进行引用或改造后，再和其他成分配合，就形成一种新的结构，这种新结构已经规约化为固定形式，是一种特殊习语。连接后所形成的新结构主要有三种，单小句结构、双小句结构和多小句结构。

（一）单小句结构

单小句结构是主谓结构或话题结构。主谓结构有时是紧凑的。例如：

（15）A. 我有福。B. 你有豆腐（豆福）。

例（15）否定成分是"福"，对方炫耀自己有福，说话人认为对方并没有福，因此不应该炫耀，于是说"你有豆腐（豆福）"，这个主谓结构相当紧凑。在当地方言中，"福"和"腐"都是入声，"腐"虽然读轻声，但还是和"福"比较近似。说话人的意思是，你只有豆腐（福），没有其他的"福"，所以你说"我有福"是不对的。

主谓结构有时是松散的。例如：

（16）A. 最少有十斤。B. 老爷子××，都成了斤（筋）了。

例（16）否定成分是"斤"，这句话一般用于买卖场合，对方说出一个估约的重量，说话人认为对方抬高了实际重量，于是把"斤"谐音为"筋"，进而延伸否定。"老爷子××，都成了斤（筋）了"这个主谓结构中间有顿断，说话人分为两部分说出，结构比较松散。从意义看，这只是认知的事实，并不一定符合客观真实。这句话意思是说，只有老爷子生殖器都是斤（筋），而对方说的事物不是老爷子××，所以没有那么多斤（筋）。

在涿怀方言中，"都成了 X"格式本身就有否定意义，用于否定回应对方。例如：

（17）A. 这个苹果也是我的。B. 都成了你的了。
（18）A. 他也是好人。B. 都成了好人了。

例（17）（18）"都成了 X"的否定机制是，如果对方说的是正确的，那么就都成了 X 了；但都成了 X 是不可能的，所以对方说的是不正确的。这样，"都成了 X"就规约化为一个否定构式，意思是"不是 X"，例（17）意思是"这个苹果不是你的"，例（18）意思是"他不是好人"。根据规约意义，"老爷子××，都成了斤（筋）了"也有否定意义，只不过这个形式已经成为固定形式，是否定习语，而例（17）（18）是否定构式。

单小句结构也可以是话题结构。例如：

（19）A. 我忘了。B. 吃饭你就一顿也没忘？

例（19）"吃饭你就一顿也没忘"是个话题结构的句子，是"你一顿也没忘吃饭"的宾语"吃饭"话题化后形成的句子。说话人认为对方忘记是不应该的，这是对"我忘了"的否定，其否定机制在于：既然你吃饭一顿也没有忘记，那么其他事情你也不应该忘记，你只记得吃饭，而忘记了其他事情，这是不对的，是不应该的。

（二） 双小句结构

双小句结构都是紧缩形式，形式上是单小句，中间一般不能顿断，意义上则是双小句，两个成分具有逻辑关系，如假设、因果、条件等。例如：

（20） A. 我的。B. 我的（卧蛋）还不待㧅你嘞。

例（20）"我的"是否定对象，说话人先把"我的"谐音为"卧蛋"，"卧蛋"是方言词，指牲口因为劳累或生病而躺卧在地，不能起来，看管牲口的人有时为了让牲口起来吃草，就使劲㧅，希望牲口能站起来。说"我的（卧蛋）还不待㧅你嘞"显然是把对方当牲口看待了，意思是说，"如果你卧蛋的话，我还懒得㧅你呢"，其否定机制是，你是牲口，所以你说出来的话是不可信的，这就否定了对方的话语。

（三） 多小句结构

多小句结构其实是单小句结构的扩展，先把连接成分通过组合形成单小句的主谓结构，然后再附带几个相关的单小句结构，从而形成多小句结构。例如：

（21） A. 我比你强。B. 强（墙）倒跌了脸，柴火棍子戳了脸。

例（21）否定的成分是"强"，说话人先把"强"谐音为"墙"，然后通过说"强（墙）倒跌了脸，柴火棍子戳了脸"来否定对方的话语。"强（墙）倒"是一个单小句，但这个单小句意义不完整，需要增加小句补充完整，"跌了脸"也是个单小句，其实说"强（墙）倒跌了脸"这个双小句时意义已经完整了，这是通过说明严重后果来否定对方话语。当后面再加上一个小句，说"柴火棍子戳了脸"，后果就更加严重了，这样就大大增强了否定的意味。

四　否定

河北涿怀话中用于否定回应的习语，字面上都不是否定形式，但都表达否定意义。那么，这些非否定的形式是通过什么样的机制达到否定目的的呢？概括说来，否定机制主要包括以下四个方面。

（一）唯一的因素

说话人说出一个唯一的因素，就排除了其他因素，排除意味着否定。例如：

(22) A. 你赔。B. 我陪你炕头尖儿上坐的去。

例（22）对方要求说话人赔偿某物，说话人认为责任不在自己，因此不需要赔偿，于是说"我陪你炕头尖儿上坐的去"。"炕头"是炕热的一边（冷的一边叫"后炕儿"），"炕头尖儿"是最热的地方，在当地的文化生活中，冬天坐在炕头尖儿上聊天是最舒服最开心的事情。说话人先把"赔"谐音为完全同音的"陪"，然后再延伸说"我陪你炕头尖儿上坐的去"，意思是说，我只能陪你在炕头尖儿上坐着，这样就排除了其他"陪（赔）"的可能，也就否定了"赔"。再如：

(23) A. 我赢了。B. 你赢（迎）着拾狗粪的了。

例（23）对方说自己赢了，说话人认为对方不可能赢，或者事实上没有赢，于是说"你赢（迎）着拾狗粪的了"。"迎着"意思是"遇到"。说话人先把"赢"谐音为同音的"迎"，再说"你赢（迎）着拾狗粪的了"来否定对方话语。说话人的意思是，你只迎着拾狗粪的了，没有迎着别的事物，排除意味着否定，这就否定了对方的"赢"。另外，在当地文化中，拾粪都是指拾牛粪、驴粪等大牲口的粪，不可能拾狗粪，拾狗粪被看作是荒唐的事情，因此这里的否定也可以这样理解：你不可能迎着拾狗粪的，因此更不可能"赢"。这在某种程度上也加重了否定的意味。

在语言中，指出唯一的因素，排除其他因素，从而达到否定的目的，这样的方式并不鲜见。吕叔湘（1999）指出，"才"有强调确定语气的作用，"才（是）"含有"别的不是"的意味，像"这才是好样的""这才是名副其实的英雄""你才撒谎（我没撒谎）""你才死心眼儿"等，这些话如果用在回应中，都有否定意义，比如，对方说"都是好样的"，说话人指出唯一因素——"这才是好样的"，就排除了其他因素——"其他都不是好样的"，这就否定了"都是好样的"的论断。不过这样的否定是语用性质的，或者说是隐含的意义，即在一般情况下是否定的，特殊情况下否定可以取消，因此否定意义尚未成为规约化意义，还不是否定构式或否定习语。

（二）严重的后果

说话人说出一个严重的后果，旨在建议对方停止目前的行为，实际上就是否定对方目前的行为。在对话中，说话人指出严重后果，意味着否定对方的言说。例如：

（24）A. 对。B. 对倒吊死了。

例（24）来源于一个故事。有个人假装上吊，把两只脚捆起来，吊在房梁上。有个鬼看见了，说，不对，应该把脖子吊起来。假装上吊的人说，对倒吊死了。也就是说，吊得不对，才能活下来，如果吊对了，就吊死了。吊死是严重的后果，如果不希望出现这个严重的后果，就不能按照正确的方式上吊，所以，对是不好的，不对才是好的。"对倒吊死了"习语化以后，在运用时不需要考虑语源意义，可以用于任何否定"对"的场合。

说话人说出严重的后果，如果是否定对方的行为，属于行域否定，即"你这么做非出大事不可"，这是建议对方不要这样做；如果是否定对方的话语，属于言域否定，即"你这么说非出大事不可"，这是要求对方不要这样说。说话人对"对"这一肯定言说行为进行否定，是言域否定。一般地，行域否定是普遍的，言域否定不如行域否定常见，而言域否定成为凝固的习语形式，则更加不常见，这一现象存在于涿怀话中。

（三）贬降的人性

除了通过关注事物的因素和后果来达到否定的目的，说话人还可以通过贬降对方人性来表达否定，或者把对方当作小孩子，或者把对方当作动物。根据 Steen Schousboe（2010），在人类语言中，家养动物用来指人，基本上都是贬义的；野生动物用来指人，则既可以是贬义的，又可以是褒义的。说话人通过贬降对方人性来否定对方话语，往往把对方当作家养动物，比如牲口或狗。例如：

（25）A. 我知道。B. 知道你还往柴火扒里屙嘞？

例（25）用在对方做出不得体事情的情况下，对方说自己知道应该怎样做，说话人认为对方既然知道怎样做，就不应该做出不得体的事情，而对方做出不得体的事情，说明对方并不知道。"柴火扒"意思是"柴火窝"，狗常常在柴火堆里面做一个窝，用来睡觉下崽等等，狗也常常在里面排泄大小便，说一个人"往柴火扒里屙"，就是把这个人当狗看待。例（25）通过反问，把对方当作狗看待，从而实现否定意图。

除了否定回应习语，有些否定引发习语也是通过贬降对方人性来实现的，这和否定回应习语比较近似，但说话人不是否定对方的话语，而是指责对方的行为，比如对方进出时没有把门儿关紧，说话人用习语"你看门槛子上的血"，就是指责对方没有关紧门儿的行为，这种指责方式是通过贬降对方的人性实现的，说话人把对方比作带尾巴的动物（比如猫狗等），动物进出时被门儿夹破了尾巴，就会在门槛子上留下血迹。说话人说出"你看门槛子上的血"这个习语，主要是指责对方没有把门儿关紧的行为，而这一指责是通过拐弯抹角地把对方比作动物来实现的。

（四）同义的言辞

通过言说事物的因素、后果来达到否定的目的，是基于客观的否定；通过言说对方的人性，贬降对方的人性来达到否定目的，是基于主观的否定。此外，说话人还可以通过言说同义的言辞达到否定的目的，这是基于语言的否定。言说同义的言辞，是指否定一个话语内容，但同时又承认一个话语内容，从而达到否定的目的。所承认的这个话语内容，形式上和所否定的话语内容不同，但意义完全相同。例如：

（26）A. 不行。B. 不行（不寻）你嫁。

例（26）否定的是"不行"，对方认为这样做或这样说不行，但说话人认为可行，所以要否定对方的言语行为，先把"行"谐音为"寻"，然后再延伸否定。在河北涿怀话中，"寻"是"娶"的反义词，男人和配偶成婚叫"娶"，女人和配偶成婚叫"寻"，女人嫁男人叫"寻主儿"，嫁出去叫"寻出去"，嫁给某人说"寻给某人"，"寻"和"嫁"是同义词。说话人说"不寻你嫁"，先否定"寻（行）"，再承认"嫁"，通过承认"嫁"来否定"不行（寻）"。这种通过同义的言辞来否定的情形非常少见。

以上我们讨论了河北涿怀话用于否定回应的习语，这是我们目前所搜集到的全部用例，虽然数量还不算多，但也涵盖了各种情形。在普通话中，否定回应往往是通过否定结构或否定构式表达的，鲜有凝固为习语的情形。涿怀话中的这种否定回应习语，是比较特殊的情况，但也不是只存在于涿怀话中的现象，因为我们在晚清小说作品以及山西作家曹乃谦小说作品中也见到了类似或相同的情形，例如：

（27）此时天已红日东升，到了公馆，刚进店门，店家瞧见一笑，问道："冯老爷发了财了?"冯渊说："发了棺材了。"（佚名《续小五义》）

（28）白胡子说："我看了，这盘我是要赢。"师父说："你赢?赢动了你哇。你赢，我看你是迎见了拾狗粪的了。你赢。"（曹乃谦《同声四调》）

例（27）"发了棺材了"和例（28）"迎见了拾狗粪的了"都是谐音连接的否定回应习语，都是单小句形式，都是通过说出唯一的因素从而排除其他因素实现否定的，这和涿怀话否定回应习语情形相同。

由此可见，在近代汉语和现代汉语其他方言中，否定回应习语都有不同程度或规模的存在，具体是怎样的情形，尚需进一步调查、整理、研究。我们认为，深入挖掘汉语方言中的这些特殊的现象，也是方言研究的任务。

附录（涿怀话的否定习语）

A. 不是。　　　　　B. 不是（八四）三十二。

A. 不行。　　　　　B. 不行（不寻）你嫁。

A. 对。　　　　　　B. 对倒吊死了。

A. 就是。　　　　　B. 就是（旧屎）你夜儿个屙的。

A. 你打我试试。　　B. 打你身上你剥不下来。

A. 你管来。　　　　B. 不管你你就长大了？

A. 你赔。　　　　　B. 我陪你炕头尖儿上坐的去。

A. 啥？　　　　　　B. 啥（耍）你一头屎。

A. 什么？　　　　　B. 什么（瞎蠓）叮了你一身疙瘩。

A. 为啥？　　　　　B. 为（喂）你干草拌料豆儿。

A. 我比你强。　　　B. 强（墙）倒跌了脸，柴火棍子戳了脸。

A. 我的。　　　　　B. 我的（卧蛋）还不待搁你嘞。

A. 我忘了。　　　　B. 吃饭你就一顿也没忘？

A. 我想死。　　　　B. 你吃个死睡个死。

A. 我赢了。　　　　B. 你赢（迎）着拾狗粪的了。

A. 我有福。　　　　B. 你有豆腐（豆福）。

A. 我知道。　　　　B. 你知道你娘圪蹴的屎。

A. 我知道。　　　　B. 你知道吃屎不扎牙。

A. 我知道。　　　　B. 你知道吃饱不饿。

A. 我知道。　　　　B. 知道你还往柴火扒里屙嘞？

A. 真的。　　　　　B. 七月寿馒头，都还是真（蒸）的嘞。

A. 最少有十斤。　　B. 老爷子××，都成了斤（筋）了。

参考文献

杜道流：《现代汉语感叹句研究》，安徽大学出版社 2005 年版。

赖蔚晨、张和友：《叙实、指称与视点》，《语言研究集刊》第二十二
辑，上海辞书出版社 2018 年版。

吕叔湘：《现代汉语八百词》（增订本），商务印书馆 1999 年版。

沈家煊：《不对称和标记论》，江西教育出版社 1999 年版。

宗守云：《从"到家"的演变看终点义到极致义的语义发展途径》，《世界汉语教学》2014 年第 3 期。

Steen Schousboe：Are Some Semantic Changes Predictable? British & A-merican Studies 2010（5）.

（宗守云　上海　上海师范大学人文学院

zongshouyun@ sina. com）

从宿松方言看"把"字句中的"个"*

黄晓雪

提　要："把+个+N+VP"的处置式中，"个"的作用是把 N 当作一个不确定的对象来处理，其语用意义是增强"出乎意料"或"不愉快、不如意"的主观性。是出于主观性的需要决定了"个"的增添。

关键词：量词；"个"；主观化

宿松方言"把+个+N+VP"中的"个 [·koʔ]"，是一个不定指标记，N 通常为有定的、已知的人或事物，如"把个钥匙一落脱_{把钥匙弄丢}了"。普通话的"个"也有类似的用法（如"偏偏又把个老王病倒了"），不少学者对此作过研究，探讨了这类"个"的意义和用法。本文从方言的角度来认识这个"个"，希望对问题的讨论有所推进。

一　"个"用于主观处置式①

"把+个+N+VP"中，"个"的作用是把 N 当作一个不确定的对象来处理，以增强句子表"出乎意料"②或"不愉快、不如意"的主观性。例如：

＊　本文为国家社科基金项目"汉语'动（+宾）+补'语序及相关语法演变研究"（17BYY028）阶段性成果。

①　主观处置式"N₁+把+N₂+VP"指说话人认定 N₁（不一定是施事）非有意识地对 N₂（"把"的宾语）作某种处置，N₁ 对 VP 表示的动作行为不具有可掌控性，或者不是出自本身的意愿，甚至是违背本身的意愿。（参见沈家煊 2002）

②　"出乎意料"和"不如意"经常是联系在一起的：按照人的正常的期待心理，应该发生的事情是如意的事情，出乎意料的是不该发生的。（参见沈家煊 2002）

（1）（我）把个钥匙一①落脱 (我)不小心把钥匙弄丢了。

（2）把个碗一搭脱 不小心把碗摔了。

（3）渠把个伢看在车上 她把个孩子生在车上了。

（4）大水把个庄稼一下一冲脱 大水把庄稼全冲掉了。

（5）拖拉机把个王伢里脚一压断 拖拉机把个小王的腿压断了。

（6）渠一句话把个王伢气得要死 他一句话把小王气得要死。

（7）今朝把个张家老人家喜得么事 今天把个张家老人家喜欢得不得了。

（8）把个金奶奶一死脱 把个金奶奶死掉了。

（9）渠把个眼珠都哭瞎着 把眼睛都哭瞎了。

（10）余伢把个堂客一死脱 余伢把个老婆死了。

（11）老李把个屋一□[lei²¹³] 倒脱掉。老李把个房子倒掉了。

　　例（1）—例（3）为"N_1（施事）+把+个+N_2+VP"格式，主语 N_1 是指人的成分，可因语境省略，N_2 多指事物，VP 均为无意识的非自主可控动结式②或动补结构。例（4）、（5）也为"N_1+把+个+N_2+VP"格式，N_1 都指事物或动物，事物或动物发出的动作不可能是有意识的、有目的的。例（6）—例（9）大致相当于吴福祥（2003）、蒋绍愚（1999）等所说的致使义处置式。致使义处置式的特点是：介词"把"的宾语语义上不是动作的受事，而是它的当事或施事，整个格式具有一种致使义（吴福祥 2003），这类句子通常没有主语，其基本形式是"（N_1+）VP_1，把+N_2+VP_2"。"（N_1+）VP_1"与"把+N_2+VP"是导因和结果关系。例（10）、（11）是以"把"字句的形式表遭受的意义，N_1 遭受了某种"不好、不愉快"的事情，带有强烈的出乎意料的主观意义，主语 N_1 不是动作的施事或当事，而是动作的遭受者，N_1 和 N_2 一般具有领有关系，VP 不是出自 N_1 的意愿，甚至是违背 N_1 的意愿的。例（1）—例（11）中，N_2 多为单个名词，但也可以是表领属关系的"定语+中心语"结构，这时 N_2 前的"个"也可以放在"中心语"前面（详见下文）。这些句子的

---

①　这类"一"是表示动作不经意地发生或实现的体标记。

②　袁毓林（1993：69-80）将动结式分为述人和非述人两类，述人动结式里面又分自主、非自主两小类，自主的动结式又可分可控动结式和非可控动结式。袁先生用"给我、一定要、千万要"等来判别可控动结式和非可控动结式，可控动结式既可以加这些标记，又可以不加，非可控动结式必须加这些标记。

"个"都可以去掉，但用"个"有加强句子表"出乎意料"或"不愉快、不如意"的主观意义。

普通话的"个"也有类似用法。例如（转引自张谊生（2005））：

（12）他是浙江人，一口南方官话，（他）把个"俺"字念得怪里怪气，引起了大家哄笑。

（13）一进腊月，飘飘扬扬的两场大雪，断断续续地下了十几天，把个大山深处的连山乡，抚弄成一片冰雪的世界。

（14）一纸薄薄的许可证居然把个中国汽车市场搅得昏天黑地。

（15）母亲当即提着一把切菜刀出来了，这一下，把个王丝丝吓了个屁滚尿流。

（16）人穿了露出身体大面积的游泳衣，在光天化日之下也敢做出几个青藤枯树交接缠绕的身段，把个陈维高幸福得飘飘悠悠的，跟着蓝天碧海一起年轻了不少。

杉村博文（2002）注意到"把+个+N+V"格式是表达事态的发展出乎说话人的意料，这一语义特征在形式上表现为无定成分出现在"把"的宾语的位置（即在 N 前加上了一个表无定的"个"），在意义上表现为 N 和 V 之间的扭曲关系。他认为"个"所起的作用在于通过"类化"启动 N 的情理值，如"把个孩子生在车上"的主要信息在"孩子"和"生在火车上"的扭曲关系上面，"个"则激活了"孩子应该在医院里或在家里生"这样一个情理值。杉村博文先生的意见很有见地，但"个"为什么能启动 N 的情理值？没有进行解释。关于"偏偏又把个老王病倒了"这类句子，朱德熙（1982：187）的解释是：老王虽然是一个确定的人，开始说话人没有想到生病的会是老王，而不是别人。从这一点说老王又不是已知的，所以前面要加"（一）个"。沈家煊（2002）解释说，关键在于"说话人没有想到"，是主观性决定了"（一）个"的增添。这些学者都认为，"把+个+N+VP"格式有表出乎说话人意料的意义。

我们认为，这类"个"是为了增强"出乎意料"的意义而加在名词前面的。从认知看，"无意识、非自主可控"的动作或事件的发生往往是出乎意料的，通常发生在某个未知的、不确定的对象上，如果发生在了某个已知的、确定的对象上，则相对应的动作行为往往被认为带有一定的目的性和可控性，因而出乎意料的意义就有所减弱或不是很明显。如果把某个已知的、确定的对象当作不确定的对象来处理，就可使出乎意料的主观性得以显现或增强。在表定指的 N 前加上一个表不定指的"个"，就是把 N 当作一个不确定的对象来处理。说话人已知"无意识、非自主可控"的动作或事件发生在了某个确定的、已知的物件或事物 N 上，但主观上却认为所言事件发生在 N 上不是已知的，是没有想到的，从这个意义上讲 N 又是不确定的，因而可以在其前加不定指的"个"来显示这种不确定性，以增强句子表出乎意料的主观性。因此，即使"把"后的 N 是听说双方都已知的人或事物，说话人仍可把它当作不确定的对象来处理。

二　"个"用于客观处置式①

这类"把+个+N+VP"举例如下：

（17）佢把个伢打里哭死着_{把个孩子打得大哭}。

（18）佢把个鸡追得团着里飞_{把个鸡追得到处飞}。

（19）我将方把个饭一吃脱，妹将现在还冇得饭吃_{我刚才把个饭吃了，现在还没有妹妹吃的饭}。

（20）天在落雨，我一茬儿把个衣裳一洗脱_{天在下雨，真后悔把个衣服洗了}。

（21）佢把个包搁在这里，得着我团着里寻_{他把个包放在这里，害得我到处找}。

（22）我把个狗里的头打破着了，该死不哝_{真该死！}

（23）把个衣裳洗破着了。｜把个电视机诊脱修坏着了。

（24）我把个自行车一送在人_{我一时糊涂，把自行车送给别人，将自己}都冇得骑_{现在自己都没得骑}。

例（17）—例（24）都是对已然事件的评价。与例（1）—例（11）不同的是，这类句子谓语动词都是有意识的、自主可控的，N 都是

----

① 客观处置式都具有较强的处置性。N₁（施事）有意识地对 N₂（"把"的宾语）作某种实在的处置；或者，N₁ 对 VP（指述语表示的动作）具有可掌控性。（参见沈家煊 2002）

动作的受事，为有定成分，"个"都可去掉，但用"个"不用"个"意义有差别：不用"个"是一般地表示对 N 作了某种处置，用"个"则带有较强的"不愉快、不如意"的主观意义，当动作的施事为说话人自身时，这种"不愉快、不如意"的主观意义较多地表现为惋惜、懊悔之情。有意识、有目的、可控制的动作或事件的承受者往往是有定的、已知的。在表确定的、已知的对象 N 前加上一个表不定指的"个"，就是把 N 当作一个未知的、不确定的对象来处理。从认知看，处置一个未知的、不确定的对象很有可能被认为是欠考虑的、不恰当的，其结果往往是"不愉快、不如意"的。因而在这类处置句的 N 前插入表不定指的"个"就有增强句子"不愉快、不如意"的主观意义的作用。

例（17）—例（24）的"把+个+N+VP"与"把+N+VP"中的 VP 有差别："把+N+VP"的 VP 可以是褒义的、中性的、消极意义的，如可以说"把衣裳洗干净着了""把衣裳洗脱着了""把衣裳洗破着了"；而"把+个+N+VP"的 VP 多为消极意义的（如例23），不能是褒义的，如不能说"把个衣裳洗干净着了""把个电视机修好着了""把个病诊好着了"。VP 也可为中性的，但在说话人看来所言事件同样是"不愉快、不如意"的（如例20）。如果说话人认为是"好的、愉快"的事件，中性的 VP 也不能用于"把+个+N+VP"中，如不能说"把个对联贴倒贴好在了，我几我们今年要过个好年"。

普通话没有与之相当的"个"。

三 来源

我们认为，用于"把"字句中的"个"（以下记作"个_z"）来源于表单一数量兼表不定指的量词"个"，如"你吃个桃子""我去买个桌子"。（以下记作"个₁"）"个₁"的基本用法之一是表不定指，其作用是从听话人理解的角度将所指对象与同一语境中其他同类实体区分开来，指称的是某个不确定的对象。① 而"个₂"的作用是说话人从自身表达的角

① 根据陈平（1987），所谓"不定指"，是指"说话人在使用某个名词性成分时，如果预料受话人无法将所指对象与语境中其他同类成分区分开来，我们称之为不定指成分。""一（+量）+名"和"量+名"一般都有表示不定指（如"（一）位同志"）的意思。

度，将某个确定的对象看作不确定的、未知的事物，以增强句子表"出乎意料"或"不愉快、不如意"的主观性。也就是说"个$_2$"是"个$_1$"表"不定指"意义的主观化。有些表不定指的"个$_1$"正处在向主观化不定指标记虚化的过程中，"定语+里的+个+N"结构的"个"便是如此。这类"个"多用于处置式和被动句，少数也可用于受事主语句。例如：

（25）佢把我里的个书一落脱没料到他把我的书弄丢了。

（26）我里个笔把在佢一害脱没料到我的笔被他弄坏了。

（27）我里个包不晓得搁在哪去着我的包不知道放到哪去了。

（28）佢把我里个伞一搞拿去没料到他把我的伞拿去了。

（29）我家哥哥用里个东西把在佢一□[la²⁴] 占着去没料到我哥哥用的东西被他占有了。

（30）佢把我里个鞋一洗脱没料到他把我的鞋洗了。

（31）滴妹里个钱包把在贼一偷去没料到滴妹的钱包被贼偷去了。

（32）桌上里个碗把在佢一搭脱没料到桌上的碗被他摔了。

这类句子都有表"不愉快、不如意"或出乎意料的主观意义，谓语通常是表"消失""损坏""不知去向"等消极意义的，不能是褒义的，如不能说"我里的个衣裳洗干净着了""我里的个电视机修好着了"，去掉"个"则能说；谓语也可是中性的，但说话人主观认为这件事情的发生是"不愉快、不如意"的，如例（30）说话人认为所言事件对"我"来说是"不好、不愉快"的。"定语+里+个+N"中的"个"都可用数量结构"一+量（不包括'个'）"替换，如例（25）"我里个书"可以说成"我里一本书"，但替换后，句子表"不愉快、不如意"的主观意义减弱。例（25）—例（32）的"个"都可作两可分析：（一）表单一数量兼表不定指的量词"个$_1$"，即将所指对象 N 与同一语境中其他同类实体区分开来；（二）表主观不定指，其作用是增强句子表出乎意料的主观性。因为，就听话人而言，N 是未知的、无定的，因而将 N 第一次引入话语时，用"个"有将 N 介绍给听话人的作用；而就说话人而言，N 则是已知的、有定的，但说话者主观上却认为所言事件发生在 N 上是未知的、不确定，因而是出乎意料的，用"个"是为了增强句子表出乎意料的主观性。① 这类"个"用于处置式"把"的宾语前加强句子表"不愉快、不如意"或出乎意料的主观性时，就演变为"个₂"了。"个₂"先用于主观处置式，然后再扩展到用于客观处置式。

四　余论

宿松方言中，数量词"一个［·iʔ·ko］"也发展出了与"个₂"功能大致相当的用法（记作"一个₂"），即把 N 当作一个不确定的对象来处理，以增强表"出乎意料"或"不愉快、不如意"的主观意义，但"一个₂"只能用于"把+一个+N+VP"格式的主观处置式。例如：

（33）（我）把一个钥匙一落脱（我）不小心把个钥匙弄丢了。
（34）老李把一个屋一□［lei²¹³］倒脱老李家的房子倒掉了。

这类"一个₂"与"个₂"语义上看不出什么差别，但用"个₂"较为常见，而"一个₂"则很受限制，其表现是进入其后的 N 的范围很有限，即 N 只能是可数名词，不能是不可数名词、专有名词及名词性短语，且 N 只能是另有适配量词的可数名词（例（33）例（34）中的钥匙论"把"，屋论"栋"），不能是计量单位本身是"个"的可数名词，如不能说：

（35）＊佢把一个伢看在车上在她把个孩子生在车上了。

有的句子虽然也能说，但"一个"的性质不同，如：

（36）佢把一个人撞倒在了。我的包不知道放到哪去了。

例（36）中的"一个"是数量词，其后的 N 不是定指的，与"一

------

① 上述"定语+里+个+N"结构中，当定语是人称代词以及带方位词"里"的机构名词时，定语标记"里"可以不出现，从而形成"定语+个+N"结构，如"佢把我个伞一搰拿去没想到他把我的伞拿去了｜佢把学堂里个桌子搬去家在他把学校里的桌子搬回家了"。

个₂"不是一回事。

"一个₂"只能用于主观处置式，不能用于客观处置式，例（17）—例（24）中的"个"都不能用"一个₂"替换。可见，"一个₂"语法化的程度还很低。"一个"也用"定语（+里）+个+N"格式（如"我里一个包不晓得搁在哪去着"），但进入其后的 N 的范围也很有限，其限制条件与进入"一个₂"后的 N 相同，即只能是另有适配量词的可数名词。

"一个"和"个"最初意义基本相同，即都表单一数量兼不定指，二者应经历了相似的语法化过程，因而其演变过程可以互相印证。由于"一个₂"语法化的程度比"个₂"要低，其用法很受限制，因此又可将"一个₂"的发展演变看作"个₂"演变的初级阶段。

参考文献

北京大学中文系现代汉语教研室编：《现代汉语》，商务印书馆 1993 年版。

陈平：《释汉语中与名词性成分相关的四组概念》，《中国语文》1987 年第 2 期。

丁声树等：《现代汉语语法讲话》，商务印书馆 1961 年版。

黄晓雪：《宿松方言"（S+）V+个+N"中的量词"个₁"》，《中文学术前沿》2020 年第 17 辑。

蒋绍愚：《〈元曲选〉中的"把"字句——把字句再论》，《语言研究》1999 年第 1 期。

陆俭明：《语义和韵律》，载陆俭明著《汉语语法语义研究新探索（2000-2010 演讲集）》，商务印书馆 2010 年版。

吕叔湘：《个字的应用范围，附论单位词前一字的脱落》，载吕叔湘著《汉语语法论文集》（增订本），商务印书馆 1984 年版。

吕叔湘主编：《现代汉语八百词》（增订版），商务印书馆 2001 年版。

杉村博文：《论现代汉语"把"的宾语带量词"个"》，《世界汉语教学》2002 年第 1 期。

沈家煊：《"语法化"研究综观》，《外语教学与研究》1994 年第 4 期。

沈家煊：《如何处置"处置式"——论"把"字句的主观性》，《中国语文》2002 年第 5 期。

沈家煊:《语言的"主观性"和"主观化"》,《外语教学与研究》2001 年第 4 期。

吴福祥:《再论处置式的来源》,《语言研究》2003 年第 3 期。

袁毓林:《现代汉语祈使句研究》, 北京大学出版社 1993 年版。

张谊生:《现代汉语"把+个+NP+VC"句式探微》,《汉语学报》2005 年第 3 期。

朱德熙:《语法讲义》, 商务印书馆 1982 年版。

Hopper, Paul J. &Traugott Elizabeth C.: *Grammaticalization*, Foreign Language Teaching and Research Press 2001.

Yung-O Biq: *Classifier and Construction*: *The Interaction of Grammatical Categories and Cognitive Strategies*, Language and Linguistics 3. 3, 2002.

(黄晓雪　广州　广州大学人文学院/语言服务研究中心

xiaoxue8905@ 163. com)

山西晋语果摄一等高化前化及原因

李建校　曹　梦

提　要： 山西晋语果摄一等读音比较复杂，不同方言点读音常常不同，同一方言点内部也音类众多。本文全面梳理了山西晋语果摄一等的读音情况，从标记理论的角度，认为后低元音有过高的标记性，元音高化是降低其标记性的重要手段。不同类型的读音高化时，既有前高化，也有后高化，再加上与其伴随的裂变等因素，造成了果摄一等相对复杂的读音类型。

关键词： 高化；前化；裂变

一　引言

元音高化是汉语语音演变非常重要的现象。王力先生（1980：172）讨论现代汉语普通话 o 的来源时认为"从 a 到 o，这就是说中古的歌戈两韵一等字的元音高化了"。潘悟云（2013）讨论了汉语语音史上两类重要的语音演变，其中一个就是长元音高化。朱晓农（2004、2005）讨论了汉语语音史上两次元音大转移，以及汉语元音演变的高顶出位，都是元音的高化。其他讨论汉语链移音变现象的大都涉及元音的高化。

根据发音的生理特征制定的舌面元音图是个前高后低的不等边四边形，元音空间分布并不是典型的对称关系，i 是舌面元音的最前最高点，ɒ 是舌面元音的最低最后点。舌面元音空间分布中，只有 i 是元音上移前移的终点，其他元音都有上移前移的可能，所以后元音前移的变化也可以看做元音上移的一种类型（江荻，2002：182—192）。学者在讨论这类问题时，常常统称为高化，事实上这里的高化都带有前化的性质。

山西晋语果摄一等读音在北方话里应该是比较复杂的。就其与别的韵摄的关系而言，果摄一等与所有阴声韵韵摄都存在分合关系；就其读音类型而言，不同方言点果摄一等读开齐合撮四呼都有。之前的研究也注意到果摄一等读音的复杂情况，但大多局限于单点或局部的研究，没有从整体上把握其语音演变发展。本文通过调查山西晋语 76 个县市 365 个方言点的读音，试图从宏观角度，整体上探讨山西晋语果摄一等高化前化的演变发展趋势。

根据高本汉（1994：495）、王力（1980：172）、林涛、耿振生（2004：196）等学者的研究，果摄一等在中古时期读后低不圆唇元音 *ɑ/*uɑ，我们以此作为讨论果摄一等元音高化前化演变的出发点。具体来说，我们主要根据山西晋语各方言点果摄一等高化的不平衡情况来判断哪些音类更容易高化。尽管在高化过程中一般伴有前化，前化也伴有高化，但为了进一步把问题理清，根据元音演变的主要趋势把高化与前化分开。

二　尚未高化或部分高化

尚未高化是指果摄一等今读仍然为后低元音。山西晋语中，果摄一等全部或部分读后低元音的共 36 个方言点，其中神池烈堡、定襄宏道、原平东社三个方言点果摄开口与合口都读后低元音，见表 1。

表 1　　　　果摄一等在神池烈堡、定襄宏道、原平东社读音举例

	多	锣	搓	我	饿	河	坡	剁	坐	锅	火
烈堡神池	tuɒ²⁴	luɒ³³	tsʰuɒ²⁴	vɒ²¹³	ŋɒ⁵³	xɒ³³	pʰɒ²⁴	tuɒ⁵³	tsuɒ⁵³	kuɒ²⁴	xuɒ²⁴
宏道定襄	tã²⁴	lã³³	tsʰuã²⁴	ŋã²⁴ / mɤ̃²⁴	ŋã⁵³	xã³³	pʰuã²⁴	tuã⁵³	tsuã⁵³	kuã²⁴	xuã²¹³
东社原平	tã²⁴	lã³³	tsʰuã²⁴	ŋɤ̃ŋ²⁴	ŋã⁵³	xã³³	pʰuã²⁴	tuã⁵³	tsuã⁵³	kuã²⁴	xuã²⁴

更重要的是一等开口与一等合口在韵母格局上基本对应：一等开口今读 ɑ，一等合口今读 uɑ，这样的韵母格局正好与中古时期果摄一等开口与合口之间的关系一致，即开：合—ɑ：uɑ 的格局，所以可以看做中古时期的语音层次。

果摄一等在阳曲杨兴等 22 个方言点情况则不同。这些方言点以中古果摄开口与合口为分界线，开口读后低元音，合口不同程度高化，见表 2。

表 2   **果摄一等在阳曲杨兴等 22 个方言点读音举例**

	多	锣	搓	我	饿	河	坡	剉	坐	锅	火
杨兴阳曲	tã³²⁴	luɣ³³	tshuɣ³²⁴	ŋã³¹²	ŋã⁵³	xã³³	phuɣ³²⁴	tuɣ⁵³	tsuɣ⁵³	kuɣ³²⁴	xuɣ³¹²
西烟盂县	tɒ³¹	lɒ³³	tshuɐ³¹	ŋɒ³¹	ŋɒ³⁵	xɒ³³	phuɐ³¹	tuɐ³⁵	tsuɐ³⁵	kuɐ³¹	xuɐ³¹
梁家寨盂县	tɒ³¹	luɒ³³	tshuɐ³¹	ŋɒ⁴²	ŋɒ³⁵	xɒ³³	phuɐ³¹	tuɐ³⁵	tsuɐ³⁵	kuɐ³¹	xuɐ³¹
离石离石	tɒ²⁴	lɒ³³	tshɒ²⁴	ŋa²¹³	ŋɒ⁵³	xɒ³³	phuɣ²⁴	tuɣ⁵³	tsuɣ⁵³	kuɣ²⁴	xuɣ²¹³
下三交离石	tɒ²⁴	lɒ⁴⁴	tɕhiɛ²⁴	ŋɒ²¹³	ŋɒ⁵³	xɒ³³	phuɣ²⁴	tuɣ⁵³	tsuɣ⁵³	kuɣ²⁴	xuɣ²¹³
坪头离石	tɒ²⁴	lɒ³³	tshua²⁴	ŋɣ²⁴ ŋɒ²⁴	ŋɒ⁵³	xɒ³³	phu²⁴ phei²⁴	tu⁵³ ty⁵³	tsu⁵³ tɕy⁵³	ku²⁴	xu²¹³
柳林柳林	tã²⁴	lã⁴⁴	tshã²⁴	ŋã³¹²	ŋã⁵³	xã⁴⁴	phɔu²⁴	tuɣ⁵³	tsuɣ⁵³	kuɣ²⁴	xuɣ³¹²
成家庄柳林	tɒ²⁴	lɒ⁵³	tshuɒ²⁴	uɒ²¹³ ŋɒ²¹³	ŋɣ⁵³	xɒ³³	phɣ²⁴	ty⁵³	tsu⁵³ tɕy⁵³	ku²⁴	xu²¹³
李家湾柳林	tɒ²⁴	luɐ³³	tshɒ²⁴	ŋʌ²¹³	ŋɒ⁵³	xɒ³³	phuɐ²⁴	tuɐ⁵³	tsuɐ⁵³	kuɐ²⁴	xuɐ²¹³
金锣中阳	tɒ²⁴	lɒ⁵³	tshɒ²⁴	ŋa²¹³	ŋɒ⁵³	xɒ³³	phuɣ²⁴	tuɣ⁵³	tsuɣ⁵³	kuɣ²⁴	xuɣ²¹³
临泉临县	tɒ²⁴	lɒ³³	tshɒ²⁴	ŋɒ³¹² mi³¹²~妈	ŋɒ⁵³	xɒ³³	phu²⁴	tu⁵³	tsɥə⁵³	ku²⁴	xu³¹²
圪洞方山	tɒ²⁴	lɒ³³	tshɒ²⁴	ŋɒ³¹⁴	ŋɒ⁵³	xɒ³³	phuɣ²⁴	tuɣ⁵³	tsuɣ⁵³	kuɣ²⁴	xuɣ³¹⁴
大武方山	tɒ²⁴	lɒ³³	tshɒ²⁴	ŋa³¹⁴	ŋɒ⁵³	xɒ³³	phuɣ²⁴	tuɣ⁵³	tsuɣ⁵³	kuɣ²⁴	xuɣ³¹⁴
峪口方山	tɒ²⁴	lɒ³³	tshɒ²⁴	ŋa³¹²	ŋɒ⁵³	xɒ³³	phuɣ²⁴	tuɣ⁵³	tsuɣ⁵³	kuɣ²⁴	xuɣ³¹²
东会兴县	tɒ²⁴	lɒ³³	tshɒ²⁴	ŋɒ²¹³ mi²¹³~爹	ŋɒ⁵³	xɒ³³	phu²⁴	tu⁵³	tsʮ⁵³	ku²⁴	xu²⁴
晋昌定襄	tã²⁴	lã³³	tshuə²⁴	ŋã²⁴	ŋã⁵³	xã³³	phuə²⁴	tuə⁵³	tsuə⁵³	kuə²⁴	xuə²⁴
河边定襄	tã²⁴	lã³³	tshuɐ²⁴	ŋã²¹³ mɣ²¹³	ŋã⁵³	xã³³	phuɐ²⁴	tuɐ⁵³	tsuɐ⁵³	kuɐ²⁴	xuɐ
台城五台	tã²⁴	lã³³	tshuɔ²⁴	ŋã²⁴ mɣ²⁴~爸	ŋã⁵³	xã³³	phuɔ²⁴	tuɔ⁵³	tsuɔ⁵³	kuɔ²⁴	xuɔ²⁴
东冶五台	tã²⁴	lã³³	tshuɐ²⁴	ŋã²⁴ mɣ²⁴~爸	ŋã⁵³	xã³³	phuɐ²⁴	tuɐ⁵³	tsuɐ⁵³	kuɐ²⁴	xuɐ²¹⁴
石咀五台	tã²⁴	lã³³	tshuʌ²⁴	ŋã²¹⁴ mɣ²¹⁴~爸	ŋã⁵³	xã³³	phuʌ²⁴	tuʌ⁵³	tsuʌ⁵³	kuʌ²⁴	xuʌ²⁴
台怀五台	tɒ̃²⁴	lɒ̃³³	tshuʌ²⁴	ŋɒ̃²¹³ mɣ²⁴~爸	ŋɒ̃⁵³	xɒ̃³³	phuʌ²⁴	tuʌ⁵³	tsuʌ⁵³	kuʌ²⁴	xuʌ²⁴

续表

	多	锣	搓	我	饿	河	坡	刹	坐	锅	火
茶铺繁峙	tɒ̃²¹³	lɒ̃³³	tsʰɒ̃²¹³	ŋɒ̃²¹³ mɤ²¹³~爸	ŋɒ̃⁵³	xɒ̃³³	pʰuɤ²¹³	tuɤ⁵³	tsuɤ⁵³	kuɤ²¹³	xuɤ²¹³

需要说明的是，果开一精组"搓"在上述部分方言点与合口韵合流，实际上牵涉到另一个问题：果摄一等合口化优先等级。我们发现果摄开口各音类中精组是合口化优先等级最高的，即最容易合口化，所以上述阳曲杨兴，盂县西烟、梁家寨，繁峙茶铺，定襄晋昌、河边，五台台城、东冶、石咀、台怀方言应该是精组先合口化，与果摄合口合流，然后跟着果摄合口一起高化。反之则不成立，因为如果精组先高化再与合口合流，则无法解释开口其他音类为什么不一起高化。

柳林留誉等 11 个方言点，果摄开口一等见系与合口高化读同一组韵，见表 3。

表 3　　　　　　　　果摄一等在柳林留誉等 11 个方言点读音举例

	多	锣	搓	我	饿	河	坡	刹	坐	锅	火
留誉柳林	tɒ²⁴	lɒ³³	tsʰɒ²⁴	ŋɤ²¹³	ŋɤ⁵³	xɤ³³	pʰɤ²⁴	tuɤ⁵³	tsuɤ⁵³	kuɤ²⁴	xuɤ²¹³
孟门柳林	tɒ²⁴	lɒ³³	tsʰɒ²⁴	ŋɤ²¹³	ŋɤ⁵³	xɤ³³	pʰɤ²⁴	ty⁵³	tɕy⁵³	ku²⁴	xu²¹³
三交柳林	tɒ²⁴	lɒ⁵³	tsʰɒ²⁴	ŋɤ²¹³	ŋɤ⁵³	xɤ³³	pʰɤ²⁴	tuɤ⁵³	tsuɤ⁵³	kuɤ²⁴	xuɤ²¹³
乡宁中阳	tã²⁴	lã⁵³	tsʰã²⁴	ŋɯ³¹⁴	ŋɯ⁵³	xɯ³³	pʰɯ²⁴	tuə⁵³	tsuə⁵³	kuə²⁴	xuə³¹⁴
武家庄中阳	tɒ²⁴	lɒ³³	tsʰɒ²⁴	ŋɤ³¹⁴ mi³¹⁴~爸	ŋɒ⁵³	xɤ³³	pʰɤ²⁴	tuɤ⁵³	tsuɤ⁵³	kuɤ²⁴	xuɤ³¹⁴
暖泉中阳	tɒ²⁴	lɒ³³ luɤ³³	tsʰɒ²⁴	ŋɤ²¹³ mie²⁴~爸	ŋɤ⁵³	xɤ³³	pʰɤ²⁴	tuɤ⁵³	tsuɤ⁵³	kuɤ²⁴	xuɤ²¹³
龙交石楼	tɒ²⁴	lɒ³³	tsʰɒ²⁴	ŋə³¹² ŋie³¹²	ŋə⁵³	xə³³	pʰuə²⁴	tuə⁵³	tʂuə⁵³	kuə²⁴	xuə³¹²
车赶临县	tɒ²⁴	lɒ³³	tsʰɒ²⁴	ŋɤ³¹² mi³¹²~妈	ŋɤ⁵³	xɒ³³	pʰu²⁴	tu⁵³	tsʯ⁵³	ku²⁴	xu³¹²
碛口临县	tɒ²⁴	lɒ³³	tsʰɒ²⁴	ŋə³¹² mi²⁴~妈	ŋə⁵³	xə³³	pʰə²⁴	tu⁵³	tɕy⁵³	ku²⁴	xu³¹²

	多	锣	搓	我	饿	河	坡	剁	坐	锅	火
第八堡临县	tɒ²⁴	lɒ³³	tsʰɒ²⁴	ŋɒ³¹²	ŋə⁵³	xɒ³³	pʰə²⁴	tuə⁵³	tsuə⁵³	kuə²⁴	xuə³¹²
张家塔方山	tɒ²⁴	lɒ³³	tsʰɒ²⁴	ŋɤ²¹³ mi²¹³	ŋɤ⁵³	xɒ³³	pʰu²⁴	tu⁵³	tsʅ⁵³	ku²⁴	xu²¹³

值得注意的是，这些方言点果摄开口一等见系与合口高化读同一组韵时，开口一等精组和开口一等其他音类一样仍读后低元音。说明果摄开口一等见系高化与精组高化在性质上不同：果开一见系高化是果合一高化进一步向开口渗透的结果，精组高化是精组与果合一合流后共变的结果。因为假如果开一见系与果合一合流读同一组韵母，就应该读同合口，但果开一见系今读开口韵，果合一读合口韵。另外根据我们的研究，果开一见系是合口化优先序列中最末端的，合口化等级最低，如果果开一见系已经合口化，其他也应该合口化，但事实并非如此。

因此从总体形势上看，果摄合口与开口是果摄高化的一个根本分界，果摄开口在上述方言点基本读后低元音，合口在这些方言点大都高化。山西晋语其他绝大部分方言点无论开口还是合口都已经高化，已经看不出开合口高化过程中的限制条件，但如何高化却比较复杂。

三 前高化

所谓前高化是指果摄一等演变为前高（包括半高）元音韵核韵母。

（一）前高化为 ei—uei 韵

包括平遥古陶、东泉、襄垣、魏家庄、康家庄、香乐，介休连福、桑柳树、秦树，文水凤城、徐家镇、西马，共 12 个方言点，见表 4。

表 4 果摄一等在平遥古陶等 12 个方言点读音举例

	多	锣	搓	我	饿	河	坡	剁	坐	锅	火
古陶平遥	tei³³	lei³³	tɕʰiɛ³³	ŋiɛ⁵³	ŋɔo⁴⁵ ŋiɛ⁴⁵	xei⁴⁴ xɔo⁴⁴	pʰei³³	tuei⁴⁵	tɕyɛ⁴⁵	kuei³³	xuei⁵³

续表

	多	锣	搓	我	饿	河	坡	剁	坐	锅	火
东泉平遥	tei³³	lei³³	tɕʰi³³	ŋi⁴¹²	ŋɔo⁴⁵ ŋi⁴⁵	xei⁴⁴ xɔo⁴⁴	pʰei³³	tuei⁴⁵	tɕy⁴⁵	kuei³³	xuei⁴¹²
襄垣平遥	tei³³	lei³³	tɕʰye³³	ŋɛe⁴¹²	ŋei⁴⁵	xei³³	pʰei³³	tuei⁴⁵	tɕye⁴⁵	kuei³³	xuei⁴¹²
魏家庄平遥	tei³³	lei³³	tɕʰi³³	ŋei⁵³ ŋa⁵³	ŋei⁴⁵	xei⁴⁴ xɔo⁴⁴	pʰei³³	tuɤ⁴⁵	tɕy⁴⁵	kuei³³	xuei⁵³
康家庄平遥	tei³³	lei³³	ɕʰi³³	ŋɤ⁴¹²	ŋɤ⁴⁵	xɤ³³	pʰei³³	tuɤ⁴⁵	tsuɤ⁴⁵	kuɤ³³	xuɤ⁴¹²
香乐平遥	tei³³	lei²⁴	tɕʰi³³	ŋie⁴¹²	ŋie⁴⁵	xei⁴⁴	pʰei³³	tuei⁴⁵	tɕy⁴⁵	kuei³³	xuei⁴¹²
连福介休	ti²⁴	li²⁴	tɕʰi²⁴	ŋi³¹²	ŋi⁴⁵	xi²⁴	pʰi²⁴	ty⁴⁵	tɕy⁴⁵	kuei²⁴	xuei⁴⁵
桑柳树介休	ti²⁴	li²⁴	tɕʰyɤ²⁴	ŋi³¹²	ŋi⁴⁵	xi²⁴	pʰi²⁴	ty⁴⁵	tɕy⁴⁵	kuei²⁴	xuei⁴⁵
秦树介休	ti²⁴	li²⁴	tɕʰyɤ²⁴	ŋi³¹²	ŋi⁴⁵	xi²⁴	pʰi²⁴	tøi⁴⁵	tɕy⁴⁵	køi²⁴	xøi⁴⁵
凤城文水	tei³³	lei³³	tsʰuei³³	ŋei⁵³	ŋei⁴⁵	xei³³	pei³³	tuei⁴⁵	tsuei⁴⁵ tɕy⁴⁵	kuei³³	xuei⁵³
徐家镇文水	tei³³	lei³³	tɕʰyɤ³³	ŋi⁴¹²	ŋi⁴⁵	xei³³	pei³³	tʰuei⁴⁵	tɕy⁴⁵	kuei³³	xuei⁴¹²
西马文水	tei³⁴	lei³⁴	tsʰi³⁴	ŋei⁴¹²	ŋei⁴⁵	xeiʔ³⁴	pei³⁴	tuei⁴⁵	tɕy⁴⁵	kuei³⁴	xuei⁴¹²

大致来看，果摄开口一等读 ei 韵，合口除了帮组与开口相同外，其他读 uei 类韵。

果摄高化前化有其发音生理基础。朱晓农（2005）认为"元音链移式高化可能是由 a 高化引起的。长低元音 a 容易高化的原因在于难以长时间维持大张口状态"。果摄后低元音 ɑ/uɑ，在发音时既要维持大张口的状态，同时还要保证舌位最低最后，比 a 更加费力，与发音的省力原则矛盾，这应该是果摄高化前化的生理动因。

另外，根据标记理论，相对于前元音来说，元音 ɑ 标记程度很高，既"低"又"后"，过高的标记性会使其在整个音系结构中显得过于突兀，因此需要采取降低标记性的办法达到音系相对和谐，前化高化就是降低 ɑ/uɑ 韵母标记程度，达到音系相对和谐的主要途径。

按照发音的生理机制制定的舌面元音图实际上是一个前高后低的不规则四边形，前元音与后元音在元音空间上不存在典型的对应关系，因此元音的前化必然伴随有元音的高化。根据语音特征理论，相对于同样的前低元音 a 来说，元音 ɑ 在语音区别特征上主要通过［+后］构成主要的区别特征，［低］在相当程度上具有羡余性质。王洪君（1999：62—63）认为，"羡余，就是说它仍是存在的，发音时还是用到的，只是对于系统描写来说，不是必须的，是被决定的。……音系格局，其实只取决于区别特征，与羡余特征无关"。因此元音 ɑ 的高化实际上是不断剥离羡余成分的过程，是音系结构进一步优化的表现，是音系的必然要求。因此，山西晋语果摄演变即前化高化的过程中，高化是主导，前化是伴随高化的变化，处于相对从属地位。

果摄在山西晋语高前化为前高元音复韵母，主要由于中古果摄后低元音的裂变。朱晓农（2005）认为发长元音 a 时调音器官很难维持更长时间，会出现"时间错配"，导致在 a 后面增生一个类似滑音的成分。可能在产生初期还仅仅是一个类似拖音性质的成分，不具有音系价值，但随着时间发展这一成分不断重复出现，于是这一拖音成分逐渐具有了区别意义的功能，其音位价值逐渐体现，最后成为一个独立的音位，至此它堂而皇之地进入方言的音系结构，单元音韵母也就完成裂变成为双元音韵母。

（二）前高化为 i—y 韵

大致来说，果摄开口读 i 韵，合口读 y 韵，共有 15 个方言点，又可以分为三种类型：

首先是介休型，包括 6 个方言点。果开一读 i 韵母，果合一基本读 y 韵母，见表 5。

表 5 果摄一等在介休型方言点读音举例

	多	锣	搓	我	饿	河	坡	剁	坐	锅	火
常乐介休	ti²⁴	li²⁴	tɕʰi²⁴	ŋi³¹²	ŋi⁴⁵	xi²⁴	pʰi²⁴	ty⁴⁵	tɕy⁴⁵	ky²⁴	xy³¹²
义棠介休	ti²⁴	li²⁴	tɕʰi²⁴	ŋi³¹²	ŋi⁴⁵	xi²⁴	pʰi²⁴	ty³⁵	tɕy³⁵	ky²⁴	xy³¹²
张兰介休	ti²⁴	li²⁴	tɕʰi²⁴	ŋi³¹²	ŋi⁴⁵	xi²⁴	pʰi²⁴	ty⁴⁵	tɕy⁴⁵	ky²⁴	xy³¹²
连福介休	ti²⁴	li²⁴	tɕʰi²⁴	ŋi³¹²	ŋi⁴⁵	xi²⁴	pʰi²⁴	ty⁴⁵	tɕy⁴⁵	kuei²⁴	xuei³¹²
桑柳树介休	ti²⁴	li²⁴	tɕʰyɤ²⁴	ŋi³¹²	ŋi⁴⁵	xi²⁴	pʰi²⁴	ty⁴⁵	tɕy⁴⁵	kuei²⁴	xuei³¹²
秦树介休	ti²⁴	li²⁴	tɕʰyɤ²⁴	ŋi³¹²	ŋi⁴⁵	xi²⁴	pʰi²⁴	tøi⁴⁵	tɕy⁴⁵	køi²⁴	xøi³¹²

介休方言中，常乐、义棠、张兰以中古开合口为界（帮组与开口同），开口读 i 韵，合口读 y 韵，形成比较严整的"开：合—i：y"音类

格局。连福、桑柳树、秦树基本也是开合分开的，但合口有参差，合口见系读 uei/øi 韵，形成"开：合—i：y/uei/øi"音类格局。

其次是东泉型，包括 5 个方言点，见表 6。

表 6　　　　　　　　　果摄一等在东泉型方言点读音举例

	多	锣	搓	我	饿	河	坡	剁	坐	锅	火
东泉平遥	tei³³	lei³³	tɕʰi³³	ŋi⁴¹²	ŋi⁴⁵	xei⁴⁴	pʰei³³	tuei⁴⁵	tɕy⁴⁵	kuei³³	xuei⁴¹²
香乐平遥	tei³³	lei³³	tɕʰi³³	ŋie⁴¹²	ŋie⁴⁵	xei⁴⁴	pʰei³³	tuei⁴⁵	tɕy⁴⁵	kuei³³	xuei⁴¹²
凤城文水	tei³³	lei³³	tsʰuei³³	ŋei⁵³	ŋei⁴⁵	xei³³	pʰei³³	tuei⁴⁵	tɕy⁴⁵	kuei³³	xuei⁵³
徐家镇文水	tei³³	lei³³	tɕʰyɤ³³	ŋi⁴¹²	ŋi⁴⁵	xei³³	pʰei³³	tuei⁴¹²	tɕy⁴⁵	kuei³³	xuei⁴¹²
西马文水	tei³⁴	lei³⁴	tsʰi³⁴	ŋei⁴¹²	ŋei⁴⁵	xeiʔ³⁴	pʰei³⁴	tuei⁴⁵	tɕy⁴⁵	kuei³⁴	xuei⁴¹²

这一类型也基本以果摄开合口为界分开，但开口合口各有参差，开口读 ei/ie 韵外，疑母有读 i 韵的，合口精组读 y 韵外，其他读 uei 韵，形成"开：合—i/ei/ie：y/uei"的音类格局。

第三是汾阳型，包括汾阳的 4 个方言点，见表 7。

表 7　　　　　　　　　果摄一等在汾阳型方言点读音举例

	多	锣	搓	我	饿	河	坡	剁	坐	锅	火
城关汾阳	tɯ²⁴	lɯ³³	tsʰɯ³³	ŋi³¹²	ŋi³⁵	ɕi³³	pʰu²⁴	tu³⁵	tsu³⁵	ku²⁴	xu³¹²
冀村汾阳	tɯ²¹³	lɯ²¹³	tsʰuɯ²¹³	ŋi³¹²	ŋɯ³⁵	ɕi²¹³	pʰɯ²¹³	tuɯ³⁵	tsu³⁵	ku²¹³	xu³¹²
演武汾阳	tɯ³³	lɯ³³	tsʰuɤ³³	ŋi³¹²	ŋi³⁵	ɕi³³	pʰuɤ³³	tuɤ³⁵	tsuɤ³⁵	kuɤ³³	xuɤ³¹²
三泉汾阳	tɯ²⁴	lɯ³³	tsʰɯ²⁴	ŋi³¹²	ŋi³⁵	ɕi³³	pʰu²⁴	tu³⁵	tsu³⁵	ku²⁴	xu³¹²

这一类型中，只有果开一见系读 i 韵母，在果摄前化高化过程中，开合出现非对称的结构。

介休型各方言点前高化发育得最为完整，果摄开口一等"多拖驮大锣搓鹅我饿河"基本都读 i 韵，合口一等帮组"簸坡破婆"也读 i 韵；合口一等"朵剁唾垛坐座锁"除秦树一个点外都读 y 韵；"朵剁唾垛坐座锁锅果过颗棵卧火货祸"在常乐、义棠、张兰也基本读 y 韵。秦树、张兰读 y 韵时与遇摄合流，介休其他点果摄合口读 y 韵，遇摄继续高化读 ʮ 韵，从表面看似乎是典型的推链链移音变，但是同是介休方言的秦树、张兰为什么没有发生类似的变化？秦树果摄合口除"坐座锁"外，其他"朵擦锅颗火"等 øi 韵，姑且可以看做因为没有与今遇摄韵重复，所以没有推力。但是张兰不仅"坐座锁"读 y 韵，其他"朵撮锅颗火"也读 y 韵，理论上应该有绝对的推力，但事实上张兰遇摄并没有高化为 ʮ 韵。可见介休除张兰、秦树之外的其他方言遇摄读 ʮ 韵不能简单理解为推链链移音变。

汾阳城关、冀村、演武、三泉只有"我饿河"读 i 韵；文水西槽头、徐家镇、西马除了"我饿"读 i 韵外，"坐"读 y 韵。整体看介休、文水、汾阳方言果摄一等前化高化表现出明显"词汇扩散"的特点。介休各点基本完成了变化，文水、汾阳还在变化之中，但可能因为普通话的强势影响，文水、汾阳也许就此打住，不再发生类似变化。

尽管各方言点在前化高化进程中步调并不一致，但系统性的特点非常明显。果摄开口一等读 i 韵，合口读 y 韵（帮组除外）在介休方言中特点显著。即使果摄一等前化高化不完全的文水、汾阳方言，在开口的"鹅饿我"读 i 韵的同时，合口的"坐"读 y 韵，或者合口别的字读 u 韵。合口无论读 y 韵还是 u 韵，都是高化的结果，表现出果摄一等合口与开口共同高化的系统性。从各音类来看，前化高化表现出明显的不平衡。果摄开口一等疑母前化高化有明显的优先权，这一点在讨论前化高化裂变时会得到更加充分的证明。与开口比较，合口更容易后高化，前化总是动力不足，所以在山西晋语中，合口前化高化的方言并不多。

介休方言应该是在平遥古陶等方言基础上继续高化的结果，从 ei 到 ɪi，再到 ii，最后是 i，即随着韵核 e 继续高化，发音位置越来越接近 i，最后二者合二为一，完成韵母的单元音化。另外介休方言音系结构也为果摄高化前化最后实现单元音化提供了音系环境。介休方言蟹摄开口三四等及止摄是典型的前高元音高顶出位，如"批闭齐屁"读 ʅ，"地底离"读 ei，因此在音系结构中就留下 i 的位置需要填补，而果摄开口的继续高化正好填补了这一空白。

在介休方言开口高化前化为 i 的同时，合口也发生了类似的变化。首先合口韵主元音裂变为类似 *ei 的音，同时合口介音只能有两种选择，跟着高化或前高化，如果仅仅是高化则为 *uei，如平遥的东泉、香乐，文水的凤城、徐家镇、西马。但前化是大势，同时又要维持原本的合口性质，因此后圆唇 u 变前圆唇 y 是唯一选择，加之 ei>ɪi>ii>i 的单元音化，于是可能会出现 *yi 这样的韵母。但这样的韵母结构在汉语中并不和谐，因此会促使其变成单韵母 y，至此介休方言果摄开口合口完成了其高化前化的演变历程。

我们发现介休方言果摄开口与合口形成 i：y 的对立格局，与其临近的平遥东泉、香乐，文水凤城、徐家镇、西马是 ei：y/uei 的对立格局，从侧面证明了我们判断的合理性，只是这些方言开口与合口发展不同步不平衡而已。平遥等方言与介休比较略有参差，它不是所有的音类参与了进一步高化前化最后单元音化的进程，开口只有疑母或见系演变为 i，合口只有精组演变为 y。

汾阳方言在这方面的变化似乎更滞后，只有开口见系发生了类似变化，而其他音类仅仅是相应的高化，为 ɯ：uɯ/uɤ/u，并不属于此系列变化。

（三）前高化为 ie/iɛ/iɐ/iɐ/iei—ye/yɛ/yɐ/yɐ/yei 韵

包括榆次什贴，太谷庞庄、白城，平遥古陶、襄垣、香乐，介休桑柳树、秦树，沁源李元、王和，交口康城、桃红坡、双池、水头、温泉，偏关新关，忻州董村、上寺，孝义宋家庄、李家庄、西张庄，灵石静升、梁家塝、翠峰、王禹、交口，岚县东村、河口，共 28 个方言点，见表 8。

表 8　　　　　　　　　　果摄一等在榆次什贴等方言点读音举例

	多	锣	搓	我	饿	河	坡	剁	坐	锅	火
什贴榆次	tɛ³³	lɛ³³	tsʰuɐ³³	ŋie⁵⁵³	ŋɐ⁴³⁵	xʌ³³	pʰɐ³³	tue⁴³⁵	tsuɐ⁴³⁵	kuɐ³³	xuɐ⁵⁵³
庞庄太谷	tuɤ³³	luɤ³³	tsʰuɤ³³	ŋiɛ³¹²	ŋiɛ⁵³	xiɛ³³	pʰiɛ³³	tue⁵³	tsuɑ⁵³	kue³³	xue³¹²
白城太谷	tu³³	lu³³	tsʰu³³	ŋie²¹⁴	ŋie⁵³	xie³³	pʰie³³	tue⁵³	tsue⁵³	kue³³	xue²¹⁴
古陶平遥	tei³³	lei³³	tɕʰiɛ³³	ŋiɛ⁵³	ŋɔɔ⁴⁵ / ŋiɛ⁴⁵	xei⁴⁴ / xɔo⁴⁴	pʰei³³	tuei⁴⁵	tɕyɛ⁴⁵	kuei³³	xuei⁵³
襄垣平遥	tei³³	lei³³	tɕʰye³³	ŋɐe⁴¹²	ŋei⁴⁵	xei³³	pʰei³³	tuei⁴⁵	tɕye⁴⁵	kuei³³	xuei⁴¹²
香乐平遥	tei³³	lei²⁴	tɕʰi³³	ŋie⁴¹²	ŋie⁴⁵	xei⁴⁴	pʰei³³	tuei⁴⁵	tɕy⁴⁵	kuei³³	xuei⁴¹²
桑柳树介休	ti²⁴	li²⁴	tɕʰyɤ²⁴	ŋi³¹²	ŋi⁴⁵	xi²⁴	pʰi²⁴	ty⁴⁵	tɕy⁴⁵	kuei²⁴	xuei⁴⁵
秦树介休	ti²⁴	li²⁴	tɕʰyɤ²⁴	ŋi³¹²	ŋi⁴⁵	xi²⁴	pʰi²⁴	tøi⁴⁵	tɕy⁴⁵	køi⁴⁵	xøi⁴⁵
李元沁源	tiɪ²⁴	liɪ³³	tsʰiɪ²⁴	ŋiɪ⁴¹²	ŋiɪ⁵³	xiɪ³³	pʰiɪ²⁴	tuɤ⁵³	tsuɤ⁵³	kuɤ²⁴	xuɤ⁴¹²
王和沁源	tie³³	lie³³	tɕʰie³³	ŋie⁴¹²	ŋie³⁵	xie³³	pʰie³³	ty³⁵	tɕy³⁵	ky³³	xy⁴¹²
康城交口	tɯ²¹⁴	lɯ³³	tsʰuə²¹⁴	ŋie²¹⁴	ŋiɛ⁵³	xiɛ³³	pʰɯ²¹⁴	tuə⁵³	tsuə⁵³	kuə²¹⁴	xuə²¹⁴
桃红坡交口	tuɤ²⁴	luɤ³³	tsʰuə²⁴	ŋie²⁴	ŋie⁵³	xie³³	pʰuɤ²⁴	tuɤ⁵³	tsuɤ⁵³	kuɤ²⁴	xuɤ²⁴
双池交口	tiɛ²⁴	liɛ³³	tsʰɜɤ²⁴	ŋie²⁴	ŋiɛ⁵³	xiɛ⁴⁴	pʰie³³	ty²⁴	tsuɤ⁵³	kuɤ²⁴	xuɤ²⁴
水头交口	tə²⁴	lə³³	tsʰuə²⁴	ŋie²⁴	ŋie⁵³	xie³³	pʰə²⁴	tuə⁵³	tsuə⁵³	kuɤ²⁴	xuɤ²⁴

续表

	多	锣	搓	我	饿	河	坡	剁	坐	锅	火
温泉交口	tɛ³³	lɛ³³	tsʰɛ³³	ŋie²¹⁴	ŋie⁵³	xiɛ³³	pʰɛ³³	tuɛ⁵³	tsuɛ⁵³	kuɛ³³	xuɛ²⁴
新关偏关	tuə²⁴	luə³³	tsʰuə²⁴	və²⁴	ŋie⁵³	xə³³	pʰə²⁴	tuə⁵³	tsuə⁵³	kuə²⁴	xuə²⁴
董村忻州	tɛ²¹³	lɛ³³	tsʰuɛ²¹³	ŋie²¹³	ŋie⁵³	xɛ³³	pʰɛ²¹³	tuɛ⁵³	tsuɛ⁵³	kuɛ²¹³	xuɛ²¹³
上寺忻州	tɛ²¹³	lɛ³³	tsʰuɛ²¹³	ŋie²¹³	ŋie⁵³	xɛ³³	pʰɛ²¹³	tuɛ⁵³	tsuɛ⁵³	kuɛ²¹³	xuɛ²¹³
宋家庄孝义	tɤ²⁴	lɤ³³	tsʰɤ²⁴	ŋie³¹²	ŋie³⁵	xɤ³³	pʰu²⁴	tu³⁵	tsu³⁵	ku⁵³	xu³¹²
李家庄孝义	tə³³	lə³³	tsʰə³³	ŋie³¹²	ŋie³⁵	xə³³	pʰə³³	tuə³⁵	tsuə³⁵	kuə³³	xuə³¹²
西张庄孝义	tɛ³³	lɛ³³	tsʰɛ³³	ŋie³¹²	ŋie³⁵	xɛ³³	pʰɛ³³	tuɛ³⁵	tsuɛ³⁵	kuɛ²⁴	xuɛ³¹²
静升灵石	tei²⁴	lei⁴⁴	tɕʰiei²⁴	ȵiei²⁴	ȵiei⁵²	xei⁴⁴	pʰei²⁴	tuei⁵²	tɕɥei⁵²	kuei²⁴	xuei²⁴
梁家塔灵石	tiɤ²⁴	liɤ⁴⁴	tsʰʅɤ²⁴	ŋiɤ²⁴	ŋiɤ⁵³	xiɤ⁴⁴	pʰiɤ²⁴	tuɤ⁵³	tɕyɤ⁵³	kuɤ²⁴	xuɤ²⁴
翠峰灵石	tei²⁴	lei⁴⁴	tɕʰiɛ²⁴	ȵiɛ²¹³	ȵiɛ⁵³	xei⁴⁴	pʰei²⁴	tuei⁵²	tɕyɛ⁵³	køɪ²⁴	xuei²¹³
王禹灵石	tuɤ²⁴	luɤ²⁴	tɕʰiɤ²⁴	ȵie²¹³	ȵie⁵³	xɤ⁴⁴	pʰei²⁴	tuɤ⁵²	tɕye⁵³	kuɤ²⁴	xuɤ²¹³
交口灵石	tei²⁴	lei⁴⁴	tɕʰie²⁴	ȵie²⁴	ȵie⁵³	xei⁴⁴	pʰei²⁴	tuei⁵³	tɕye⁵³	kuei²⁴	xuei²⁴
东村岚县	tɪe²⁴	lɪe³³	tsʰɪe²⁴	ŋɪe²⁴	ŋɪɛ⁵³	xɪɛ³³	pʰɪɛ²⁴	tøɛ⁵³	tsøɛ⁵³	køɛ²⁴	xøɛ²⁴
河口岚县	tɪe²⁴	lɪe³³	tsʰɪe²⁴	ŋɪe²⁴	ŋɪe⁵³	xɪe³³	pʰɪe²⁴	tøɪ⁵³	tsøɪ⁵³	køɪ²⁴	xøɪ²⁴

这一类型高化前化的大多是疑母或见系字。如太谷庞庄、白城"我饿河坡"读 Ie/ie 韵。榆次什贴高化前化裂变的只有开口一等疑母的"我"，与假开三、蟹开二"写芥"一样读 ie 韵。平遥古陶高化前化裂变除了开口的"我饿搓"，与假开三蟹开二的"写芥"同读 iɛ 韵，合口的"坐"读 yɛ 韵；平遥香乐"我饿"读 ie 韵，蟹开二"芥"也读 ie 韵。交口各点开口一等疑母读 ie/iɛ/iʅ 韵，另外双池一点"多锣坡"也读 ɛ 韵，与假开三、蟹开二"姐解"韵母合流。偏关新关、忻州董村、上寺、孝义宋家庄、李家庄、西张庄"我饿"读 ie/iɛ 韵，与假开三、蟹开二"姐解"韵母合流。灵石各点除"我饿"前化高化裂变外，"搓坐"也前化高化裂变。

沁源李元、王和所有开口一等及合口帮组读 iʅ/ie，与假开三、蟹开二"姐解"韵母合流。灵石梁家塔"多锣河坡"也前化高化裂变为 aʅ 韵。岚县东村、河口开口一等及合口帮组读 Ie/Ie 韵，其他合口读 øɛ/ɜø 韵。

与开口读 ie/iɛ/iʅ/iɤ/iei 一致的是，这些方言点部分合口读 ye/yɛ/yɤ/yɤ/yei，主要是合口精组字。

综上所述，这种类型的前化高化，果摄开口一等疑母在所有方言点都是如此，说明疑母的这一变化有明显的优先权，另外见系这种变化也较多。与合口比较，开口的变化涉及面广，合口只有精组。

这些方言点果摄开口读 ie/iɛ/iɪ/iɣ/iei（包括合口帮组），合口读 ye/yɛ/yɣ/yɣ/yei，我们认为是在介休方言演变基础上进一步发展，即开口在 i、合口在 y 的基础上后显裂变（朱晓农，2006），即在 i/y 后面增生一个后滑音，在"回归初始态"的作用下，发生了 *i>*iə>*ie 或 *y>*yə>*ye 之类的变化。

（四）前高化为 ɿ/e/ɛ—ɯ/ue/uɛ 韵

包括太谷庞庄、白城，孝义南阳、西张庄，榆社白壁，交口温泉，忻州董村、高城、庄磨、上寺，定襄智村，原平闫庄，共 12 个方言点，见表9。

表9　　　　　　　　　　果摄一等在太谷庞庄等方言点读音举例

	多	锣	搓	我	饿	河	坡	剁	坐	锅	火
庞庄太谷	tuɣ³³	luɣ³³	tsʰuɣ³	ŋIe³¹²	ŋIe⁵³	xIe³³	pʰIe³³	tue⁵³	tsuɑ⁵³	kue⁵³	xue³¹²
白城太谷	tuə³³	luə³³	tsʰu³³	ŋie³¹²	ŋie⁵³	xie³³	pʰie³³	tue⁵³	tsue⁵³	kue³³	xue²¹⁴
南阳孝义	tɛ²⁴	lɛ²¹³	tsʰɛ²⁴	ŋie³¹²	ŋɛ³⁵	xɛ²¹³	pʰɛ²⁴	tue³⁵	tsue³⁵	kue²⁴	xuɛ³¹²
西张庄孝义	tɛ³³	lɛ³³	tsʰɛ³³	ŋie³¹²	ŋie³⁵	xɛ³³	pʰɛ³³	tue³⁵	tsue³⁵	kue³³	xuɛ³¹²
白壁榆社	tu³³	lu³³	tsʰu³³	ŋɿ³¹²	ŋɿ⁴⁵	xɿ³³	pʰɿ³³	ty⁴⁵	tsu⁴⁵	kuɿ³³	xuɿ³¹²
温泉交口	tɛ³³	lɛ³³	tsʰɛ³³	ŋie²¹⁴	ŋie⁵³	xie³³	pʰɛ³³	tue⁵³	tsue⁵³	kue³³	xuɛ²⁴
董村忻州	tɛ²¹³	lɛ³³	tsʰuɛ²¹³	ŋie²¹³ ŋã²¹³	ŋie⁵³	xɛ³³	pʰɛ²¹³	tue⁵³	tsue⁵³	kue²¹³	xuɛ²¹³
高城忻州	tɛ²¹³	lɛ³³	tsʰuɛ²¹³	ŋe²¹³ ŋã²¹³	ŋe⁵³	xɛ³³	pʰɛ²¹³	tue⁵³	tsue⁵³	kue²¹³	xuɛ²¹³
庄磨忻州	tɛ²¹³	lɛ³³	tsʰuɛ²¹³	ŋe²¹³ ŋã²¹³	ŋe⁵³	xɛ³³	pʰɛ²¹³	tue⁵³	tsue⁵³	kue²¹³	xuɛ²¹³
上寺忻州	tɛ²¹³	lɛ³³	tsʰuɛ²¹³	ŋie²¹³ ŋã²¹³	ŋie⁵³	xɛ³³	pʰɛ²¹³	tue⁵³	tsue⁵³	kue²¹³	xuɛ²¹³
智村定襄	tɛ²⁴	lɛ³³	tsʰuɛ²⁴	ŋe²⁴	ŋe⁵³	xɛ³³	pʰɛ²⁴	tue⁵³	tsue⁵³	kue²⁴	xuɛ²⁴
闫庄原平	tɛ²⁴	lɛ³³	tsʰuɛ²⁴	ŋe³⁰ mʴŋ³¹² ~爸	ŋe⁵³	xɛ³³	pʰɛ²⁴	tue⁵³	tsue⁵³	kue²⁴	xuɛ³¹²

果摄一等在这些方言开口与合口今读大多同步，如孝义南阳、西张庄，交口温泉，忻州董村、高城、庄磨、上寺，定襄智村，原平闫庄，形成 ε（多锣）-uε（剁坐锅火）的语音格局。但在太谷庞庄、白城，榆社白壁，果摄开口与合口演变基本不同步，开口读 uɣ/uə/u 韵，合口读 uε/uɪ 韵。

"长而低的元音 a 容易高化的原因在于它难以长时间维持大张口，低压舌状态。"（朱晓农 2005）忻州方言读 ɿ/e/ε-uɪ/ue/uε，反映的应该是高化前化的初始阶段，与平遥等方言的动因是一样的。但在进一步高化前化过程中选择了不同的道路：高化初始阶段产生的滑音终未修成正果进入音系，在果摄进一步高化前化过程中具有拖音性质的成分消失了，因此果摄尽管高化前化了，但终究并没有发展出一个韵尾来。至于其他方言果摄今读不同前元音韵，只是高化前化不同阶段的结果。一个非常有意思的现象必须注意：与介休方言比较，忻州等方言蟹止摄没有继续高化，还牢牢占据 i 韵的位置，阻挡了果摄继续高化前化的路径。这也从另外角度证明我们推断的合理性。

四　后高化

所谓后高化是指果摄一等高化为后高元音韵核的韵母。

（一）后高化为 u/ɯ 韵

根据果摄一等高化读 u 韵的古音来源，可以分为三类。

第一类为太谷白城，果摄开口一等除见系外读 u 韵，如"拖驮挪锣左搓"。另外，开口见系与合口帮组读 ie 韵，其他合口读 ue 韵，属于高化前化，不赘述，见表 10。

表 10　　　　　　　　　果摄一等在太谷白城读音举例

	多	锣	搓	我	饿	河	坡	剁	坐	锅	火
白城太谷	tu³³	lu³³	tsʰu³³	ŋie²¹⁴	ŋie⁵³	xie³³	pʰie³³	tue⁵³	tsue⁵³	kue³³	xue²¹⁴

第二类开合口都有读 u 韵的，包括榆社棋城、河峪、北寨、岚峪、白壁，左权拐儿，武乡墨镫，汾细佃坪。此外，果开一见系、合口帮组读

ɯ 类韵。见表 11。

表 11　　　　　　果摄一等在榆社棋城等方言点读音举例

	多	锣	搓	我	饿	河	坡	剁	坐	锅	火
棋城榆社	tɤ³³	lɤ³³	tsʰu³³	ŋɤ³¹²	ŋɤ⁵³	xɤ³³	pʰɤ³¹²	tu⁵³	tsu⁵³	ku³³	xu³¹²
河峪榆社	tɯ³³	lɯ³³	tsʰo³³	ŋɯ³¹²	ŋɯ⁴⁵	xɯ³³	pʰɯ³³	to⁴⁵	tso⁴⁵	ko³³	xo³¹²
北寨榆社	tɐu³³	lɐu³³	tsʰu³³	ŋɯ⁵³	ŋɯ⁴⁵	xɯ³³	pʰɯ³³	tu⁴⁵	tsu⁴⁵	ku³³	xu⁵³
岚峪榆社	tu³³	lu³³	tsʰu³³	uə³¹²	ŋɯ³⁴	xɯ³³	pʰɯ³³	tu³⁴	tsu³⁴	ku³³	xu³¹²
白壁榆社	tu³³	lu³³	tsʰu³³	ŋɿ³¹²	ŋɿ⁴⁵	xɿ³³	pʰɿ³³	ty⁴⁵	tsu⁴⁵	kuɪ³³	xuɪ³¹²
拐儿左权	tu⁴⁴	lu⁴⁴	tʂʰu³³	vɯ³¹	ŋɯ³⁵	xɯ⁴⁴	pʰɯ⁴⁴	tu³⁵	tsu⁴⁵		xu³¹
墨镫武乡	tu³³	lu⁵¹	tsʰu³³	ŋu²¹³	ŋɤ⁴⁵	xɤ⁵¹	pʰɤ³³	tu⁴⁵	tsu⁴⁵	ku³³	xu²¹³
佃坪汾西	tɤ¹¹	lɤ²⁴	tsʰu¹¹	ŋɤ³³	ŋɤ⁵³	xɤ²⁴	pʰɤ¹¹	tu⁵⁵	tsʰu⁵³	ku¹¹	xu³³

　　第三类只有合口读 u 韵，包括祁县东观，文水西槽头，汾阳城关、冀村、三泉，孝义宋家庄、司马，离石坪头，柳林成家庄、孟门，汾西永安、佃坪，临县临泉、车赶、碛口，方山张家塔，静乐婆婆，兴县东会，共 18 个方言点，见表 12。

表 12　　　　　　果摄一等在祁县东观等 18 个方言点读音举例

	多	锣	搓	我	饿	河	坡	剁	坐	锅	火
东观祁县	tɯ³³	lɯ³³	tsʰɯ³³	ŋɯ³³	ŋɯ³¹⁴	xɯ³³	pʰɯ³³	tu⁴⁵	tsu⁴⁵	ku³³	xu³¹⁴
西槽头文水	tɯ²⁴	lɯ²⁴	tsʰu²⁴	ŋi⁴¹² / ŋɤ⁴¹² ~家	ŋɯ⁴⁵	xɯ⁴⁵	pʰɯ²⁴	tu⁴⁵	tsu⁴⁵	ku²⁴	xu⁴¹²
汾阳汾阳	tɯ²⁴	lɯ³³	tsʰɯ²⁴	ŋi³¹²	ŋi³⁵	çi³³	pʰu²⁴	tu³⁵	tsu³⁵	ku²⁴	xu³¹²
冀村汾阳	tɯ²¹³	lɯ²¹³	tsʰuɯ²¹³	ŋi³¹² / ŋɯ³¹²	ŋɯ³⁵	çiɯ²¹³	pʰɯ²¹³	tuɯ³⁵	tsu³⁵	ku²¹³	xu³¹²
三泉汾阳	tɯ²⁴	lɯ³³	tsʰɯ²⁴	ŋi³¹²	ŋi³⁵	çi³³	pʰu²⁴	tu³⁵	tsu³⁵	ku²⁴	xu³¹²
宋家庄孝义	tɤ²⁴	lɤ³³	tsʰɤ²⁴	ŋie³¹² / ŋɤu³¹²	ŋie³⁵	xɤ³³	pʰu²⁴	tu³⁵	tsu³⁵	ku⁵³	xu³¹²
司马孝义	tə²⁴	lə³³	tsʰə²⁴	ŋie³¹²	ŋie³⁵	xə³³	pʰu²⁴	tu³⁵	tsu³⁵	ku²⁴	xu³¹²
坪头离石	tɒ²⁴	lɒ³³	tsʰua²⁴	ŋɒ²⁴ / mi²⁴ ~妈	ŋɒ⁵³	xɒ³³	pʰu²⁴	tu⁵³ / ty⁵³	tsu⁵³ / tçy⁵³	ku²⁴	xu²¹
成家庄柳林	tɒ²⁴	lɒ⁵³	tsʰuɒ²⁴	uɒ²¹³	ŋɤ⁵³	xɒ³³	pʰɤ²	ty⁵³	tçy⁵³	ku²⁴	xu²¹³

	多	锣	搓	我	饿	河	坡	剁	坐	锅	火
孟门柳林	tɒ²⁴	lɒ³³	tshɒ²⁴	ŋɤ²¹³	ŋɤ⁵³	xɤ³³	pɤ²⁴	ty⁵³	tɕy⁵³	ku²⁴	xu²¹³
永安汾西	tɤ¹¹	lɤ²⁴	tshuɤ¹¹	ŋɤ³³	ŋɤ⁴⁵	xɤ²⁴	phɤ¹¹	tu⁴⁵	tshuɤ⁵³	ku¹¹	xu³³
临泉临县	tɒ²⁴	lɒ³³	tshɒ²⁴	ŋɒ³¹² / mi³¹² ~妈	ŋɒ⁵³	xɒ³³	phu²⁴	tu⁵³	tsɳə⁵³	ku²⁴	xu³¹²
车赶临县	tɒ²⁴	lɒ³³	tshɒ²⁴	ŋɤ³¹² / mi³¹² ~妈	ŋɒ⁵³	xɒ³³	phu²⁴	tu⁵³	tsɳ⁵³	ku²⁴	xu³¹²
碛口临县	tɒ²⁴	lɒ³³	tshɒ²⁴	ŋə³¹² / mi²⁴ ~妈	ŋɒ⁵³	xɒ³³	phə²⁴	tu⁵³	tɕy⁵³	ku²⁴	xu³¹²
张家塔方山	tɒ²⁴	lɒ³³	tshɒ²⁴	ŋɤ²¹³ / mi²¹³	ŋɤ⁵³	xɒ³³	phu²⁴	tu⁵³	tsɳ⁵³	ku²⁴	xu²¹³
婆娑静乐	tə²⁴	lə³³	tshə²⁴	ŋə²¹³	ŋə⁵³	xə³³	phə²⁴	tuə⁵³	tsuə⁵³	ku²⁴	xu²¹³
东会兴县	tɒ²⁴	lɒ³³	tshɒ²⁴	ŋɒ²¹³ / mi²¹³ ~爹	ŋɒ⁵³	xɒ³³	phu²⁴	tu⁵³	tsɳ⁵³	ku²⁴	xu²⁴

《切韵》时期歌戈两韵是不分的，到《广韵》时期，戈韵才分出来作为歌韵的合口韵。具体讲，《切韵》时期歌韵与戈韵的主要元音一样，区别只是开合的不同。到了《广韵》时期，歌戈分韵，它们不仅介音不同，主要元音也有了区别。山西晋语部分方言点保留了《广韵》时期歌戈分韵的语音格局：第一类太谷白城果开一与果合一不同，果合一端精组读 u 韵，合口读 ue 韵；第三类祁县东观等方言果开一读 ɯ/ɤ/ə/ɑ 韵，果合一读 u 韵。第二类榆社等方言果开一端精组与果合一都读 u 韵母，这种语音格局说明果开一与果合一的演变是同步的，反映的应该是《切韵》时期的语音格局。

既然第一类、第三类方言是《广韵》时期歌戈分韵在山西晋语的保留，自然就可以解释第一类太谷白城只有开口读 u 韵，第三类祁县东观等方言只有合口读 u 韵的原因。

郑伟（2009）、刘泽明（2014）都讨论过吴语歌戈韵与模韵合流的现象，彭建国（2005）讨论了湘语戈韵读 u，歌韵不读 u，与吴语不同。他们在讨论这些变化时几乎都一致认为歌韵发生了 *ɑ>o>ɔ>u（郑伟，

2009）的演变。

我们认为，山西晋语也发生了类似的变化。ɑ 是后低不圆唇元音，开口度最大，按照舌面元音空间布局，圆唇与不圆唇的区别会随着舌位的降低与后移逐渐变小，因为最大的开口度在一定程度上会削弱圆唇与不圆唇的区分。另外，ɑ 在舌面元音中，开口度最大，舌位最低最后，所以最难保持，果摄韵高化几乎成为汉语所有方言的共同特征。因此歌韵 ＊ɑ 高化既可选择 ＊ɑ>ʌ>ɤ>ɯ 不圆唇道路，也可以选择 ＊ɑ>o>ɔ>u 圆唇道路。上述方言果摄一等读 u 韵应该是选择了 ＊ɑ>o>ɔ>u 的演变道路，今读既有后高化 u 韵，也有 ɯ 韵，还有尚未高化的 ɑ 韵。当果合一主要元音演变为 u 时，事实上已经与其介音相同了，因此会吸引并吞并介音 u，最后演变为 u 韵母。

（二）开口读 ɯ/ʌ/ɑu/ɤ/a/e 韵，合口读 uɯ/uʌ/uɤ/uɯ 韵

这样的方言点分布范围较广，包括太原老城、上兰、呼延、上南、后沟、建华、郝庄、阳曲镇、南寒，小店刘家堡、北格、西温庄、郑村，古交马兰、阁上、原相、河口、邢家社，清徐徐沟、北社、清源、西堡、东罗，阳曲东黄水、高村、凌井店、泥屯、西凌井，榆次乌金山、西长寿、长凝、东阳、什贴、北席、西胡乔，祁县来远、东观、城赵、张家堡、昭馀、交城天宁、贾家寨、大辛、大营、段村、庞泉沟、西营镇，文水开删、西槽头、洪义、云周，汾阳城关、孝义宋家庄、李家庄、司马，寿阳平头、盂县南娄、武乡分水岭、沁源郭道、石楼义牒、交口康城、水头、隰县龙泉、黄土、午城、汾西永安、佃坪、和平、蒲城古县、大宁太古、娄烦顺道、静游、天池、城关，静乐段家寨、龙家庄、婆婆、杜家村、岚县界河口、兴县蔚汾、瓦塘、罗峪口、宁武东马坊、保德南河沟、西梁、原平沿沟、王家庄、轩岗、大牛店，共 89 个方言点，见表 13（一个相关县市选一个代表点）。

表 13　　　　　果摄一等在太原老城等 89 个方言点读音举例

	多	锣	搓	我	饿	河	坡	剁	坐	锅	火
上兰太原	tɯ³³	nɯ³³	tsʰuɯ³³	ɯ³¹²	ɯ³⁵	xɯ³³	pʰɯ³³	tuɯ³⁵	tsuɯ³⁵	kuɯ³³	xuɯ³¹²
刘家堡小店	tɤ³³	lɤ³³	tsʰɤ³³	ɣɤ⁵⁵³ A⁵⁵³ ~们	ɣ⁴³⁵	xɣ³³	pʰɣ³³	tuɤ⁴³⁵	tsuɤ⁴³⁵	kuɤ³³	xuɤ⁵⁵³
清源清徐	tɯ³³	lɯ³³	tsʰɯ³³	ŋɯ⁴²	ŋɯ³⁵	xɯ³³	pʰɯ³³	tuɯ³⁵	tsuɯ³⁵	kuɯ³³	xuɯ⁴²

	多	锣	搓	我	饿	河	坡	剉	坐	锅	火
马兰古交	tɯ⁴⁴	lɯ⁴⁴	tsʰuɤ³¹	ŋɯ³¹	ŋɯ⁴⁵	xɯ⁴⁴	pʰɯ⁴⁴	tuɤ⁴⁵	tsuɤ⁴⁵	kuɤ⁴⁴	xuɤ³¹
东黄水阳曲	tɤ²⁴	lɤ³³	tsʰuɤ²⁴	ŋɤ²¹³ / na²¹³	ŋɤ³⁵	xɤ³³	pʰɤ²⁴	tuɤ³⁵	tsuɤ³⁵	kuɤ²⁴	xuɤ²¹³
乌金山榆次	tɤ³³	lɤ³³	tsʰuɤ³³	ɣɤ⁴²	ŋɤ⁴⁵	xɤ³³	pʰɤ³³	tuɤ³⁵	tsuɤ³⁵	kuɤ³³	xuɤ⁴²
昭馀祁县	tɯ³³	lɯ³³	tsʰɯ³³	ŋɯ³¹⁴	ŋɯ⁴⁵	xɯ³³	pʰɯ³³	tuɯ⁴⁵	tsuɯ⁴⁵	ku³³	xuɯ³¹⁴
贾家寨交城	tə³³	lə³³	tsʰuə³³ / tsʰə³³	ŋə⁵³ / ŋəʔ³³ ~们 / ŋa⁵³ ~妈	ŋə⁴⁵	xə³³	pʰə³³	tuə⁴⁵	tsuə⁴⁵	kuə³³	xuə⁵³
开删文水	tɤ³³	lɤ³³	tsʰɤ³³	ŋɤ⁵³	ŋɤ⁴⁵	xɤ³³	pʰə³³	tuə⁴⁵	tsuɤ⁴⁵	kuɤ³³	xuɤ⁵³
冀村汾阳	tɯ²¹³	lɯ²¹³	tsʰuɯ²¹³	ŋi³¹² / ŋɯ³¹² / ŋə̃³¹²	ŋɯ³⁵	ɕi²¹³ / xɯ²¹³	pʰɯ²¹³	tuɯ³⁵	tsu³⁵	ku²¹³	xu³¹²
宋家庄孝义	tɤ²⁴	lɤ³³	tsʰɤ²⁴	ŋiɛ³¹² / ŋɤu³¹²	ŋiɛ³⁵	xɤ³³	pʰu²⁴	tu³⁵	tsu³⁵	ku⁵³	xu³¹²
平头寿阳	tɤ³³	lɤ³³	tsʰuɤ³³	ŋɤ⁵³ / ŋɑ⁵³ ~爸 / ŋɤ̃³³ ~们	ŋɤ⁴⁵	xɤ³³	pʰɤ³³	tuɤ⁴⁵	tsuɤ⁴⁵	kuɤ³³	xuɤ⁵³
南娄盂县	tə⁴¹	lə³³	tsʰuə⁴¹	ŋə⁴¹ / ŋẽn⁴¹ ~爸	ŋə³⁵	xə³³	pʰuə⁴¹	tuə³⁵	tsuə³⁵	kuə⁴¹	xuə⁴¹
分水岭武乡	tɤ³³	lɤ³³	tsʰɤ³³	ŋɤ⁵² / ŋa⁵² ~爸	ŋɤ⁴⁵	xɤ³³	pʰɤ³³	tuɤ⁴⁵	tsuɤ⁴⁵	kuɤ³³	xuɤ⁵²
郭道沁源	tɤ³³	lɤ³³	tsʰuɤ³³	ɤ⁴¹² / ŋãn⁴¹²	ɤ⁴⁵	xɤ³³	pʰɤ³³	tuɤ⁴⁵	tsuɤ⁴¹²	kuɤ³³	xuɤ⁴¹²
义牒石楼	tɤ²⁴	lɤ³³	tʂʰuɤ²⁴	ŋɤ³¹² / ŋʌ²¹³ ~爸	ŋɤ⁵³	xɤ³³	pʰɤ²⁴	tuɤ⁵³	tʂuɤ⁵³	kuɤ²⁴	xuɤ³¹²
康城交口	tɯ²¹⁴	lɯ³³	tsʰuə²¹⁴	ŋã²¹⁴ / ŋiɛ²¹⁴	ŋiɛ⁵³	xiɛ³³	pʰɯ²¹⁴	tuə⁵³	tsuə⁵³	kuə²¹⁴	xuə²¹⁴
龙泉隰县	tɤ⁵¹	luɤ²⁴	tsʰuɤ⁵¹	ŋɤ³¹	ŋɤ⁴⁵	xɤ²⁴	pʰɤ⁵¹	tuɤ⁴⁵	tsʰuɤ⁴⁵	kuɤ⁵¹	xuɤ³¹
永安汾西	tɤ¹¹	lɤ²⁴	tsʰuɤ¹¹	ŋɤ³³	ŋɤ⁴⁵	xɤ²⁴	pʰɤ¹¹	tu⁴⁵	tsʰuɤ⁵³	ku¹¹	xu³³
古县蒲县	tɤ⁵³	lɤ²⁴	tsʰuɤ⁵³	ŋɤ³³¹	ŋɤ³³	xɤ²⁴	pʰuɤ⁵³	tʰuɤ³³¹	tsʰuɤ³³	kuɤ⁵³	xuɤ³³¹
太古大宁	tɯ³³	luɤ²⁴	tsʰuɤ³³	ŋɯ³¹	ŋɯ⁵³	xɯ²⁴	pʰɯ³³	tuɤ⁵³	tsʰuɤ⁵³	kuɤ³³	xuɤ³¹

续表

	多	锣	搓	我	饿	河	坡	剁	坐	锅	火
天池娄烦	tɣ⁴⁴	lɣ⁴⁴	tsʰɣ⁴⁴	ŋɣ³²⁴	ŋɣ⁵³	xɣ⁴⁴	pʰɣ⁴⁴	tuɣ⁵³	tɕy⁵³	kuɣ⁴⁴	xuɣ³²⁴
段家寨静乐	tə²⁴	lə³³	tsʰə²⁴	ŋə²¹³	ŋə⁵³	xɐ³³	pʰə²⁴	tuə⁵³	tsuə⁵³	kuə²⁴	xuə²¹³
界河口岚县	tɣ²⁴	lɣ³³	tsʰɣ²⁴	ŋɣ²¹³	ŋɣ⁵³	xɣ³³	pʰɣ²⁴	tuɣ⁵³	tsuɣ⁵³	kuɣ²⁴	xuɣ²⁴
蔚汾兴县	tə²⁴	lə³³	tsʰə²⁴ tsʰuə²⁴	ŋə²¹³ mi²¹³ ~爹	ŋə⁵³	xə³³	pʰə²⁴	tuə⁵³	tsuə⁵³	kuə²⁴	xuə²⁴
东马坊宁武	tɣ²⁴	lɣ³³	tsʰuɣ²⁴	ŋɣ²¹³ ŋæ²¹³	ŋɣ⁵³	xɣ³³	pʰɣ²⁴	tuɣ⁵³	tsuɣ⁵³	kuɣ²⁴	xuɣ²¹³
南河沟保德	tɣ²¹³	lɣ³³	tsʰuɣ²¹³	ɣɣ²¹³	ɣɣ⁵³	xɣ³³	pʰɣ²¹³	tuɣ⁵³	tsuɣ⁵³	kuɣ²¹³	xuɣ²¹³
沿沟原平	tɣ²⁴	lɣ³³	tsʰuɣ²⁴	ŋɣ³¹² ŋii³¹² =们	ŋɣ⁵³	xɣ³³	pʰɣ²⁴	tuɣ⁵³	tsuɣ⁵³	kuɣ²⁴	xuɣ²⁴

　　这个类型的方言点，古开口精组和泥组部分字读合口呼，古合口帮组一般读开口呼。如前所述，后低元音 ɑ 开口度大，发音部位靠后，很难长时间维持，因此其高化是必然的。与前述太谷白城等方言点后高圆唇化 * ɑ>o>ɔ>u 变化的道路不同，这个类型的方言点走的是后高不圆唇化的道路，即发生了 * ɑ>ʌ<ɣ>ɯ 的演变。

（三）开口与合口都读 ɯə/ʌɣ/ɣɯ 韵

　　包括太谷小常、范村，昔阳乐平、孔氏，和顺义兴、喂马、青城、横林，阳泉李家庄、荫营、西南昇、旧街，平定巨城、娘子关、冶西、锁簧，左权石匣、寒王、羊角、麻田，武乡丰州、上司、故城，沁县定昌、松村、新店、西汤，沁源官滩，襄垣古韩镇、侯堡、西营、虒亭，黎城黎侯、程家山、东阳关、黄崖洞、平头，潞城店上、成家川、羌城、石梁、黄牛蹄，平顺青羊、阳高、西沟、北社、虹梯关，壶关龙泉、黄山、百尺、东井岭、树掌、鹅屋，长治市老丁山、南津良、黄碾，长治县南和、郝家庄、仝家岭、西池、荫城，屯留麟降、丰宜、渔泽，长子大堡头、石哲、慈林、岚水、西大关，陵川古郊、附城、礼义、崇文、高平城关、三甲、神农、河西、陈区、马村，泽州高都、巴公、衙道、周村、鲁村，阳城西河、润城镇、固隆、蟒河，沁水龙港、郑庄、柿庄、端氏、土沃、中村、石楼灵泉、曹家垣、交口桃红坡、永和坡头、南庄、鹿角、阁底、蒲县黑龙关、克城、蒲城、山中，大宁昕水，岢岚岚漪、甘沟、张家沟、闫家坪、温泉，五寨砚城、韩家楼、三岔镇、鸡房村、黄土坡，宁武凤城、薛家洼、涔山、东马坊，神池龙泉镇、长畎、烈堡、贺职，保德腰庄、义门，河曲巡镇、旧县、土沟、沙泉，偏关新关、老营、张家庄、大石窊，代县新高、聂营、胡峪、滩上，繁峙繁城、大营、神堂堡、灵丘武灵、下关、赵北、石家田，广灵加斗、南村、望狐，浑源永安、王庄堡，应县金城、臧寨、大临河、南泉，山阴安荣、后所、马营，怀仁金沙滩、云中、毛家皂、大同市城区、新荣，大同县杜庄、许堡、峰峪，阳高龙泉、古城、鳌石、天镇玉泉、新平、南高崖、三十铺，左云侯家窑、白烟墩、下山井、右玉新城、正柳沟、杀虎口，平鲁西水界、井坪，朔州下团堡、利民、王圐圙，共183个方言点。代表点见表14。

表14　　　　　果摄一等在太谷小常等183个方言点读音举例

	多	锣	搓	我	饿	河	坡	剁	坐	锅	火
小常太谷	tuɤ³³	luɤ³³	tsʰuɤ³	ŋɪe³¹² ŋɑ³¹² ~爸	ŋɪe⁵³	xɪe³³	pʰɪe³³	tue⁵³	tsua⁵³	kue³³	xue³¹²
乐平昔阳	tuɤ³¹	luɤ³³	tsʰuɤ³¹	uɤ⁴⁵	ŋɤ²⁴	xɤ⁴⁴	pʰɤ³¹	tuɤ²⁴	tsuɤ²⁴	kuɤ³¹	xuɤ⁴⁵
义兴和顺	tuɤ³¹	luɤ³³	tsʰuɤ³¹	vɤ⁵³ ŋæ⁵³ ~爸	ŋɤ³²⁴	xɤ³³	pʰɤ³¹	tuɤ³²⁴	tsuɤ³²⁴	kuɤ³¹	xuɤ⁵³
石匣左权	tuɤ³¹⁴	luɤ³⁴	tsʰuɤ³¹⁴	vɤ³¹⁴	ŋɤ⁵³	xuɤ³⁴ xɤ³⁴	pʰɤ³¹⁴	tuɤ⁵³	tsuɤ⁵³	kuɤ³¹⁴	xuɤ³¹⁴
丰州武乡	tuɤ³³	luɤ⁵¹	tsʰuɤ³³	uɤ²¹³ vɤ²¹³ ŋiæ²¹³	ŋɤə⁴⁵	xɤə⁵¹	pʰɤə³³	tuɤ⁴⁵	tsuɤ⁴⁵	kuɤ³³	xuɤ²¹³
定昌沁县	tua²⁴	lua³³	tsʰuə²⁴	və²⁴	ŋə⁴⁵	xə³³	pʰə²⁴	tuə⁴⁵	tsuə⁴⁵	kuə²⁴	xuə
西河阳城	tuɤ³¹²	luɤ⁴⁴	tsʰuɤ³¹²	vɤ³¹	ɤɤ⁵³	xɤ⁴⁴	pʰuɤ³¹²	tuɤ⁵³	tsuɤ⁵³	kuɤ³¹²	xuɤ³¹
坡头永和	tuɐ²¹³	luɐ²⁴	tsʰuɐ²¹³	ŋuɐ²¹³	ŋuɐ⁵³	xuɐ⁵³	pʰuɐ²¹³	tuɐ⁵³	tsuɐ⁵³	kuɐ²¹³	xuɐ²¹³
砚城五寨	tuɐ²⁴	luɐ³³	tsʰuɐ²⁴	vã²⁴	ŋɐ⁵³	xɐ³³	pʰɐ²⁴	tuɐ⁵³	tsuɐ⁵³	kuɐ²⁴	xuɐ
新高代县	tuɤ²¹³	luɤ⁴⁴	tsʰuɤ²¹³	vɤ³¹² næ³¹² ~爹	ŋɤ⁵³	xɤ⁴⁴	pʰɤ²¹³	tuɤ⁵³	tsuɤ⁵³	kuɤ²¹³	xuɤ²¹³
新荣大同	tuɤ³³	luɤ⁴³⁵	tsʰuɤ³³	vɤ⁵³	nɤ⁴³⁵	xɤ⁴¹²	pʰuɤ³³	tuɤ⁴³⁵	tsuɤ⁴³⁵	kuɤ³³	xuɤ
利民朔州	tuə²¹³	luə²⁴	tsʰuə²¹³	u²¹³ vəʔ²⁴	nuə⁵³	xə²⁴	pʰuə²¹³	tuə⁵³	tsuə⁵³ tsuəʔ³³	kuə²¹³	xuə²⁴

果开一本来读 ＊ɑ，没有 u 介音，但在上述方言点都读合口呼韵母，与果合一合流，既是高化的结果，又是裂变的结果。王力（1980：163）讨论歌韵、铎韵读合口呼 uo 认为："o 的部位很高，容易转化为一个发达的复合元音（即 uo），这个道理可以说明为什么其他开口字没有变为合口，唯独歌铎两韵的开口字变了合口。歌铎两韵字的开口呼在没有变 uo 之前，是经过一个 o 的阶段的。"

如前所述，果开一高化可以有 ＊ɑ>ʌ>ɤ>ɯ 和 ＊ɑ>o>ɔ>u 两种选择，前者我们称之为高化不圆唇，后者我们称之为高化圆唇。就太谷小常等方言来说，应该是高化圆唇的道路，即 ＊ɑ>o>ɔ>u，但似乎并没有完全高化到 u 阶段，而是在 o 阶段就发生了裂变。o 是个舌位较低的后元音，发音时开口度较大，同时舌位靠后，当发音结束时，发音器官需要恢复到正常态：开口度降低、圆唇度降低、舌位恢复到正常状态，这时很容易产生一个类似拖音的成分出来。初始阶段的这个拖音一般标记特征会很弱，或者是不圆唇的，或者干脆就是一个央元音，也没有音位价值，不具有区分意义的功能。但随着它不断重复出现，它逐渐承担了区分意义的功能，其音位价值也不断强化。与此同时，原来歌韵已经高化的 o 进一步高化，一直到 u，发音时开口度明显降低，由此降低其标记性程度，最后完成了 ＊ɑ>o_ə>ɔ_ε>u_ε>uə 的演变。

（四）果开一读 ɤə/ɤɯ/əɯ/ɤu 韵，与流摄合流

包括清徐徐沟、东罗、北社，榆次乌金山、西长寿、东阳、西胡乔、北席，交城西营镇，寿阳朝阳、解愁、西洛、松塔，昔阳沾尚，盂县南娄、上社、仙人、西烟、梁家寨，阳泉西南异，榆社北寨，娄烦静游、城关，共 23 个方言点。代表点见表 15。

表 15　　　　　　　果摄一等在清徐徐沟等 23 个方言点读音举例

	多	锣	搓	我	饿	河	坡	剁	坐	锅	火
徐沟清徐	tɤɯ³³	lɤɯ³³	tsʰuɤɯ³³ tsʰɤɯ³³ 圪	ŋɤɯ⁴²	ŋɤɯ³⁵	xɤɯ³³	pʰɤɯ³³	tuɤɯ³⁵	tsuɤɯ³⁵	kuɤɯ³³	xuɤɯ⁴²
徐沟东罗	tɤɯ³³	lɤɯ³³	tsʰɤɯ³³	ŋɤɯ⁴²	ŋɤɯ³⁵	xɤɯ³³	pʰɤɯ³³	tuɤ³⁵	tsuɤ³⁵	kuɤ³³	xuɤ⁴²
乌金山榆次	tɤ³³	lɤ³³	tsʰuɤ³³	ŋɤ⁴² 不去	ŋɤ⁴⁵	xɤ³³	pʰɤ³³	tuɤ³⁵	tsuɤ³⁵	kuɤ³³	xuɤ⁴²

续表

	多	锣	搓	我	饿	河	坡	剁	坐	锅	火
西长寿榆次	tɤu³³	lɤu³³	tsʰɤu³³	ŋɤu⁵³	ŋɤu⁴⁵	xɤu³³	pʰɤu³³	tuɤ⁴⁵	tsuɤ⁴⁵	kuɤ³³	xuɤ⁵³
西营镇交城	tə³³	lə³³	tsʰuə³³ / tsʰə³³	ŋə⁵³	ŋə⁴⁵	xə³³	pʰə³³	euɤ⁴⁵	tsuɤ⁴⁵	kuə³³	xuə⁵³
朝阳寿阳	tɤu³³	lɤu³³	tsʰɤu³³	ŋɤu³¹² ŋəʔ³¹²	ŋɤu⁴⁵	xɤu³³	pʰɤu³³	tuɤ⁴⁵	tsuɤ⁴⁵	kuɤ³³	xuɤ³¹²
解愁寿阳	təɯ³³	ləɯ³³	tsʰuəɯ³³	ŋəɯ³¹² ŋəʔ³¹²	ŋəɯ⁴⁵	xəɯ³³	pʰəɯ³³	tuəɯ⁴⁵	tsuəɯ⁴⁵	kuəɯ³³	xuəɯ³¹²
沾尚昔阳	tɤɯ³¹	luɤɯ³³	tsʰuɤɯ³¹	ŋɤɯ⁴⁵	ŋɤɯ²⁴	xɤɯ⁴⁴	pʰɤɯ³¹	tuɤɯ²⁴	tsuɤɯ²⁴	kuɤɯ³¹	xuɤɯ⁴⁵
南娄盂县	tə⁴¹	lə³³	tsʰuə⁴¹	ŋə⁴¹ ŋẽn⁴¹ ~爸	ŋə³⁵	xə³³	pʰuə⁴¹	euɤ³⁵	tsuə³⁵	kuə⁴¹	xuə⁴¹
西南昇阳泉	tuɐ³¹	luɐ³³	tsʰuɐ³¹	ŋo⁵³ ŋɐ⁵³ ~爸	ŋɐ³⁵	xo³³	pʰɐ³¹	tuɐ³⁵	tsuɐ³⁵	kuɐ³¹	xuɐ³¹
北寨榆社	tɐu³³	lɐu³³	tsʰu³³	ŋɯ⁵³	ŋɯ⁴⁵	xɯ³³	pʰɯ³³	tu⁴⁵	tsu⁴⁵	ku³³	xu⁵³
城关娄烦	tɤɯ⁴⁴	lɤɯ⁴⁴	tsʰɤɯ⁴⁴	ŋɤɯ³²⁴	ŋɤɯ⁵³	xɤɯ⁴⁴	pʰɤɯ⁴⁴	tuɤɯ⁵³	tsuɤɯ⁵³ tsuei⁵³	kuɤɯ⁴⁴	xuɤɯ³²⁴
静游娄烦	tɤɯ²⁴	lɤɯ⁴⁴	tsʰɤɯ²⁴	ŋɤɯ³²⁴	ŋɤɯ⁵³	xɤɯ⁴⁴	pʰɤɯ²⁴	tuɤɯ⁵³	tsuɤɯ⁵³ tsuei⁵³	kuɤɯ²⁴	xuɤɯ³²⁴

清徐徐沟等方言果开一与流摄合流，也是果摄高化的结果，但走的是后高化不圆唇的路线。果开一高化如果沿着不圆唇的路线演变，既可能是单纯的高化，即 *ɑ>ʌ>ɤ>ɯ，但实际上更多是高化的同时前化，即 *ɑ>ʌ/ɤ>ə/e。这也是降低果开一 *ɑ 标志性程度的手段，达到更加省力的目的。果开一在这个高化（伴随前化）的过程中，主要元音会与流摄 *əu 无限接近，当 *əu 的韵尾 u 弱化、脱落以致消失时，就可能促使果开一与流摄合流。

（五）读 ɔo/ɔ 韵

主要是今 p、k、ŋ 声母字，与效摄合流。包括平遥古陶、东泉、襄垣、魏家庄、香乐，文水徐家庄，共 6 个方言点，见表 16。

表 16　　　　　　　**果摄一等在平遥古陶等 6 个方言点读音举例**

	歌	哥	个	鹅	饿	河	波	菠
古陶平遥	kɔo³³	kɔo³³	kɔo⁴⁵ xuɛɜ⁴⁵	ŋɔo³³	ŋɔo⁴⁵ ŋiɛ⁴⁵	xei⁴⁴ xɔo⁴⁴	pɔo³³	pɔo³³
东泉平遥	kɔo³³	kɔo³³	kɔo⁴⁵ xuɛɜ⁴¹²	ŋɔo³³	ŋɔo⁴⁵ ŋi⁴⁵	xei⁴⁴ xɔo⁴⁴	pɤ³³	pɤ³³
襄垣平遥	kɔo³³	kɔo³³	kuɛɜ⁴¹²	ŋɔo³³	ŋei⁴⁵	xei³³	pɔo³³	pɔo³³
魏家庄平遥	kɔo³³	kɔo³³	kɔo⁴⁵ xuɛɜ⁴¹²	ŋɔo³³	ŋei⁴⁵	xei⁴⁴ xɔo⁴⁴	pɔo³³	pɔo³³
香乐平遥	kɔo³³	kɔo³³	kɔo⁴⁵ xuɛɜ³³	ŋɔo²⁴	ŋie⁴⁵	xei⁴⁴ xɔo⁴⁴	puɤ³³	puɤ³³
徐家庄文水	kɔ³³	kɔ³³	xuae⁴⁵ kɔ⁴⁵	ŋɔ³³	ŋi⁴⁵	xei³³	pei³³	pei³³

　　平遥古陶等方言，果开一 p、k、ŋ 声母字与效摄合流，是后高化圆唇路线演变的结果。* ɑ>o>ɔ>u 高化的过程中，很难同时保持一定开口度、圆唇度，还要求舌位靠后，因此很容易滋生另外一个元音出来。另一方面效摄字原本有一个 u 韵尾，也容易弱化甚至脱落。两方面的元音都会导致果开一与效摄无限接近以致合流。

　　山西晋语果开一与效摄合流主要是 p、k、ŋ 声母字，还应该与双唇音、舌根音发音特点有关。双唇音本身就有圆唇特点，在与沿着圆唇路线高化进程中的果开一韵拼合中进一步强化其圆唇特点，从而使果开一韵逐渐从果摄大家庭中游离出来，并与效摄逐渐接近，最后合流。舌根音 k 组声母发音靠后，果开一韵发音也靠后，二者相拼会使元音"后"的特征更加突出，也会使果开一韵逐渐从果摄大家庭中游离出来，并与效摄逐渐接近，最后合流。

　　总之，山西晋语果摄读音类型非常丰富、非常复杂，既有前高化，也有前化，其中高化是造成其复杂性的主要原因，高化的过程中伴随着前化、裂变等因素，使其在共时平面上读音纷繁复杂。究其根本原因，后低元音在音系结构中有过高的标记性，致使其不断高化（同时前化）降低标记性，从而使音系更加和谐。在这一过程中，裂变、音系系统的影响掺杂进来，从而造成果摄一等复杂的读音类型。

参考文献

高本汉：《中国音韵学研究》，商务印书馆 2003 年版。

江荻：《汉藏语言演化的历史音变模型》，民族出版社 2002 年版。

李建校：《陕北晋语果摄字的读音》，《语言科学》2008 年第 2 期。

刘泽民：《吴语果摄与遇摄主体层次分析》，《语言科学》2014 年第 3 期。

林涛、耿振生：《音韵学概要》，商务印书馆 2004 年版。

潘悟云：《汉语元音的音变规则》，《语言研究集刊》2013 年第 10 期。

彭建国：《湘语果摄字的历史层次》，《安徽教育学院学报》2005 年第 5 期。

沈明：《晋语果摄字今读鼻音韵的成因》，《方言》2011 年第 4 期。

王洪君：《汉语非线性音系学》，北京大学出版社 1999 年版。

王力：《汉语史稿》，中华书局 1980 年版。

朱晓农：《汉语元音的高顶出位》，《中国语文》2004 年第 5 期。

朱晓农：《元音大转移和元音高化链移》，《民族语文》2005 年第 1 期。

郑伟：《吴语太湖片果摄的演化模式与历史层次》，《语言科学》2009 年第 4 期。

郑伟：《当涂吴语韵母元音的高化及后续演变》，《方言》2016 年第 3 期。

（李建校　曲阜　曲阜师范大学文学院　1092285558@ qq. com；

曹梦　晋中　晋中学院　1141262680@ qq. com）

附录：发音人简介（括号内为调查点）

太原市： 张宏（老城），男，1971 年生。苗培生（上兰），男，1951 年生。张协和（呼延），男，1941 年生。高丽萍（上南），女，1974 年生。李昇（后沟），男，1956 年生。王锦明（建华），男，1951 年生。孟玉宝（南寒），1946 年生。张润生（阳曲镇），男，1952 年生。

小店： 武飞燕（刘家堡），女，1981 年生。董玉仙（北格），女，1948 年生。左振清（西温庄），男，1956 年生。张林彩（郑村），女，1954 年生。

清徐： 李昌富（徐沟），男，1946 生。李世进（东罗），男，1943 年生。刘正虎（清源），男，1950 年生。赵改萍（西堡），女，1959 年生。岳守红（北社），女，1968 年生。

古交：郝建强（马兰），男，1981 年生。刘涛（邢家社），男，1983 年生。冀彩霞（原相），女，1980 年生。张明旺（河口），男，1953 年生。闫旭军（阁上），男，1975 年生。

阳曲：杨海珍（东黄水），女，1969 年生。靳建华（高村），男，1971 年生。王艳娇（凌井店），女，1994 年生。贾荣光（杨兴），男，1944 年生。崔树光（泥屯），男，1969 年生。武金花（西凌井），女，1970 年生。

榆次：闫雨（乌金山），男，1941 年生。彭成元（西长寿），男，1938 年生。郑月仙（长凝），女，1964 年生。郭仁（东阳），男，1942 年生。李守娥（西胡乔），女，1958 年生。魏萍（什贴），女，1995 年生。

太谷：王茜（庞庄），女，1993 年生。杨胜利（小常），男，1953 年生。杜国强（白城），男，1985 年生。侯忠贤（范村），男，1953 年生。

祁县：范相平（昭馀），男，1966 年生。庞传慧（东观），女，1978 年生。孙宗科（城赵），男 1957 年生。王建生（张家堡），男，1960 年生。许建刚（来远），男，1982 年生。

平遥：王建亚（古陶），女，1963 年生。王茂林（东泉），男，1979 年生。郝崇英（襄垣），女，1975 年生。侯自英（魏家庄），男，1954 年生。张黎辉（康家庄），男，1980 年生。任艳红（香乐），女，1977 年生。

介休：王静（常乐），女，1995 年生。续芸芸（义棠），女，1995 年生。陆珍（连福），女，1994 年生。孟庆蕊（桑柳树），女，1984 年生。侯林宏（秦树），男，1972 年生。王金鹏（张兰），男，1979 年生。

交城：武敏（西营镇），女，1970 年生。贾佳敏（贾家寨），女，1985 年生。范立宁（大辛），男，1970 年生。孟来福（大营），女，1968 年生。徐娜（段村），女，1985 年生。王银换（庞泉沟），女，1956 年生。褚其宝（天宁），男，1949 年生。

文水：李雯婧（凤城），女，1986 年生。武廷宝（开栅），男，1932 年生。王庆霞（西槽头），女，1968 年生。白志峰（洪义），男，1952 年生。赵秋仙（云周），女，1962 年生。赵长贵（徐家镇），男，1954 年生。李富（西马），男，1952年。

汾阳：武珍珊（城关），女，1992年生。武铭文（冀村），男，1944年生。崔庆明（演武），男，1966年生。闫文杰（石庄），男，1978年生。

孝义：吕丽红（东盘粮），女，1992年生。任秀芝（宋家庄），1995年生。俱红琴（李家庄），女，1967年生。王秋英（司马），女，1969年8月生。李奇峰（南阳），男，1972年生。马玉枝（西张庄），女，1954年生。

灵石：宋金全（静升），男，1949年生。刘计亮（梁家墕），男，1962年生。刘晶（翠峰），女，1992年生。任晓叶（王禹），女，1993年生。马百山（交口），男，1963年生。

寿阳：张果成（朝阳），男，1958年生。郝秀萍（解愁），女，1968年生。郑舒婷（平头），女，1984年生。刘振华（西洛），男，1969年生。王千凤（松塔），男，1964年生。

昔阳：史会林（乐平），男，1964年生。张爱军（沾尚），男，1974年生。杜云（孔氏），男，1937年生。

盂县：李文珍（南娄），女，1993年生。赵娟（上社），女，1993年生。刘素琴（西烟），女1993年生。韩宁（梁家寨），女，1993年生。龚芳园（仙人），女，1993年生。

和顺：卢永章（义兴），男，1963年生。郝云富（喂马），男，1962年生。赵志伟（青城），男，1976年生。王会兵（横岭），男，1977年生。

榆社：马志强（棋城），男，1946年生。程绪生（河峪），男，1970年生。郭糜存（北寨），1958年生。李跃青（岚峪），男，1964年生。陈云生（白壁），男，1963年生。

阳泉：岳迪（李家庄），女，1994年生。冯月娇（荫营），女，1991年生。王天宇（西南舁），男，1995年生。赵雪琴（旧街），女，1995年生。

平定：王爱国（巨城），男，1964年生。程雅春（娘子关），女，1995年生。吴爱军（冶西），男，1980年生。李先福（锁簧），男，1982年生。东文科（七亘），男，1974年生。

左权：程玉明（石匣），男，1962年生。兰海林（寒王），男，1942年生。赵先平（羊角），男，1971年生。乔治中（拐儿），男，1963年生。侯玉平（麻田），男 1956 年生。

武乡：徐思奇（丰州），男，1995 年生。魏建宏（上司），1967 年生。贾宝平（故城），男，1963 年生。李志平（墨镫），男，1959 年生。郭有文（分水岭），男，1966 年生。

沁县：李洁琼（定昌），女，1993 年生。武治国（松村），男，1947 年生。张玉（新店），女，1994 年生。闫跃青（西汤），男，1966 年生。

沁源：郭利先（李元），男，1963 年生。药永庆（郭道），男，1942 年生。郭水和（官滩），男 1942 年生。张克峰（王和），男，1956 年生。

襄垣：孟会平（古韩镇），男，1972 年生。胡丽丽（侯堡），女，1950 年生。叶慧智（西营），女，1997 年生。王栗岗（虒亭），男，1986 年生。

黎城：王松奇（黎侯），男，1945 年生。路文坛（程家山），女，1995 年生。宋洁宁（东阳关），女，1997 年生。李艳（黄崖洞），女，1986 年生。郭昕（平头），男，1978 年生。

潞城：原慧慧（店上），女，1982 年生。景小丽（成家川），女，1984 年生。李清文（羌城），男，1947 年生。石慧娟（石梁），女，1996 年生。舒文斌（黄牛蹄），男，1962 年生。

平顺：刘烨（青羊），男，1989 年生。耿音国（阳高），男，1970 年生。郭忠红（西沟），男，1970 年生。崔嵘（北社），女，1984 年生。原供平（虹梯关），女，1958 年生。

壶关：李燕（龙泉），女，1983 年生。韩丹丹（黄山），女，1994 年生。孟贵平（百尺），男，1971 年生。郭雷刚（东井岭），男，1976 年生。郭松生（树掌），男，1962 年生。侯常青（鹅屋），男，1954 年生。

长治市：罗京（老顶山），男，1993 年生。王卫清（南津良），男，1968 年生。卫小珍（黄碾），女，1972 年生。

长治县：刘敏（南和），女，1990 年生。王倩如（郝家庄），女，1992 年生。仝爱丽（仝家岭），女，1981 年生。李俊芳（西池），女，1968 年生。李亚静（荫城），女 1966 年生。

屯留：张秀全（麟降），男，1971 年生。张擎臂（丰宜），女，1980 年生。郝安福（渔泽），男，1949 年生

长子：韩双（大堡头），女，1995 年生。和志军（石哲），男 1979 年生。秦丽婷（慈林），女，1987 年生。连福（岚水），男，1986 年生。关

晓福（西大关），男，1979 年生。

陵川：王银娥（古郊），女，1964 年生。赵鲜红（附城），男，1956 年生。杨柳（礼义），女 1995 年生。刘燕虎（崇文），女，1970 年生。

高平：秦土根（城关），男，1961 年生。刘秋树（三甲），男，1964 年生。申国中（神农），男，1965 年生。任元印（河西），男，1949 年生。赵永胜（陈区）、男，1969 年生。马杰（马村），男，1993 年生。

泽州：原朋云（高都），男，1981 年生。张瑶（巴公），女，1993 年生。时千红（衙道），女，1969 年生。郭彩慧（周村），女，1977 年生。任淑仙（鲁村），女，1972 年生。

阳城：孙晓楠（西河），女，1993 年生。刘亚楠（润城镇），女，1994 年生。张红霞（固隆），女，1967 年生。张小兵（蟒河），男，1969 年生。

沁水：郭曹霞（龙港），女，1977 年生。张珊（郑庄），女，1993 年生。宋伍叶（柿庄），女，1964 年生。刘芸太（端氏），男，1971 年生。郑俏艳（土沃），女，1971 年生。张瑞琴（中村），女，1964 年生。

离石：梁媛（离石区），女，1993 年生。胡杰生（下三交），男，1956 年生。雒守龙（坪头），男，1968 年生。

柳林：梁青元（柳林），男，1962 年生。张翠平（成家庄），男，1964 年生。刘锦荣（留誉），男，1969 年生。李德虎（孟门），男，1974 年生。李宁一（三交），男，1957 年生。杜建祥（李家湾），男，1970 年生。

中阳：许文艳（宁乡），女，1992 年生。张倩倩（武家庄），女，1993 年。高金翠（刘家坪），女，1948 年生。白照林（暖泉），男，1988 年生。任淑云（金锣），男，1987 年生。

石楼：刘岩（灵泉），女，1993 年生。辛爱珍（龙交），女，1966 年生。刘凤连（曹家垣），女 1981 年生。呼志文（义牒），男，1956 年生。

交口：梁国珍（康城），女，1990 年生。张敏（桃红坡），女、1990 年生。张宏期（双池），男，1975 年生。王兆祥（水头），男，1944 年生。郭兴旺（温泉），男，1968 年生。

永和：刘东林（坡头），男，1964 年生。白汝舟（南庄），男，1945 年生。李永权（鹿角），男，1969 年生。冯万喜（阁底），男，1948 年生。

隰县：张丽丽（龙泉），女，1979 年生。苏小琴（黄土），女，1980 年生。荀小娟（午城），女，1982 年生。

汾西：孙红红（永安），女，1991 年生。王百灵（佃坪），女，1993 年生。赵全龙（和平），男，1982 年生。张华芬（团柏），女，1986 年生。

蒲县：徐文丽（黑龙关），女 1994 年生。贺咪咪（克城），女 1995 年生。闫秀英（蒲城），女，1960 年生。张文万（古县），男，1962 年生。曹世祥（山中），男，1936 年生。

大宁：刘娴（昕水），女，1963 年生。燕永奎（太古），男，1942 年生。

临县：李慧珍（临泉），女，1994 年生。卫勤（车赶王），男，1972 年生。陈丽荣（碛口），女 1970 年生。田志平（第八堡），男，1971 年生。

方山：刘瑞瑞（圪洞），女，1992 年生。梁凤（峪口），女，1995 年生。李兰花（神堂沟），女，1982 年生。赵艳峰（张家塔），女，1990 年生。白志鹏（大武），男，1991 年生。

娄烦：曹海则（城关），男，1936 年生。张贵桃（静游），男，1950 年生。尤永清（天池），男，1959 年生。傅晶晶（顺道），女，1988 年生。

静乐：刘瑛（段家寨），女，1967 年生。任巧珍（龙家庄），女，1980 年生。段铸（娑婆），男，1966 年生。杜好贤（杜家村），女，1968 年生。

岚县：王玉成（东村），男，1963 年生。王兰贵（河口），男，1949 年生。胡连旺（界河口），男，1965 年生。

兴县：窦婷（蔚汾），女，1993 年生。任二军（瓦塘），男，1990 年生。白云丽（东会），女，1988 年生。王霞（罗峪口），女，1985 年生。

岢岚：王慧（岚漪），女，1981 年生。吕晋才（甘沟），男，1981 年生。张六则（张家沟），男，1971 年生。王丽华（闫家坪），女，1975 年生。党希兵（温泉），男，1957 年生。

五寨：李恒（砚城），男，1956 年生。管振财（韩家楼），男，1953 年生。李茂生（三岔镇），男，1946 年生。乔招弟（鸡房村），女，1967 年生。马改莲（黄土坡），女，1955 年生。

　　宁武：曹俊霞（凤凰），女，1991 年生。白来厚（薛家洼），男，1952 年生。曹宝琛（东马坊），男，1955 年生。温大换（涔山），男，1956 年生。王还保（西马坊），男，1948 年生。

　　神池：麻俊儒（龙泉镇），男，1949 年生。崔耀（长畛），男，1941 年生。邓存富（烈堡），男，1948 年生。高安国（贺职），男，1977 年生。

　　保德：乔信娥（腰庄乡），女，1963 年生。刘凤清（义门镇），男，1962 年生。张云飞（南河沟），男，1974 年生。吕格虫（西梁），女，1949 年生。

　　河曲：吕琴（巡镇），男，1978 年生。李剑锋（旧县），男，1977 年生。王强（土沟），男，1972 年生。朱瑞东（沙泉），男，1974 年生。

　　偏关：黄新录（新关），男，1950 年生。李兴国（老营），男，1972 年生。樊锐（张家庄），男，1957 年生。王守亮（大石窊），男，1977 年生。

　　忻州：杨鲜花（董村），女，1964 年生。班有全（高城），男，1958 年生。彭福平（庄磨），男，1960 年生。宿耀荣（上寺），男，1960 年生。

　　定襄：张萍（晋昌），女，1991 年生。李焕云（宏道），女，1959 年生。曲鹏飞（河边），男，1970 年生。郭生宏（智村），男，1946 年生。

　　原平：丁华东（沿沟），男，1941 年生。宋二毛（王家庄），男，1970 年生。杨晓刚（轩岗），男，1982 年生。康兰英（大牛店），女，1951 年生。李会娟（阎庄），女，1979 年生。温贵平（东社），男，1953 年生。

　　五台：罗倩楠（台城），女，1994 年生。朱美艳（东冶），女，1993 年生。王斌（石咀），男，1971 年生。张炜（台怀），男，1978 年生。

　　代县：郑美兰（新高），女，1963 年生。柴世平（聂营），男，1965 年生。尹卫俊（胡峪），男，1966 年生。侯翠英（滩上），男，1975 年生。

　　繁峙：康所平（繁城），男，1962 年生。田野（大营），男，1964 年生。闫勋（茶铺），男，1965 年生。高文国（神堂堡），男，1967 年生。

　　灵丘：米文慧（武灵），女，1994 年生。邓亚男（下关），女，1993 年生。李子悦（赵北），女，1995 年生。杨青青（石家田），女，1993

年生。

广灵：仝红霞（加斗），女，1992 年生。邢伟（南村），男，1992 年生。王秀琴（望狐），女，1962 年生。

浑源：徐仁贵（永安），男，1964 年生。关岱（王庄堡），男，1953 年生。

应县：严惠涛（金城），男，1973 年生。杨福兴（臧寨），男，1966 年生。霍德玉（大临河），男，1946 年生。杨生茂（南泉），男，1958 年生。

山阴：王志英（安荣），男，1992 年生。董日旺（后所），男，1973 年生。郭建芳（马营），女，1970 年生。

怀仁：崔忠（金沙滩），男，1968 年生。安教（云中），男，1954 年生。王守明（毛家皂），男，1950 年生。

大同市：张瑞晋（城区），女，1994 年生。张银魁（新荣），男，1943 年生。

大同县：左忠军（杜庄），男，1970 年生。宋日国（许堡），男，1952 年生。贺位昌（峰峪），男，1956 年生。

阳高：康春辉（龙泉），女，1984 年生。李波（古城），男，1980 年生。吴山花（鳌石），女，1975 年生。

天镇：陈淑君（玉泉），女，1985 年生。宋玉（新平），男，1944 年生。吕俊（南高崖），女，1979 年生。李英玉（三十铺），女，1945 年生。

左云：王丽清（侯家窑），女，1973 年生。王强（白烟墩），男，1972 年生。尹志宏（下山井），男，1985 年生。

右玉：吕二明（新城），男，1957 年生。马有瑞（正柳沟），男，1955 年生。李春根（杀虎口），男，1964 年生。

平鲁：贾秀秀（西水界），女，1992 年生。程瑞花（井坪），女，1992 年生。

朔城区：朱美婧（下团堡），女 1993 年生。王秀芳（利民），女，1993 年生。霍敏（王圐圙），女，1991 年生。

湘语冷水江方言处所动词［xɛ¹¹］的考证[*]
——江西移民方言的影响之一

李姣雷

提 要： 粤语、客家话、徽语、吴语等方言中存在判断动词兼表处所义的现象。根据我们掌握的材料，目前没有发现湘语中记录有判断动词表处所义的现象。本文研究发现：湘语冷水江方言中的处所义动词本字是"系"，并认为该现象由江西移民带来。此外，在乡话中，"是"有兼表判断和处所两种意义的现象。判断动词表处所是南方方言中一种较普遍的现象。

关键词： 冷水江方言；处所动词；江西移民

一 引 言

冷水江方言属于娄邵片湘语。冷水江市位于湖南省中部，资水中游，雪峰山东麓，东抵涟源市，南邻新邵县，西接新化县。本文研究的是冷水江铎山镇①方言中的现象。本文使用的冷水江方言材料和江西安福方言材料都来源于笔者的调查②。

---

* 本文为天津社科基金项目"汉语跨方言韵律格局比较研究"（TJZWQN19-002）的阶段性成果。

① 铎山镇位于冷水江东部，与涟源市接壤。

② 冷水江方言的发音人情况：李杜丁，男，生于1943年，铎山镇咸宜村人，只会说本地话；谢福英，女，生于1941年，冷水江铎山镇咸宜村人，只会说本地话。安福赣语的发音人情况：曾芳寿，男，生于1944年，洲湖镇石付村人，只会说本地话；王叶顺，男，生于1948年，洲湖镇石付村人，会说本地话和普通话。

冷水江方言中的处所义动词读［xɛ¹¹]①，相关用法如下。

1. 用作动词，表处所，相当于普通话的"在"，如：

（1）妈妈□［xɛ¹¹］屋里。
（2）衣衫□［xɛ¹¹］箱子里。

2. 虚化为介词，相当于普通话中的介词"在"，如：

（3）姐姐□［xɛ¹¹］屋里睡觉。
（4）学生□［xɛ¹¹］教室里上课。

3. □［xɛ¹¹］可以与近指代词或远指代词组合表动作行为正在进行，如：

（5）你□［xɛ¹¹］那儿做么个你在干嘛?
（6）我□［xɛ¹¹］这儿吃饭我在吃饭。
（7）渠□［xɛ¹¹］那儿睡觉他在睡觉。

在冷水江方言中，动作行为正在进行只能通过□［xɛ¹¹］与近指代词或远指代词组合表示，□［xɛ¹¹］不能单独表示动作行为正在进行，如不能说"我□［xɛ¹¹］吃饭"。

根据我们的了解，湘语中除了冷水江方言的处所义动词读［xɛ¹¹］外，邻近的涟源六亩塘方言的处所义动词为［hæ²¹］，该音与冷水江方言的［xɛ¹¹］属于同一来源。根据伍巍、李立林（2009）记录的涟源六亩塘方言，□［hæ²¹］可以用作动词，也可以与近指代词和远指代词组合表进行。伍巍、李立林用同音字"害"记录。冷水江、涟源六亩塘等方言中的处所义动词本字是什么呢？汉语方言中表处所义的动词主要用"在"，

---

　　① 孙文访（2015）将"那本书在桌子上"称为处所句，句中的"在"称为处所动词，此外，孙文访把"是"或"系"称为判断动词，本文采用孙文访的称法。

但不少南方方言的处所义动词①为"是"或"系"，如平田昌司（1999）认为徽语中表存在的词为"是"。刘丹青（2002）提出："系词在许多语言和方言中兼存在动词。英语中的 be 就兼存在动词，如莎士比亚名句 to be or not to be。除了部分吴语外，部分徽语也用'是'表示'在'，有些方言则用系词的变调形式表'在'，如粤语和客家话的'喺'是系词'系'的变调。"马贝加、蔡嵘（2006）认为温州话中表存在义的动词为"是"。冷水江方言中的处所义动词□［xɛ¹¹］本字有没有可能是"是"或"系"呢？或者是"在"？还是其他来源？下面一一分析。

二　冷水江方言中处所义动词［xɛ¹¹］的本字考证

大部分湘方言的处所义动词是"在"，如长沙方言、新化方言、冷水江市区方言、娄底方言等。"在"是蟹摄咍韵从母上声字，在冷水江方言中读［sɛ¹¹］，主要用法如下。

1. 单说时，表"在世"义，如：

（8）尔个老人家还在冇在<small>那位老人家还在世吗？</small>

（9）尔个老人家早就冇在了，死过很多年了<small>那位老人家早就不在了，死了很多年了。</small>

2. 与"处"构成"在处"一词，表"到处"义，如：

（10）在处是人<small>到处都是人。</small>

（11）把滴饭搞到在处是叽<small>把饭弄的到处都是。</small>

读［sɛ¹¹］的"在"在冷水江方言中使用频率并不高。表处所义的□［xɛ¹¹］会不会是"在"用作处所义时语音弱化形成的另一读音呢？辅音的弱化通常表现为发音阻碍的减少，常见的有清音变浊音，塞擦音变塞音或擦音，塞音、擦音变边音或近音。冷水江方言中的古浊塞音塞擦音，

---

① 一般也称作"存在义"。本文在引用一些学者的观点时，遵照原文，采用"存在义"的说法。

除了定母外，都发生了擦化演变①，变为同部位的擦音，从母擦化后一律变为 [sɛ¹¹] 的"在"声母已经发生了弱化演变，由塞擦音变成了擦音。[s] 声母继续发生弱化演变的话，变为 [x] 的可能性很小。据此，我们认为冷水江方言的处所义动词□[xɛ¹¹] 本字不是"在"。

　　冷水江方言的处所义动词本字是不是"是"呢？"是"是支韵开口禅母上声字，在冷水江方言中读 [sɿ¹¹]，表判断。当然，方言中一词多音现象很常见，[xɛ¹¹] 也有可能是"是"的另一读音。确实 [xɛ¹¹] 的韵母和声调是符合"是"的地位的。冷水江方言中止摄开口三等存在读 [ɛ] / [iA]（[iA] 与 [ɛ] 属于不同的演变阶段，[ɛ] 由 [iA] 变来）的现象，如支韵：糜腐烂 [mɛ³³]、酾斟酒 [siA²¹]。虽然冷水江方言中禅母有读 [x] 声母的现象，如山摄开口三等仙韵的禅母字"善"读 [xĩ²⁴]，但冷水江方言中章组字读同见晓组的现象只见于假摄、咸摄、山摄和臻摄，其他韵摄的章组字没有读舌根音的现象。因此，冷水江方言中的处所义动词□[xɛ¹¹] 本字不可能是"是"。

　　前文提到粤语、客家话等方言中的处所义动词为"系"，冷水江方言的处所动词□[xɛ¹¹] 也来源于"系"？"系"是蟹摄开口四等齐韵匣母去声字。先看声母，读 [x] 是符合匣母的音韵地位的，冷水江方言中匣母有读 [x] 的现象，如：鞋 [xA¹³]、厚 [xe¹¹]、咸 [xÃ¹³]、狭 [xA⁴⁵]。[xɛ¹¹] 的声调是个阳上调，但"系"是全浊去字，声调上似乎不符，但冷水江方言中全浊去有读阳上的现象，如"豆崽豆子"中的"豆"读阳上调，"袋公袋子"中的"袋"也读阳上调，"害"有异读阳上的现象。根据李姣雷（2018），冷水江方言中常用的全浊去字普遍存在异读阳上或只有阳上调一读的现象，并认为该现象来源于涟源蓝田方言的影响。因此，全浊去字读阳上调也是符合其地位的。再看韵母。冷水江方言中齐韵字主要读 [i]，但也有读 [ɛ] 的现象，如：提 [dɛ¹³]、底□ [lɛ²¹] ~：里面 [tɛ²¹⁻⁴⁵]。"提"在很多南方地区的方言里读音是比较特殊的，因此，"提"的读音只能作为参考。冷水江方言中的"底"只有在表"里面"义的方位名词中读 [ɛ] 韵母，其他情况下都读 [i] 韵母。与周边方言比较，可以确定"里面"义词中的第二个音节 [tɛ²¹⁻⁴⁵] 本字是"底"。

---

① 并母字只有部分变为擦音，并定母以外的其他古全浊声母一律读为擦音。

表"里面"义的方位名词，在罗昕如（1998：199）记录的新化方言读作［lɤ³³ti²¹⁻⁴⁵］，陈晖（1999：202）记录的涟源方言读作［lɛ¹¹ti⁴²］。不管在新化方言还是涟源方言中，表"里面"义的方位名词中的第二个音节与单字音"底"同音。据此，可以确定冷水江方言齐韵有读［ɛ］的现象，□［xɛ¹¹］是符合"系"的音韵地位的，本字就是"系"。

三　冷水江方言中处所义动词"系"的来源

湘语中大部分方言的处所动词用"在"，冷水江（限于东边的乡镇）、涟源（六亩塘、毛塘等乡镇）方言的处所义动词用"系"是比较特殊的。前文提到粤语、客家话都是判断动词"系"兼表处所义，而其他方言很少使用"系"表处所和判断。在语音上与客家话非常接近的赣语，据我们所掌握的文献，没有报道用"系"兼表判断和处所的，但有个别方言有用"系"的痕迹。李含茹（2010）指出萍乡城关方言中有用"系"的现象，但只用于三身代词中。萍乡方言三身代词分别读作［hẽ¹¹］、［hõ¹¹］、［hã¹³］，李含茹认为这是"我、尔、佢"与"系"合音的结果。除了萍乡方言，吉安安福赣语也有类似的现象。安福赣语中的第一人称和第二人称代词分别为［hɜ̃⁴⁵］和［hẽ⁴⁵］，我们认为安福方言中的这两个人称代词也是"系我"和"系你"的合音结果。汉语方言中人称代词的单数形式来源于判断动词与三身人称代词的合音并不是一种罕见的现象。根据陈忠敏、潘悟云（1999：20—22）的研究，一些吴方言的三身代词单数形式就是系词"是"与"我、汝、渠"的合音。下面具体分析安福赣语中两个人称代词的合音过程。

先看韵母。第一人称代词的韵母是一个鼻化韵母，如果第一人称代词是"系我"的合音，韵母为什么读同阳声韵呢？这是因为安福方言中疑母字读鼻音声母［ŋ］，来源于疑母的"我"受声母影响，韵母增加了鼻化，这是一种很常见的现象。但安福方言中果摄开口一等今读［o］，并不读［ɔ］，也就是理论上"我"受鼻音声母的影响增加鼻化应该变为［õ］，而不是［ɜ̃］。对于"我"的主要元音与其他果摄一等字不同，有两种可能的原因：一是不管是"我"还是其他果摄一等字元音本都读［ɔ］，只是在后来的发展变化过程中，其他的果摄一等字韵母变成了［o］，而"我"由于和"系"发生了合音，与果摄一等的主体层演变不同步，未与其他果摄一等字一起变为 [o]，主元音仍读 [ɔ]。另外一种可能是，"我"的韵母受声母影响增加鼻化时，其元音与其他果摄一等字一样都为 [o]，增加鼻化后变为 [õ]。但安福方言韵母系统中没有 [õ] 韵母，只有 [ɜ] 韵母，受音系调整，"我"的韵母变为 [ɜ]。我们认为第二种可能性比较大，在冷水江方言中可以找到类似的例子。冷水江方言中"妈"有两读，分别是 [mɔ³³] 和 [mõ³³]。"妈"韵母带鼻化的异读来源于鼻音声母的顺同化影响，但由于冷水江方言韵母系统中没有 [ɜ] 韵母，只有 [õ] 韵母，[ɔ] 受声母影响增加鼻化后，受冷水江方言语音系统内部的调整，变为 [õ]。

　　再来看第二人称代词的韵母。第二人称代词的韵母为 [ẽi]。我们认为第二人称代词的韵母本读 [ei]，受声母影响增加鼻化，变为 [ẽi]。安福方言的泥母在细音前读 [ȵ]，在洪音前读 [ŋ]，如：奶 [ŋaæ²¹]、泥 [ŋei³¹³]、南 [ŋaæ³¹³]、碾 [ȵiæ²¹]。上文提到，安福方言中的第二人称代词是"系你"的合音，"你"是止摄开口之韵字，安福方言中止摄开口之韵今主要读 i/ɿ/ʅ，但有一个"崽"字读 [tsei²¹]。李如龙（2005）认为湘、赣、粤语中的"崽"本字就是"子"。也就是安福赣语之韵字有读 [ei] 的现象。因此，"你"读 [ei] 韵母是符合其音韵地位的。安福赣语之韵读 [ei] 的现象保留甚少，"你"的韵母 [ei] 也是因为其与"系"发生了合音才得以保留。周边赣语的"你"都读 [i] 韵母了。但在有些赣语中还保留较多。根据万波（2010）的研究，建宁赣语中之韵白读主要读 [ei] 韵母，如：崽、事、字、起，等等。

　　最后来看这两个人称代词声母的情况。"系"属于匣母，安福方言中匣母有读 [h] 的现象，如：学 [ho²¹⁴]、厚 [həɯ²¹⁴]。读 [h] 声母的"系"分别与"我"和"你"合音时，取"系"的声母，取"我"和"你"的韵母合成。至于 [hɜ⁴⁵] 和 [hẽi⁴⁵] 的声调（安福方言中的 45 调是一个阴平调）既不与"系"同，也不与"我"和"你"同，这也是常见的。方言中人称代词声调的变化受多种因素影响，出现不符合其音韵地位的情况也是常有的。如浏阳方言的"我"和"你"分别读 [ŋo¹¹] 和 [n̩¹¹]，11 调是浏阳方言中的去声调，与"我、你"的声调也不同。（夏剑钦，1998）

　　综上，我们认为安福赣语里也曾有过用"系"的历史，目前只保留在人称代词的合音形式中。前文提到萍乡方言中三身代词中也保留有用

"系"的痕迹，李含茹（2010）认为萍乡方言中的"系"借自客家话，其方言本来的判断动词为"是"，借入的"系"用来与萍乡方言本身的三身代词形成新的语音形式"巷、恨、限"。我们认为该解释不合理。为什么萍乡方言不直接采用本方言的判断动词"是"与三身代词合音，却要从客家话中借入"系"与三身代词合音。三身代词强调式（由判断动词与三身代词组合构成）形成的基础是，判断动词与三身代词经常一起出现，最后形成合音。也就是萍乡方言中"系"与三身代词合音建立在萍乡方言的判断动词是"系"的基础上，才有可能发生。我们不否认萍乡方言的"系"可能借自客家话，但借入的"系"应该不只用于三身代词的合音中。现在萍乡方言的判断动词用"是"，不用"系"，应该是后来受其他方言的影响，"系"被"是"代替了，而融入合音形式中的"系"被保留下来。安福赣语中的"系"是否借自客家话，如果借自客家话，借入了"系"的哪些功能，从现有材料来看，不好考证。

我们认为冷水江方言中的处所动词"系"是由江西移民带入。湖南历史上接收了大量的江西移民。谭其骧（1987：350）《湖南人由来考》提到：五代以前，湖南人多来自北方，五代以后，湖南人多来自东方。南宋以前，移民之祖籍单纯，几尽是江西人。根据吴松弟（1997：223）的研究，新化县（历史上冷水江隶属于新化）宋代迁入的27族全部来自江西。周振鹤、游汝杰（1987：270）指出，"五代以后江西北部中部开发程度已经很高，遂转而向湖南输出移民。两宋时期江西移民已形成浪潮，赣语影响已深入湖南腹地，至明代移民浪潮大盛，赣语片于是最后形成。"冷水江方言是笔者的母语，根据本族的族谱记载，笔者的祖先在南宋时从吉州（现吉安）迁往湖南宁乡，后又辗转迁至冷水江。南宋时赣语与客家话还未分化。王福堂（2005：76）提到，客赣方言在稍晚于宋代还保持着密切的关系，实际上仍属于同一方言。当然现在吉安赣语是不是继承于南宋时期吉州的方言不得而知。吉安除了有赣语分布外，还有客家话分布。刘纶鑫（2001：38）提到，吉安地区的吉安、遂川、泰和、井冈山、永丰、万安、永新、宁冈有客家话分布。因此，我们不好判断冷水江方言中的"系"是来源于赣语还是客家话。来源于客家话比较容易理解，毕竟现在的客家话普遍使用"系"，而现在的赣语没有单独使用"系"的现象，只零星发现有使用"系"的痕迹。但湘南土话、桂北土话中的相关现象给我们提供了思路。李含茹（2010）提到临武、嘉禾等湘南土话和桂北"资全灌"土话的三身代词与萍乡方言类似，可能来源于"系"与三身代词词干的合音，但这些地区的人口除了土著外，主要来源于宋代、明初的江西及其他省份的移民。由于这些地区没有接收客家移民，李含茹怀疑湘南土话、桂北土话中以［x］开头的三身代词可能不是由"系"与三身代词词干合音形成。我们认为冷水江方言与湘南土话、桂北土话可以互证。这三地都接收了江西移民，都有使用"系"的痕迹。

另一个问题是，如果冷水江方言的处所动词是由江西移民带入的，而客家话的"系"兼表判断和处所，安福赣语中的"系"表判断，而冷水江方言的"系"仅用作处所动词，冷水江方言中的判断动词用"是"，这作何解释呢？我们认为有两种可能，一种是冷水江方言借入"系"时，既可以表判断，也可以表处所，只是在后来的发展演变中，表判断的用法被"是"取代；另一种可能是当时借入时就只借入了表处所义的用法。

四 余 论

上文论证了冷水江方言中的处所义动词□［xɛ¹¹］本字是"系"，由江西移民带入。其实湖南境内除了冷水江、涟源等湘语的处所义动词来源于判断动词外，分布在湖南西部的乡话，判断动词也兼用作处所动词。如伍云姬、沈瑞清（2010：64、73、83）调查的古丈乡话：

(12) 这是［tsʰɤ³³］我的室，那是［tsʰɤ³³］我哥哥的室这是我的房间，那是我哥哥的房间。

(13) 尾头就在［tsʰɤ³³］室头做下半年工后来就在家里做了半年工。

(14) 笔在［tsʰɤ³³］台脚头笔在桌下。

乡话中的处所义动词和判断动词同音，如清水坪乡话都读［tsʰɤ³⁵］，一般研究乡话的学者把这种现象看成是同音词，如伍云姬、沈瑞清（2010：107、115）、杨蔚（2010：208、116）。我们认为这是同一个词的两个义项或两个来源上有关系的词，且这个词本字是"是"，而不是"在"。首先，判断动词有发展出表处所义的现象。孙文访（2015）以70种语言材料来考察不同语言在表达判断、存在、领有和处所4个概念的共性与类型时，发现判断动词除了表示判断外，还可以表存在、领有和处所

等意义。使用判断动词表达这四个概念的蕴涵序列是：判断>处所>存
在>领有，即：如果一种语言的"是"动词表示领有，那么它也表示判
断、处所和存在；如果一种语言的"是"动词表示存在，那么它也表示
判断和处所；如果一种语言的"是"动词表示处所，那么它也表示判断。
我们认为这也是判断动词意义的演化序列。也就是说判断动词发展出处所
义是一种较常见的现象。其次，从语音上看，该词只能是"是"，而不是
"在"。清水坪乡话哈韵开口和支韵开口都有读［ɤ］韵母的现象，确实不
好判断该词到底是来源于哈韵还是支韵，但扩大考察范围可以发现该词只
能是来源于支韵。如根据杨蔚（2010：116）的调查，八什坪和白沙乡话
的处所义动词和判断动词都读［tɕʰi］，而八什坪和白沙乡话中哈韵没有
读［i］的现象，但支韵有读［i］的现象，如：纸［tɕi］、刺［tɕʰi］等。
据此，可以确定该词只能是"是"。也就是在乡话中"是"兼有处所和判
断两种意义，而不是处所动词"在"与判断动词"是"在语音发展过程
中变得同音了。

　　本文证明了湖南境内的湘语和乡话都存在判断动词表处所义的现象，
与其他粤语、客家话、吴语、徽语等南方方言一致。判断动词表处所义是
南方方言中一种较普遍的现象。

参考文献

陈晖：《涟源方言研究》，湖南教育出版社 1999 年版。

陈忠敏、潘悟云：《论吴语的人称代词》，李如龙、张双庆主编：《代
词》，暨南大学出版社 1999 年版。

李含茹：《萍乡方言的三身代词》，《语言研究集刊》2010 年第 7 辑。

李姣雷：《湘语冷水江（铎山）方言声调的层次》，《语言研究集刊》
2018 年第 22 辑。

李如龙：《闽语的"团"及其语法化》，《南开语言学刊》2005 年第
1 期。

刘丹青：《语序类型学与介词理论》，商务印书馆 2002 年版。

刘纶鑫：《江西客家方言概况》，江西人民出版社 2001 年版。

罗昕如：《新化方言研究》，湖南教育出版社 1998 年版。

马贝加、蔡嵘：《温州方言存在动词"是"的来源》，《方言》2006

年第 3 期。

　　平田昌司：《徽州方言"是+处所宾语"的来源》，伍云姬主编：《汉语方言的历时与共时语法研究论文集》，暨南大学出版社 1999 年版。

　　孙文访：《基于"有、是、在"的语言共性与类型》，《中国语文》2015 年第 1 期。

　　谭其骧：《长水集》，人民出版社 1987 年版。

　　万波：《赣语建宁方言支脂之三分现象——兼论〈切韵〉支脂之三韵音值的构拟》，《方言》2010 年第 1 期。

　　王福堂：《汉语方言语音的演变和层次》，语文出版社 2005 年版。

　　吴松弟：《中国移民史》（第四卷），福建人民出版社 1997 年版。

　　伍魏、李立林：《涟源六亩塘方言进行体和持续体的生成发展——"害嗯里"、"到嗯哩"从处所词语到体标记的虚化研究》，《语言研究》2009 年第 1 期。

　　伍云姬、沈瑞清：《湘西古丈瓦乡话调查报告》，上海教育出版社 2010 年版。

　　夏剑钦：《浏阳方言研究》，湖南教育出版社 1998 年版。

　　杨　蔚：《湘西乡话语音研究》，广东人民出版社 2010 年版。

　　赵日新、李姣雷：《湖南沅陵清水坪乡话同音字汇》，《方言》2014 年第 2 期。

　　周振鹤、游汝杰：《方言与中国文化》，上海人民出版社 1986 年版。

　　（李姣雷　天津　天津师范大学文学院　hongsehudeijie@126.com）

湖南泸溪乡话有关"猪"的词汇

邓　婕

提　要：文章描写了湖南泸溪乡话有关"猪"的词汇，包含猪的分类及其称谓、猪的生殖繁衍、猪的饲养、管理、屠宰、猪与民情风俗等。

关键词：湖南泸溪乡话；濒危方言；方言词汇；方言与文化

泸溪县在湖南省西部、湘西自治州的东南方，位于沅江中游，在东经109°40′—110°14′，北纬27°54′—28°29′之间。东邻沅陵、辰溪两县，西连吉首市，北接古丈县，南接麻阳县，西南与凤凰毗连，是湘西州的"南大门"。乡话在先后两版《中国语言地图集》里都列为未分区的非官话汉语方言，泸溪乡话分布在梁家潭、李家田、八什坪等村组，本文记录的是湖南省泸溪县李家田乡话。目前，乡话已经处于濒危状态，乡话所承载的猪文化也成为非常珍贵的方言民俗文化。

一　猪的分类及其称谓

（一）依据性别分类

猪分为雌、雄两性。专门用来配种的公猪叫"猪公［tiɯ⁵⁵ kɛi⁵⁵］"，阉了之后当肥猪养的公猪叫"獥猪［fɑi²¹³ tiɯ⁵⁵］"，1—2 个月的时候阉割的公猪叫"獥猪子［fɑi²¹³ tiɯ⁵⁵ tsa⁵³］"；专门用来养子的母猪叫"猪娘［tiɯ⁵⁵ ȵioŋ²¹³］"，阉了之后当肥猪养的母猪叫"騲猪［tsʰɑu⁵³ tiɯ⁵⁵］"，1—2 个月的时候阉割的母猪叫"騲猪子［tsʰɑu⁵³ tiɯ⁵⁵ tsa⁵³］"。

（二）依据毛色分类

全身毛色为黑色的猪叫"黑猪［kʰei⁴² tiɯ⁵⁵］"，这是湘西最原始的猪，饲养方法传统（主要用草和糠喂养），品种纯正，饲养时间长，周期为一年以上，肉紧、口感较好、吃起来香；全身毛色为白色的猪叫"白猪 [pʰo⁵⁵ tiɯ⁵⁵]"，这是 80 年代以后引进的良种猪，饲养方法主要以饲料为主，饲养时间短，肉嫩，瘦肉多，吃起来香味欠佳；全身毛色黑白相间的猪叫"花猪 [xuɑ⁵⁵ tiɯ⁵⁵]"，也是 80 年代以后引进的杂交猪，为黑猪与白猪杂交之后所生。

（三）依据年齿分类

刚初生的猪叫"猪子 [tiɯ⁵⁵ tsa⁵³]"；出生满一个月的猪叫"满月猪 [moŋ⁵³ ȵy²¹³ tiɯ⁵⁵]"；出生满两个月的猪叫"满双月猪 [moŋ⁵³ soŋ⁵⁵ ȵy²¹³ tiɯ⁵⁵]"，通常满两个月的猪就可以开始交易了；满双月之后或不吃奶之后，离开母猪，单独喂养，却还没有达到宰杀标准的猪叫"架□猪 [ko²⁴ laŋ²¹³ tiɯ⁵⁵]"；120 斤以上，可以杀的猪（专指 1982 年以前，公社规定每家每户轮流交 120 斤以上派购猪给供销社）叫"肥猪 [fi²¹³ tiɯ⁵⁵]"；养了多年的母猪、公猪，分别用来养子和配种的猪叫"老猪 [lau⁵³ tiɯ⁵⁵]"。

（四）依据功用分类

专门用来配种的猪叫"种猪 [tɕiɛi⁵³ tiɯ⁵⁵]"；专门用来养肥之后宰杀的猪叫"肉猪 [ȵiɯ²¹³ tiɯ⁵⁵]"；在山上自由生长的猪叫"野猪 [ʑio⁵³ tiɯ⁵⁵]"（与野生的"野猪"不同）；计划经济年代的任务猪叫"派购猪 [pʰai²¹³ ko²¹³ tiɯ⁵⁵]"。

（五）猪体部位名称

猪的口和鼻孔合起来叫"嗅嘴 [ɕioŋ⁴² tsuei⁵³]"；猪的嘴皮分别叫"上口皮 [dʑẽ⁵³ kʰɑ⁵³ fo²¹³] 上嘴唇"、"下口皮 [o⁵³ kʰɑ⁵³ fo²¹³] 下嘴唇"；猪的鼻子叫"鼻孔 [pi²⁴ kʰua²¹³]"；猪的舌头叫"猪舌子 [tiɯ⁵⁵ dʑi²⁴ ti²¹]"；猪的牙齿分别叫"猪牙齿 [tiɯ⁵⁵ ŋo⁵⁵ tsʰʅ²¹³]""牙门骨 [ŋo⁵⁵ mai⁵⁵ kua⁴²]""撩牙 [liau⁵⁵ ŋo⁵⁵]"；猪的耳朵叫"猪耳朵 [tiɯ⁵⁵ ȵiɛi⁵³ to²¹³]"；猪的喉咙叫"喉□骨 [ɣa²¹³ toŋ²¹³ kʰua⁴²]"；猪的胃叫"猪肚子 [tiɯ⁵⁵ tu⁵³ ti²¹]"；猪的肠子分别叫"□肠头 [ȵiaŋ⁵⁵ ȵioŋ²¹³ ta²¹] 小肠子""大肠头 [lø²⁴ ȵioŋ²¹³ ta²¹³]"；猪的肛门叫"喷门坨 [fai²⁴ mai⁵⁵ to²¹³]";猪的尾巴叫"猪尾巴［tiɯ⁵⁵ mai⁵³ po²¹］";猪的前蹄叫"前脚［tsai²¹³ kɯ²¹］";猪的后蹄叫"尾脚［mai⁵³ kɯ²¹］";猪的脖子叫"猪肢颈［tiɯ⁵⁵ tʂʅ⁵⁵ kẽ²¹³］";猪的背叫"猪背［tiɯ⁵⁵ pei²⁴］";猪的肚子叫"猪肚［tiɯ⁵⁵ tu⁵³］";猪的奶子叫"猪□［tiɯ⁵⁵ maŋ²¹³］";猪的肾叫"猪腰子［tiɯ⁵⁵ iau⁵⁵ tsa²¹］";母猪的生殖器官叫"猪桃子［tiɯ⁵⁵ lau²¹³ ti²¹］";公猪的生殖器官叫"尿□子［liau²⁴ dzu²¹³ ti²¹］";猪的五脏分别叫"猪心［tiɯ⁵⁵ ɕiɛ⁵⁵］""猪肝［tiɯ⁵⁵ koŋ⁵⁵］""猪毛利肝［tiɯ⁵⁵ mau⁵⁵ li²¹ koŋ⁵⁵］猪的胰腺""猪肺［tiɯ⁵⁵ fi²⁴］""猪苦胆［tiɯ⁵⁵ kʰu⁵³ toŋ²¹］"。

（六）猪的生殖繁衍

猪发情叫"发嘈［fo⁴² tsau²¹³］"。旧时，一个公社大队只养一只公猪，母猪发情时，需要请养公猪的人把公猪赶来，这个赶公猪的方式叫"□骟［paŋ⁵⁵ tsʰau⁵³］赶骟";公猪和母猪交配叫"上骟［tʂʰoŋ⁵³ tsʰau⁵³］";母猪怀孕叫"抱腹［pau⁵³ fu²¹³］";一胎叫"一菢［i²⁴ pʰau⁵³］"，一胎大约有十几个小猪;专门用来养子的母猪已经很老了，就会进行阉割养成肥猪宰杀，这个阉割的行为叫"挑花［tʰiau⁵⁵ xuɑ⁵⁵］"。

二　猪的饲养、管理、屠宰

（一）猪的饲养

1. 猪在农村一般是圈养，圈养猪的地方叫"猪栏［tiɯ⁵⁵ loŋ⁵⁵］猪圈"（见图1）。"猪栏"是讲乡话人的房屋建筑中必不可少的一部分，"猪栏"是独立的木房子，与厕所合二为一。"猪栏"的布置有讲究，冬天要垫上干稻草，防止猪受冻，到了春天则要把稻草拿掉。养猪的饲料叫"猪草［tiɯ⁵⁵ tsʰau⁵³］"，"猪草［tiɯ⁵⁵ tsʰau⁵³］"会放在特制的"猪食铛［tiɯ⁵⁵ liɛ²¹³ tsʰaŋ⁵⁵］"中和米汤、糠一起煮，煮好之后就叫"猪食［tiɯ⁵⁵ liɛ²¹³］"，煮好的"猪食"是用自制的"猪食勺［tiɯ⁵⁵ liɛ²¹³ dʑy²⁴］"舀进"猪食桶［tiɯ⁵⁵ liɛ²¹³ tʰɛi⁵⁵］";提到"猪栏"前，倒进"猪食槽［tiɯ⁵⁵ liɛ²¹³ tsau²¹³］"给猪吃。猪和本地人一样一天吃两顿，早上七八点一顿，晚上四五点一顿。"猪食"会根据季节的变化有所调整，讲乡话的人把四季分为"热天［dʑi²⁴ tʰɛi⁵⁵］每年的5—10月"和"冻天［dɛi²⁴ tʰɛi⁵⁵］冷天，每年的11—4月"两季。"热天"的猪食为："马齿苋［mo⁵³ tʂʰʅ²¹ oŋ²⁴］""茗藤［sau²⁴ dzoŋ²⁴］红薯藤""洋芋茎茎［zoŋ²¹³ y²¹ kẽ²¹³ kẽ²¹］土豆梗""青瓜叶子［tsʰẽ⁵⁵ kuɑ⁵⁵ çi⁴² ti²¹］南瓜叶""冬瓜叶子［tɛi⁵⁵ kuɑ⁵⁵ çi⁴² ti²¹］""剩饭［dʑɯ⁴² maŋ⁵⁵］""剩菜［dʑɯ⁴² tsʰei²⁴］""澡碗水［tsau⁵³ oŋ⁵³ tʂu⁵³］洗碗水"和"糠［tsʰẽ⁵⁵］"等；"冻天［dɛi²⁴ tʰɛi⁵⁵］冷天"的猪食为："卜脑牯［pʰei⁵⁵ lau⁵³ ku²¹］萝卜""卜脑牯茎子［pʰei⁵⁵ lau⁵³ ku²¹ kẽ²¹³ tʂʅ²¹］萝卜梗""卜脑牯叶子［pʰei⁵⁵ lau⁵³ ku²¹ çi⁴² ti²¹］萝卜叶""白菜［pʰo⁵⁵ tsʰei²⁴］""老青菜叶［lau⁵³ tsʰẽ⁵⁵ tsʰei²⁴ çi⁴² ti²¹］蔬菜的老叶子"和"糠"等。人们一般会在"冻天［dɛi²⁴ tʰɛi⁵⁵］冷天"的猪食里面放盐，防止猪吃多"卜脑牯萝卜"生"卜脑牯风［pʰei⁵⁵ lau⁵³ ku²¹ fɛi⁵⁵］一种因吃多萝卜而胀气的病"。

图1　猪栏

2. 以前，除了圈养，讲乡话的人还会将猪赶到山里放养，这种饲养方式叫"放敞养［foŋ²⁴ tʂʰaŋ²¹ zoŋ⁵³］"。饲养的第一个月，猪的主人会每天赶着猪去山上吃野草，一个月以后，猪就能认识路，自己去山里吃野草，早上七八点由主人将猪放出去，到下午四五点的时候，猪吃饱后自己又会回来，猪的主人会凭着经验看猪的肚子胀不胀，来决定给不给猪加餐喂食。

（二）猪的交易

1. 满两个月后的猪就可以交易，交易的地点一般在集市上。被交易的小猪叫"猪苗［tiɯ⁵⁵ miau²⁴］""猪子［tiɯ⁵⁵ tsa⁵³］"。有经验的买主选择猪有口诀："腰要长，嘴要团圆，耳朵要尖灵敏，前脚要直，尾脚要莫翘后蹄不能翘，尾巴高头要翘尾巴要翘，底下要甩得起腹部能甩起来。"

2. 交易的称重方式有以下几种：买整个成年的猪叫"买毛屎［ma~⁵³ mau⁵⁵ ʂ̩⁵³］"，将猪的前蹄和后蹄分别用绳子捆好，然后由两人将猪挑着称，100斤的"毛屎［mau⁵⁵ ʂ̩⁵³］"，大概有70斤猪肉；除去猪毛、猪屎、猪血之后称重叫"挑一笼水［tʰiau⁵⁵ i²⁴ lei⁵⁵ tʂu⁵³］"；把猪肚子里的东西去掉，把猪头去掉之后称重叫"称壳子［tʂʰεi⁵⁵ kʰau⁴² ti²¹］"（见图2）。

图2　称壳子

（三）猪的屠宰及习俗

猪是讲乡话的人生活中必不可少的家畜，猪的屠宰被讲乡话的人认为是非常重要而神圣的一件事情。猪也只能在"过节气［ko²⁴ tɕi⁴² tɕʰi²⁴］过节日""红喜事［ɣεi²¹³ ɕi²¹³ tsa²⁴］结婚""白喜事［pʰo⁵⁵ ɕi²¹³ tsa²⁴］丧事""竖室［dza²⁴ tɕi⁴²］建房"等重大日子才能被宰杀。能够宰杀猪的节日是："过正［ko²⁴ tsε⁵⁵］春节""三月三［soŋ⁵⁵ n̠iε²¹ soŋ⁵⁵］农历三月三""立夏［li²⁴ ɕia⁵³］""五月十五［oŋ⁵³ n̠iε²¹ tʂʰʅ⁵⁵ oŋ⁵³］端午节""八月十五［po⁴² n̠iε²¹ tʂʰʅ⁵⁵ oŋ⁵³］中秋节"。

泸溪乡话把杀年猪叫作"杀正猪［ɕia⁵⁵ tsε̃⁵⁵ tiɯ⁵⁵］"，这是讲乡话的人春节中最重要的习俗（见图3）。"杀正猪"的时间为每年冬至以后。主要习俗特点如下：

1. "杀正猪"需要四个男人，一个人擒"猪脑牯［tiɯ⁵⁵ lau⁵³ ku²¹］猪头"，一个人擒"前脚［tsai²¹³ kɯ⁴²］猪前蹄"，一个人擒"猪尾巴［tiɯ⁵⁵ mai⁵³ po²¹］"，一个人"张血［tioŋ⁵⁵ ɕy²¹］接猪血"。

图 3　杀正猪

2. "杀正猪"需要祭祀。水烧开之前，就要烧香烧纸，主人口中会念念有词，祈祷祖先保佑子孙后代。屠夫在一旁准备杀猪工具：修猪刀［ɕia⁵⁵ tiɯ⁵⁵ tau⁵⁵］、尖刀［tsɛi⁵⁵ tau⁵⁵］、刨子［bau²⁴ ti²¹］用于刮猪毛的工具、挺筋［tʰẽ²¹³ tɕiɛ⁵⁵］用于给猪通筋的一种长形铁质工具、鲫鱼刀［tɕi⁴² n̠iɯ²¹ tau⁵⁵］用于剃猪毛的刀、勾钳［ka⁵⁵ tɕiɛ⁴²］挂猪肉的钩子、拖猪钩钳［tʰi⁵⁵ tiɯ⁵⁵ ka⁵⁵ tɕiɛ²¹］拖猪钩子。屠夫用"尖刀"刺入猪的喉咙时讲究"满口红［moŋ⁵³ kʰa⁵³ ɣɛi²¹³］"，主人会拿三张折好的"铜钱纸［dɛi²¹³ tsɛi²¹ tɕi⁵³］黄色冥纸"放在刀口处沾点猪血，然后放在猪栏上，表示对猪的敬畏，希望明年养猪发财。

3. "杀正猪"讲究"索利［so²⁴ li²¹］干净""顺利［zuɛ²⁴ la⁵³］"。首先，屠夫会用"挺筋"从猪的后蹄穿进去将猪全身的皮捅松，然后从后蹄将猪全身吹胀，吹好后将吹气处捆好，最后用烧得通红的铁钳将猪毛燎干净。砍肉时，一刀下去，一定要顺，并且要砍得上窄下宽，在上面要留一个口子，方便做腊肉穿棕叶。

4. "杀正猪"时常做"毛汤肉［mau⁵⁵ tʰoŋ⁵⁵ n̠iɯ⁴²］"。"毛汤肉"是由猪的"膪头肉［tsau²¹³ ta²¹ n̠iɯ⁴²］"和猪肚里面除了大肠、小肠之外的内脏一起组成的肉，用清水煮之后，放点盐，就着白酒下肚。在过去物资匮乏的年代，人们辛苦劳作了一年，能够在杀年猪那天吃上美味的"毛汤肉"，是一件非常幸福的事情。村里男女老少都会来吃。

5. "杀正猪"之后常做"肠瓷［tsei²⁴ lioŋ²¹³ tɕi²¹³］灌粑"。正宗的"肠瓷"需要借助"杀正猪"时的"膪头血［tsau²¹³ ta²¹ çy²¹］"味道才浓。首先会将洗净的猪大肠和糯米用水泡一下，加入破猪肚时的"膪头血"，洒上适当的香料；然后，将这些和匀后灌进猪大肠，放进锅中煮；

最后，把煮好的肠子用"灰筛［xei⁵⁵ sua⁴²］孔比较细的筛子"盛好放在"炕棍［kʰoŋ²⁴ kuɛ²⁴］熏肉的架子"上熏，熏了一个星期后就挂起来放在"晾棍［lioŋ²⁴ kuɛ²⁴］"上阴干即可。

6. "杀正猪"之后还会做香肠、腊肉。灌香肠要用猪的小肠，将剁好的猪肉和香料调好，从自制的塑料瓶嘴灌进洗好的猪小肠里，灌好之后会拿牙签给香肠随意放气。然后放在"晾棍［lioŋ²⁴ kuɛ²⁴］"上阴干即可。"做腊肉［tsei²⁴ lo⁴² n̠iɯ⁴²］"工序比较复杂。第一步，腌肉。将盐倒进木盆里，把砍好的一块肉放进盆里滚一下，然后再放进大缸。以前一斤肉要三两"子子盐［tsa⁵³ tsa²¹ ʑiɛ²¹³］岩盐制成的食用盐"，现在一斤肉只要"六钱盐［lia⁴² tsɛi²¹³ ʑiɛ²¹³］食用碘盐"。腌肉讲究顺序，通常将猪头、猪蹄放在缸的最下面，其余放在上面。腌二十四小时之后，将棕叶铺在肉上，然后再将石头压在棕叶上。压十五日之后（以前的"子子盐"需要压一个月），将每块肉穿一根棕叶挂到"炕棍"上炕；第二步，炕肉。炕肉讲究火候，前三天要烧大火将肉的水气烘干。三天以后，不能烧大火，靠"长炕［tioŋ²¹³ kʰoŋ²⁴］用烧柴的小火慢慢炕"（见图4）。炕两个月之后就可以拿来食用。讲乡话的人拜年离不开腊肉，泸溪乡话把拜年叫作"拜正［po²⁴ tsẽ⁵⁵］""行亲戚［ɣaŋ²¹³ tɕʰiɛ⁵⁵ tɕʰiɛ²¹］"。拜年的肉一定要"硬腰五肉［ɣaŋ²⁴ iau⁵⁵ u²¹ n̠iɯ⁴²］上乘的五花肉"，讲究双数，如果是"正亲［tsẽ²⁴ tɕʰiɛ⁵⁵］同姓的长辈"，就会拿一块"硬腰五肉"和一个"腊猪脚［lo⁴² tiɯ⁵⁵ kɯ⁴²］"去拜年。

"杀正猪"虽然只是春节习俗的开始，但是由此衍生的民间信仰、礼节、饮食等习俗贯穿了整个春节，透露着浓浓的"猪文化"。

图4　长炕

（四）猪与民情风俗

1. 猪在"红喜事 ［ɣɛi²¹³ çi²¹³ tsɑ²⁴］结婚"中所起的作用。

讲乡话的人讲究"一家养女百家求"，男方在向女方求爱时，"猪"在其中发挥了非常重要的作用。

（1）定亲仪式在讲乡话人的婚俗中是很重要的仪式，男方经媒人引见之后，会拿着礼品拜见女方所有的亲戚。每位亲戚都要准备肉、酒、糖等礼品（见图5），表示对女方亲戚的重视。

（2）男女双方经过父母同意之后，男方需要宰杀一头猪送给女方，所送的猪肉必须是"八十三斤"以上："九十三""一百零三"等，数字讲究以三结尾，尾数的"三斤肉 ［so⁵⁵ tçiɛ⁵⁵ ȵiɯ⁴²］"是"家婆肉 ［ko⁵⁵ bu²¹³ ȵiɯ⁴²］外婆肉"，体现了对外婆的重视。整条猪必须分成两面，不能有猪头，如果男方不懂规矩送了猪头，女方就会生气认为取笑自己是"猪头"，这门亲事也就谈不了了。讲乡话的人娶亲前两天，男方会给女方"送肉酒 ［sɛi²⁴ ȵiɯ⁴² tçia⁵³］"。男方一般会叫上村里得力的人，在出门之前将猪头吃掉，挑着担子装上除了猪头之外整个的猪肉、几坛酒、十三个红鸡蛋（预示月月红，包含闰月，共十三个月）、糖等去女方家里，这个行为叫"上脑去 ［tʂʰoŋ⁵³ lau⁵³ kʰei²⁴］"。

图5　定亲仪式中的礼品

2. "猪"在"白喜事 ［pʰo⁵⁵ çi²¹³ tsɑ²⁴］丧事"中所起的作用。

六十岁以上的老人去世是"白喜事 ［pʰo⁵⁵ çi²¹³ tsɑ²⁴］丧事"，讲乡话的人称之为"老人 ［lau⁵³ oŋ⁵⁵］动词，老人去世"。在讲乡话人的丧葬风俗中，最重要的就是"猪羊堂祭 ［tiɯ⁵⁵ ʑioŋ²¹³ toŋ²¹³ tçi²¹］"，就是用"轮猪 ［luɛ²¹³ tiɯ⁵⁵］宰杀后的整头猪""轮羊 ［luɛ²¹³ ʑioŋ²¹³］宰杀后的整头羊"祭奠死去的老人。"猪羊堂祭"中的猪羊，必须由女儿、女婿买，如果没有女儿的老人，就由儿子买。老人的"小葬夜"，将"轮猪""轮羊"放在堂屋门口的"祭台 [tɕi²¹³ tua²¹³] 方形大桌子，平日放在堂屋中间"上，"先生 [ɕiẽ⁵⁵ sẽ⁵⁵] 道士"会围绕猪、羊念经，祭拜死去的老人，"猪羊堂祭"结束后，屠夫才可以"开刀办菜 [kʰua⁵⁵ tau⁵⁵ pẽ⁵³ tsʰei²⁴] 开始做荤菜"，过来悼念老人的宾朋就可以开始吃有荤菜的酒席。

（五）"猪"字文化

1. 带"猪"的人名。

猪对讲乡话的人有着举足轻重的贡献。猪的形象憨态可掬，常常被用来给小孩取名，讲乡话的人认为给小孩取"丑名字 [dʑiɯ²⁴ mẽ⁵⁵ ti²¹] 小名"，小孩会比较好养。模仿猪的叫声取名字，例如"□□ [ȵiaŋ⁵⁵ a²¹³] 猪的叫声"。直接取猪的名字，例如："猪娘""猪子"。用猪的称呼加上人名取名，例如："□猪娘 [ȵiaŋ⁵⁵ tiɯ⁵⁵ ȵioŋ²¹³] 小猪娘""三猪娘 [so⁵⁵ tiɯ⁵⁵ ȵioŋ²¹³]""猪佬 [tiɯ⁵⁵ lau⁵³]""□猪儿 [ȵiaŋ⁵⁵ tiɯ⁵⁵ zʅ²¹³] 小猪儿"。

当然，猪也有好吃懒惰的形象，常常用来形容人好吃懒做，不爱动脑筋，例如："猪脑牯猪头""猪娘母猪""韧皮猪 [zẽ²¹³ fo²¹³ tiɯ⁵⁵] 皮比较厚的猪，形容人皮厚、懒惰"。

2. 带"猪"的词语。

五爪猪 [oŋ⁵³ tsau⁵³ tiɯ⁵⁵]：民间认为有五个爪子的猪是人变的猪，大家都非常忌讳这种猪，尤其是身体不好的人吃了之后会发病。

猪娘肉 [tiɯ⁵⁵ ȵioŋ²¹³ ȵiɯ⁴²]：这是专门用来养子的母猪肉，民间认为是不好的猪肉，尤其是身体不好的人吃了之后会发病。

猪公肉 [tiɯ⁵⁵ kɛi⁵⁵ ȵiɯ⁴²]：这是专门用来配种的公猪肉，民间认为是不好的猪肉，尤其是身体不好的人吃了之后会发病。

猪脑牯疯 [tiɯ⁵⁵ lau⁵³ ku²¹ fɛi⁵⁵]：羊癫风。

猪皮臊子 [tiɯ⁵⁵ fo²¹³ sau²⁴ ti²¹]：猪皮经油炸之后，再和辣椒一起炒制的臊子，米粉店热销产品。

猪肠头臊子 [tiɯ⁵⁵ lioŋ²¹³ ta²¹ sau²⁴ ti²¹]：用猪肠子炒制的臊子，米粉店热销产品。

猪肚子臊子 [tiɯ⁵⁵ tu⁵³ ti²¹ sau²⁴ ti²¹]：用猪胃炒制的臊子，米粉店热销产品。

猪心肺膘子［tiɯ⁵⁵ ɕiɛ⁵⁵ fi²⁴ sau²⁴ ti²¹］：用猪心、肺炒制的膘子，以前米粉店有，现在很少见。

熬猪脑牯［ŋau⁵⁵ tiɯ⁵⁵ lau⁵³ ku²¹］：熬猪头肉，以前村里过节杀猪才能吃到的食品，一般的猪头肉都腌制成腊肉。

熬猪肚子［ŋau⁵⁵ tiɯ⁵⁵ tu⁵³ ti²¹］：熬猪胃，清水和猪胃煮，放少许盐、胡椒，家常菜之一。

炒猪舌子［tsʰau⁵³ tiɯ⁵⁵ dʑi²⁴ ti²¹］：炒猪舌头，以前讲乡话的人经常吃，现在很少吃。

炒猪肝［tsʰau⁵³ tiɯ⁵⁵ koŋ⁵⁵］：家常菜之一，民间认为吃猪肝能明目。

炒猪大肠［tsʰau⁵³ tiɯ⁵⁵ lɯ²⁴ lioŋ²¹³］：家常菜之一，一般在过节的时候才做。

炒猪□肠［tsʰau⁵³ tiɯ⁵⁵ n̠iaŋ⁵⁵ lioŋ²¹³］：炒猪小肠，家常菜之一，一般在过节的时候才做。

苞谷酸炒猪肚子［pau⁵⁵ ku²¹ dʑiɯ²¹³ tsʰau⁵³ tiɯ⁵⁵ tu⁵³ ti²¹］：苞谷酸炒猪胃，苞谷酸是讲乡话的人常做的一种酸菜，可以做主菜，也可以做配菜。

卤猪耳朵［lu²¹³ tiɯ⁵⁵ mɛi⁵³ po²¹］：家常菜之一，一般从外面购买回来，配着油炸辣椒吃。

卤猪舌子［lu²¹³ tiɯ⁵⁵ dʑi²⁴ ti²¹］：家常菜之一，一般从外面购买回来，配着油炸辣椒吃。

卤猪尾巴［lu²¹³ tiɯ⁵⁵ mɛi⁵³ po²¹］：家常菜之一，一般从外面购买回来，配着油炸辣椒吃。

卤猪肚子［lu²¹³ tiɯ⁵⁵ tu⁵³ ti²¹］：家常菜之一，一般从外面购买回来，配着油炸辣椒吃。

卤猪脚［lu²¹³ tiɯ⁵⁵ kɯ⁴²］：家常菜之一，一般从外面购买回来，配着油炸辣椒吃。

猪油［tiɯ⁵⁵ ʑia⁵⁵］：猪油是常见的食用油之一，由猪身上的板油炮制而成，现在由于生活水平的提高，很多讲乡话的人都放弃食用猪油。

食猪尾巴［ʑiɯ²⁴ tiɯ⁵⁵ mai⁵³ po²¹］：吃猪尾巴，比喻人在考试中得倒数第一名。

野猪道［ʑio⁵³ tiɯ⁵⁵ sau⁵³］：野猪常走的路。讲乡话的人将山里动物走的路分为很多种，他们通过动物的脚印和路的形状辨别野猪路、羊路、马路、野鸡路等等。

猪屎［tiɯ⁵⁵ ʂʅ⁵³］：猪粪，常见的肥料之一。

捞猪草［lu²¹³ tiɯ⁵⁵ tsʰau⁵³］：上山采猪草是常见的农事活动之一。

□□［aŋ²⁴ aŋ²⁴］：唤猪吃食的声音。

□□□［oŋ⁴² oŋ⁴² oŋ⁴²］：猪叫的声音。

□［ɛ⁵⁵］：猪被抓的声音。

□□［ɛ⁵⁵ ɛ²¹］：猪被杀放血后的声音。

3. 带"猪"的谚语。

（1）老鸦莫笑猪屁股黑。［lau⁵³ o²⁴ mo⁵³ sau²⁴ tiɯ⁵⁵ pʰi²¹³ ku²¹³ kʰei⁴²］

解释：乌鸦别笑猪屁股黑。形容人不相上下，不要相互取笑。

（2）脚势头黑养猪得。［kɯ⁴² ʂʅ²¹³ ta²¹³ kʰei⁴² zoŋ⁵³ tiɯ⁵⁵ tei⁴²］

解释：膝盖黑养猪得。脚势头指膝盖，膝盖黑是比喻人不讲卫生。"养猪得"是养猪得到，得到后隐含了发财之意。主要用于自嘲：我虽然膝盖黑，不讲卫生，但我养猪发财啊。

（3）秀才跟猪望虱，望在铜钱份。［ɕiɯ⁵³ dzai²⁴ kɛi⁵⁵ tiɯ⁵⁵ moŋ²⁴ sa⁴², moŋ²⁴ tsʰei⁵³ dɛi²⁴ tsɛi⁵⁵ vɛi²⁴］

解释：秀才给猪看虱子，是看在钱份上。形容人做事大材小用，也指人做事不诚心，动机不纯。

（4）三百斤的野猪，得块口。［soŋ⁵⁵ po⁴² tɕiɛ⁵⁵ ti²¹ ʑio⁵³ tiɯ⁵⁵, tei⁴² kʰua²⁴ kʰa⁵³］

解释：三百斤的野猪是老野猪，它的优势是嘴比较长。形容一个人只说不做，没有实干精神。

（5）猪娘□，猪公□。［tiɯ⁵⁵ ȵioŋ²¹³ oŋ⁴² tiɯ⁵⁵ kɛi⁵⁵ oŋ⁴²］

解释：［oŋ⁴²］是模拟猪的叫声。形容一个人做事怕担责任，两面倒、没有原则的。

参考文献

邓婕：《湖南泸溪（李家田）乡话音系》，《方言》2018 年第 4 期。

湖南省泸溪县志编纂委员会：《泸溪县志》，社会科学文献出版社1994 年版。

潘家懿、李小平：《山西的羊文化》，《语文研究》1993 年第 2 期。

张光明：《山西的牛文化》，《语文研究》2001 年第 4 期。

中国社会科学院、澳大利亚人文学院：《中国语言地图集》，朗文出版（远东）有限公司 1987 年版。

中国社会科学院语言研究所、中国社会科学院民族学与人类学研究所、香港城市大学语言资讯科学研究中心：《中国语言地图集》（第 2 版），商务印书馆 2012 年版。

（邓婕　北京　中国社会科学院语言研究所　dengjie2019@ 126. com）

关于关中方言对老鹰、啄木鸟、猫头鹰、鸱鸮叫法的讨论

孙立新

提　要： 关中方言对老鹰的叫法"饿捞吱""糖捞吱"等是跟突厥语、维吾尔语接触的结果。关中方言对啄木鸟的叫法常用到了"啄"义的动词"鹐"及表啄木之声的拟音字"夺""陀""包""刨""暴""梆""棒""嘣""锄"等。猫头鹰和鸱鸮在关中多数方言点不分，部分方言点把个儿小的猫头鹰叫作"鸱鸮"等，以区别于个儿大的猫头鹰；关中把猫头鹰叫作"训侯""训狐"的方言点比较多。

关键词： 关中方言；老鹰、啄木鸟、猫头鹰、鸱鸮；叫法；讨论

老鹰、啄木鸟、猫头鹰、鸱鸮是常见飞鸟，在世界各地都有分布，本文拟就关中方言对这几种飞鸟的叫法进行讨论。

一　关于关中方言对老鹰叫法的讨论

老鹰在关中方言区只有个别方言点叫作"鹰"或"老鹰"，"鹰"的读法有文白差异，如丹凤文读 $iŋ^{21}$，白读 $niŋ^{21}$①；老鹰在关中方言区很普遍地叫作"饿捞吱""糖捞吱"等。马友肃先生《定西方言杂谈》第346 页指出定西把老鹰叫作"恶落鸹/饿老鸹"，源于突厥语"恶乐博

---

① 普通话零声母细音字，切韵音系主要在开口二等逢疑影母，关中不同程度读作 n 或 ȵ（乾县、眉县及其以西）声母。先看齐齿呼字，如西安一带"宜谊疑压鸭押牙衙哑轧业咬淹腌言严颜眼仰硬"白读 n 声母；再如韩城还有"医猗衣依毅抑椅义议仪意忆亿鸦伢肴忧尤友又岩研掩验雁砚醔阴殷银隐窨饮央秧殃应鹰迎"等。再看撮口呼字，西安地名"爻三爻"白读 $nyɤ^{24}$、文读 iau^{24}；鄠邑等处"约"白读 $nyɤ^{31}$、文读 $yɤ^{31}$；韩城"鱼渔语约"读作 n 声母。

其"，维吾尔语把猎鹰叫作 owlabyrkyt。也就是说，陕甘宁一带对老鹰的叫法"饿捞吱""糖捞吱""恶落鸦/饿老鸦"等是跟突厥语、维吾尔语接触的结果。因为不知道"饿捞吱""糖捞吱"等叫法的来源，不少研究关中方言的学者把字写别了，或者不知如何写：孙立新《户县方言研究》287 页写作"饿老鼠"，《西安方言研究》124 页写作"饿老子"，毋效智先生《扶风方言》130 页写作"貌老鼠"，并且分别以"老鼠""老子"前后字均变作 31 如阴平来表示其实际调值；秋谷裕幸、徐朋彪《韩城方言调查研究》136 页用 3 个大方框"□"表示，记音为 ŋɤ⁴⁴ lɑ³¹ tsɤu⁵⁵；吴媛、韩宝育《岐山方言调查研究》133 页记作"饿老鸳 ŋɤ⁴⁴ lɔ³¹ tʂʰ ʅ²⁴"，《岐山方言调查研究》处理得比较科学。由于语言接触，关中方言对突厥语"恶乐博其"及维吾尔语 owlabyrkyt 的借用在读法上有许多差异。如"恶乐"多以"饿捞""饿络"等形式来表现，"饿"还有由舌根音声母 ŋ 变作双唇音声母 m 读作"糖""冒""木""暮"的，在旬邑、彬州读如"卧"；维吾尔语的 la 只在澄城、合阳、黄龙 3 处以"拉"的形式予以表现；突厥语的"博"及维吾尔语 byr 在武功、陇县、凤县分别以"坡""扑"的形式予以表现；而突厥语的"其"及维吾尔语的 kyt，关中方言所对应的读音有"吱""舒""奏""主""出"等，似乎跟"其"和 kyt 不搭界，也可能有音变因素，大家可以研究。以下罗列笔者实地调查所获取的关中 51 个方言点对老鹰的叫法，三原、泾阳"坠喽喽"及长武"花标"的叫法跟如上所论不同，比较特殊；通常情况下关中方言"捞"读作阳平调，以下阴平调的"捞"仅作为译音字；语音以笔者最新认定的来记录，跟其他学者可能存在差异。

西安　饿捞吱 ŋɤ⁵⁵ lau³¹ tsʅ³¹

临潼　饿捞舒 ŋɤ⁵⁵ lau³¹ sʮ³¹

蓝田　饿捞舒 ŋɤ⁵⁵ lau³¹ sʮ³¹

商州　饿捞舒 ŋuo⁵⁵ lao²¹ su²¹

丹凤　鹰 iiŋ²¹ | 鹰₂ niŋ²¹

洛南　糖捞吱 muo⁵⁵ lao²¹ tsʅ²¹

华州　鹰 niŋ²¹ | 饿捞吱 ŋɤ⁵⁵ lɔ²¹ tsʅ²¹

华阴　鹰 niŋ³¹

潼关　鹰 iŋ³¹

大荔　饿络吱 ŋɤ⁵⁵ lɔ³¹ tsʅ³¹ | 糖络吱 mo⁵⁵ lɔ³¹ tsʅ³¹

渭南　饿捞舒 ŋɤ⁵⁵ lɔ³¹ sʅ³¹

澄城　饿络奏 ŋuo⁵⁵ luo²¹ tsou²¹ ｜ 木拉奏 mu²¹ la²¹ tsou⁵⁵

合阳　木拉奏 mu²¹ la²¹ tsou⁵⁵ ｜ 饿拉奏 ŋuo⁵⁵ la²¹ tsou⁵⁵

韩城　饿涝雏 ŋɤ⁵⁵ lɔ⁵⁵ tsou²⁴

宜川　老鹰 lau⁵⁵ iŋ³¹

黄龙　暮拉奏 mu⁴⁴ la³¹ tsou⁴⁴

洛川　鹰 iŋ³¹

黄陵　老鹰 lau⁵² iŋ³¹ ｜ 鹰 iŋ³¹

宜君　鹰 niŋ²¹

铜川　鹅捞舒 ŋuo²⁴ lau²¹ sʅ²¹

耀州　饿捞舒 ŋɤ⁴⁴ lau³¹ sʅ³¹

蒲城　饿捞舒 ŋɤ⁵⁵ lɔ³¹ sʅ³¹

白水　饿络 ŋuo⁴⁴ luo³¹

富平　饿捞主儿 ŋɤ⁵⁵ lɔ³¹ tsʅər⁵³

高陵　老鹰 lau⁵¹ iŋ³¹ ｜ 饿捞舒 ŋɤ⁵⁵ lau³¹ sʅ³¹

三原　坠喽喽 tsʅei⁵⁵ lɤu⁵⁵ lɤu⁵⁵ ｜ 饿捞舒 ŋɤ⁵⁵ lau³¹ sʅ³¹

泾阳　鹰 iŋ³¹ ｜ 坠喽喽 tsʅei⁵⁵ lɤu⁵⁵ lɤu⁵⁵

旬邑　饿（=卧）捞出 uɤ⁴⁴ lau³¹ tsʰʅ³¹

长武　花标 xau³¹ piau³¹

彬州　饿（=卧）捞 uɤ⁵⁵ lau³¹

永寿　饿捞出 ŋɤ⁴⁴ lau³¹ tsʰʅ³¹

淳化　老鹰 lau⁵² iŋ²¹

乾县　饿捞出 ŋɤ⁴⁴ lau³¹ tsʰʅ³¹

礼泉　饿捞舒 ŋɤ⁴⁴ lau³¹ sʅ³¹

咸阳　鹰 iŋ³¹ ｜ 饿捞舒 ŋɤ⁴⁴ lau³¹ sʅ³¹

鄠邑　饿捞舒 ŋɤ⁵⁵ lau³¹ su³¹ ｜ 鹰 iŋ³¹

兴平　饿捞舒 ŋɤ⁵⁵ lau³¹ sʅ³¹

武功　饿捞坡 ŋɤ⁴⁴ lau³¹ pʰɤ³¹

周至　饿捞吱 ŋɤ⁵⁵ lau³¹ tsɿ³¹ ｜ 饿捞 ŋɤ⁵⁵ lau³¹

眉县　饿捞舒 ŋɤ⁴⁴ lau³¹ ʂɿ³¹

太白　饿捞舒 ŋɤ⁴⁴ lau³¹ ʂɿ³¹ ｜ 饿捞出 ŋɤ⁴⁴ lau³¹ tʂʰʅ³¹

凤县　糖捞扑 mo⁴⁴ lau⁵²⁻³¹ pʰu³¹

宝鸡　饿捞舒 ŋuo⁴⁴ lau³¹ ʂ̩³¹

凤翔　饿捞出 ŋuo⁴⁴ lau³¹ tsʰʅ³¹

岐山　饿捞出 ŋɤ⁴⁴ lɔ²¹ tʂʰɿ²¹

扶风　冒捞舒 mau⁵⁵ lau³¹ sʯ³¹

麟游　饿捞出 ŋuo⁵⁵ lau³¹ tsʰʯ³¹

千阳　饿捞舒 ŋuo⁴⁴ lau³¹ tsʰʯ³¹

陇县　饿捞坡 ŋuo⁴⁴ lau³¹ pʰo³¹

富县　老鹰 lau⁵² iŋ³¹

定边　鹰 iŋ³¹

二　关于关中方言对啄木鸟叫法的讨论

关中方言对啄木鸟的叫法常用到了"啄"义的动词"鸹"及表啄木之声的拟音字"夺""陀""包""刨""暴""梆""棒""嘣""锄"等；笔者几十年对关中方言的调查，尚未发现关中人口语里用到"啄"的，而关中方言"鸹"的使用频率很高，如把鸡等相斗叫作"鸹仗"。其中"棒"有去声和阳平两种读法，如鄠邑"棒"通常读作去声，而指玉米穗的"棒棒"的"棒"读作阳平；再如鄠邑把纵欲的男子叫作"烧棒 ʂau³¹ paŋ⁵⁵"，又叫作"烧棒棒 ʂau³¹ paŋ³⁵ paŋ⁻³¹"，"烧棒"的"棒"读作去声，"烧棒棒"的"棒"读作阳平。"鸹"在关中地区汾河片（邢向东 2007）的声韵组合有文读 ₜtɕʰiā、白读 ₜtɕʰiaŋ 差异，如邢向东、蔡文婷《合阳方言调查研究》164 页"tɕʰiaŋ³¹/tɕʰiā³¹（鸡、鸟）啄"。宜川把啄木鸟叫作"打木虫"，其中"木"读如"博"（请参阅乔全生 2002）；韩城把树叫作"树"，还叫作"木"，如"榆木榆树 y²⁴ po³¹、柳木柳树 liou⁴² po³¹"。以下罗列笔者实地调查所获取的关中 51 个方言点对啄木鸟的叫法。

西安　鸹夺夺儿 tɕʰiā³¹ tuɤ²⁴. tuər | 鸹陀陀 tɕʰiā³¹ tʰuɤ²⁴ tʰuɤ³⁵⁻³¹

临潼　鸹鸹暴 tɕʰiā³¹. tɕʰiā pau⁵⁵

蓝田　鸹棒阳平棒 tɕʰiā³¹ paŋ³⁵ paŋ³⁵⁻³¹

商州　鸹梆梆 tɕʰiā²¹ paŋ²¹ paŋ²¹⁻³⁵

丹凤　鸹梆梆 tɕʰiā²¹ paŋ²¹. paŋ

洛南　鸹棒阳平棒 tɕʰiā²¹ paŋ³⁵ paŋ³⁵⁻²¹

华州　鸹棒阳平棒 tɕʰiā²¹ paŋ³⁵ paŋ³⁵⁻²¹

华阴　鸧棒棒 tɕʰiã³¹ paŋ⁵⁵ paŋ⁵⁵

潼关　鸧梆梆 tɕʰiã³¹ paŋ³¹·paŋ

大荔　鸧暴暴 tɕʰiã³¹ pɔ⁵⁵ pɔ⁵⁵｜鸧棒棒 tɕʰiã³¹ paŋ⁵⁵ paŋ⁵⁵

渭南　鸧包包 tɕʰiã³¹ pɔ³¹ pɔ³¹⁻³⁵

澄城　鸧暴暴 tɕʰiã²¹ pɔ⁵⁵ pɔ⁵⁵

合阳　鸧刨刨₁tɕʰiã²¹ pɔ²⁴ pɔ²⁴⁻²¹｜鸧刨刨₂tɕʰiaŋ²¹ pɔ²⁴ pɔ²⁴⁻²¹

韩城　鸧（=腔）包包 tɕʰiaŋ³¹ pɔ³¹·pɔ

宜川　打木（=博）虫 ta⁵⁵po³¹⁻⁵³ tsʰuəŋ²⁴

黄龙　鸧树虫 tɕʰiã³¹ sʅ⁴⁴ tsʰɥəŋ²⁴｜鸧暴暴 tɕʰiã³¹ pau⁴⁴ pau⁴⁴｜鸧锛锛 tɕʰiã³¹ pəŋ⁴⁴ pəŋ⁴⁴

洛川　鸧树嚵（=甭）tɕʰiã³¹ su⁴⁴ pəŋ²⁴

黄陵　鸧树嚵（=甭）嚵 tɕʰiã³¹ sʅ⁴⁴ pəŋ²⁴ pəŋ²⁴⁻³¹

宜君　鸧树嚵（=甭）嚵 tɕʰiæ̃²¹ sʅ⁴⁴ pəŋ²⁴ pəŋ²⁴⁻²¹

铜川　鸧暴暴 tɕʰiæ̃²¹ pau⁴⁴ pau⁴⁴

耀州　鸧鸧棒〔阳平〕tɕʰiã³¹·tɕʰiã paŋ²⁴

蒲城　鸧包包 tɕʰiã³¹ pɔ³¹·pɔ

白水　鸧暴暴 tɕʰiã³¹ pɔ⁴⁴ pɔ⁴⁴

富平　鸧暴暴 tɕʰiã³¹ pɔ⁵⁵ pɔ⁵⁵

高陵　鸧鸧棒 tɕʰiã³¹·tɕʰiã paŋ⁵⁵

三原　鸧鸧暴 tɕʰiã³¹·tɕʰiã pau⁵⁵

泾阳　锛锛鸧 pəŋ⁵⁵ pəŋ⁵⁵ tɕʰiã³¹

旬邑　鸧暴暴 tɕʰiã³¹ pau⁴⁴ pau⁴⁴

长武　暴暴鸧 pau⁵⁵ pau⁵⁵ tɕʰiã³¹

彬州　鸧暴暴 tɕʰiã³¹ pau⁵⁵ pau⁵⁵

永寿　暴暴吃 pau⁴⁴ pau⁴⁴ tʂʅ³¹｜鸧树虫 tɕʰiã³¹ sʅ⁴⁴ tsʰɥəŋ³⁵⁻³¹

淳化　鸧树虫 tɕʰiã²¹ sʅ⁴⁴ tsʰɥəŋ²⁴⁻²¹

乾县　鸧暴暴 tɕʰiã³¹ pau⁴⁴ pau⁴⁴

礼泉　鸧鸧暴 tɕʰiã³¹·tɕʰiã pau⁴⁴

咸阳　暴暴鸧 pau⁴⁴ pau⁴⁴ tɕʰiã³¹｜鸧鸧暴 tɕʰiã³¹·tɕʰiã pau⁴⁴｜鸧暴暴 tɕʰiã³¹ pau⁴⁴ pau⁴⁴

鄠邑　鸧暴暴 tɕʰiã³¹ pau⁵⁵ pau⁵⁵｜鸧夺夺 tɕʰiã³¹ tuɤ³⁵ tuɤ⁻³¹

兴平　鸧包包 tɕʰiã³¹ pau³¹·pau 〔又指枸杞子〕

武功　鸲暴暴 tɕʰiã³¹ pau⁴⁴ pau⁴⁴

周至　鸲暴暴 tɕʰiã³¹ pau⁵⁵ pau⁵⁵ ｜ 鸲刨刨 tɕʰiã³¹pau³⁵ pau³⁵⁻³¹

眉县　鸲暴暴 tɕʰiã³¹ pau⁴⁴ pau⁴⁴

太白　鸲暴暴 tɕʰiæ̃³¹ pau⁴⁴ pau⁴⁴

凤县　鸲刨刨 tɕʰiã³¹ pau²⁴⁻³¹ pau⁻⁵²

宝鸡　鸲暴暴 tɕʰiæ̃³¹ pau⁴⁴ pau⁴⁴

凤翔　鸲暴暴 tɕʰiæ̃³¹ pɔ⁴⁴ pɔ⁴⁴

岐山　鸲暴暴 tɕʰiã²¹ pɔ⁴⁴. pɔ

扶风　鸲暴暴 tɕʰiã³¹ pau⁵⁵ pau⁵⁵

麟游　鸲暴暴 tɕʰiã³¹ pau⁵⁵ pau⁵⁵

千阳　鸲暴暴 tɕʰiæ̃³¹ pau⁴⁴ pau⁴⁴

陇县　鸲暴暴 tɕʰiæ̃³¹ pau⁴⁴ pau⁴⁴

富县　鸲树刨刨 tɕʰiæ̃³¹ sʅ⁴⁴ pau²⁴ pau²⁴⁻³¹

定边　鸲树崩子 tɕʰiæ̃³¹ ʂɿ⁴⁴ pəŋ³¹⁻⁵². tsʅ

三　关于关中方言对猫头鹰及鸱鸮叫法的讨论

猫头鹰属于鸟纲鸱鸮科动物。关中方言区猫头鹰和鸱鸮都是常见飞鸟。我们认为目前权威工具书对"鸱鸮"的解释比较科学的有《辞海》《辞源》《汉语大词典》《现代汉语词典》等。《辞海》5030 页"鸮"字条说："亦称'猫头鹰'。鸟纲，鸱鸮科各种类的统称。喙和爪都弯曲呈钩状，锐利……"《辞源》（修订本）3531 页"鸮"字条有三个义项：①鸢，鸱鹰。②鸱鸺，猫头鹰的一种。③传说中的怪鸟。《汉语大词典》7575 页："鸱鸮，亦作'鸱枭'。鸟名，俗称猫头鹰，常用以比喻贪恶之人。"《现代汉语词典》第七版正文 174 页对"鸱鸮"的解释为"鸟，头大，嘴尖而弯曲。吃鼠、兔、昆虫等小动物，对农业有益。种类很多，如鸺鹠、猫头鹰等。"也就是说，猫头鹰属于鸱鸮的一种。关中方言区部分方言点把个儿小的猫头鹰叫作"鸱鸮"等，以区别于个儿大的猫头鹰；如《合阳方言调查研究》163 页就有大小之分。关中把猫头鹰叫作"训侯""训狐"的方言点比较多。玄应《一切经音义·卷第一》"训狐"词条注释曰："关西呼'训侯'，山东谓之'训狐'，即鸱鸮也。""训侯""训狐"都是本字，此语境的"训"关中有"幸""衅""信""恨"等音变形式。孙立新《西安方言研究》125 页把"训侯"写作"鸺侯"，《扶风方言》130 页写作"幸猴"，这都是有待商榷的。"鸥鹆"的"鹆"普通话读作 ɕiau^{55}；而关中"鹆"有"交""角"等音变形式，读作 tɕ 声母，没有如普通话读作 ɕ 声母的。西安惯用语"鸥鹆子跟着训狐子熬眼呢"特指跟着比自己实力雄厚得多的人闲逛；西安一带把声音尖厉的泼妇叫作"鸥鹆子"，把泼妇尖厉的声音叫作"鸥鹆声"，这跟《汉语大词典》所谓的"常用以比喻贪恶之人"有一定关联。旬邑还把猫头鹰叫作"鸺侯"，其中"鸺"不读作阴平如"休"，而读作去声如"袖"。猫头鹰和鸥鹆在关中多数方言点不分，以下罗列笔者实地调查所获取的关中各个方言点的叫法，没有加"丨丨"的就是不分的；"咕""喵""咩"等都是拟音字，"咕"多读作阳平，也有读作去声的。

西安　训（＝幸）狐子 $\text{ɕiŋ}^{44}\text{xu}^{24-31}.\text{tʂʅ}$ ｜咕咕咩儿 $\text{ku}^{24}\text{ku}^{24-31}\text{miɛr}^{52}$ ｜咕咕喵儿 $\text{ku}^{24}\text{ku}^{24-31}\text{miɔr}^{52}$ ｜｜鸥鹆（＝交）子 $\text{tsʰʅ}^{31}\text{tɕiau}^{31}.\text{tʂʅ}$

临潼　咕咕鸥 $\text{ku}^{55}\text{ku}^{55}\text{tʂʅ}^{31}$ ｜咕咕喵儿 $\text{ku}^{35}\text{ku}^{35-31}\text{miaur}^{55-52}$ ｜夜喵子 $\text{iɛ}^{55}\text{miau}^{55-31}.\text{tʂʅ}$ ｜｜鸥鹆（＝交）子 $\text{tsʰʅ}^{31}\text{tɕiau}^{31}.\text{tʂʅ}$ ｜鸥鹆（＝交）$\text{tsʰʅ}^{31}\text{tɕiau}^{31}$

蓝田　鸥鹆（＝交）子 $\text{tsʰʅ}^{31}\text{tɕiau}^{31}.\text{tʂʅ}$

商州　训（＝蚌）狐 $\text{ɕiɛ}^{55}\text{xu}^{35-21}$

丹凤　训（＝蚌）狐 $\text{ɕiei}^{55}\text{xu}^{35-21}$ ｜鸥鹆（＝交）$\text{tsʰʅ}^{21}\text{tɕiao}^{21}$

洛南　训（＝蚌）狐子 $\text{ɕiei}^{55}\text{xu}^{35-21}.\text{tʂʅ}$ ｜鸥鹆（＝交）子 $\text{tsʰʅ}^{21}\text{tɕiao}^{21}.\text{tʂʅ}$

华州　训（＝蚌）狐子 $\text{ɕiɛ}^{55}\text{xu}^{35-21}.\text{tʂʅ}$ ｜咕咕喵 $\text{ku}^{55}\text{ku}^{55}\text{miɔ}^{55-42}$

华阴　训（＝蚌）侯子 $\text{ɕiɛ}^{55}\text{xou}^{35-31}.\text{tʂʅ}$ ｜｜鸥鹆（＝角）子 $\text{tsʰʅ}^{31}\text{tɕyo}^{31}.\text{tʂʅ}$

潼关　训（＝蚌）狐 $\text{ɕiei}^{44}\text{xu}^{24-31}$

大荔　训（＝蚌）侯 $\text{ɕiɛ}^{55}\text{xou}^{35-31}$ ｜鸥鹆（＝交）子 $\text{tsʰʅ}^{31}\text{tɕiɔ}^{31}.\text{tʂʅ}$ ｜咕咕喵 $\text{ku}^{31}.\text{ku}\text{miɔ}^{55-52}$

渭南　训（＝幸）侯 $\text{ɕiŋ}^{55}\text{xou}^{35-31}$ ｜鸥鹆（＝交）子 $\text{tsʰʅ}^{31-52}\text{tɕiɔ}^{31}.\text{tʂʅ}$

澄城　训侯₁ $\text{ɕyɛ}^{55}\text{xou}^{24-21}$ ｜训（＝恨）侯₂ $\text{xɛ}^{55}\text{xou}^{24-21}$

合阳　训（＝信）侯₁ $\text{siɛ}^{55}\text{xou}^{24-21}$ ｜训（＝蚌）侯₂ $\text{ɕiɛ}^{55}\text{xou}^{24-21}$ ｜鸥鹆（＝角）$\text{tsʰʅ}^{21}\text{tɕiɔ}^{21}$

韩城　训（＝幸）侯 $\text{ɕiŋ}^{55}\text{xou}^{24-31}$ ｜咕咕喵 $\text{ku}^{31}.\text{ku}\text{miɔ}^{42}$

宜川　训（=幸）侯 ɕiŋ⁵⁵xou²⁴⁻⁵³

黄龙　训（=信）侯 siɛ̃²⁴⁻³¹ xou²⁴⁻³¹｜训（=幸）侯 ɕiŋ⁴⁴ xou²⁴⁻³¹

洛川　鸥鹍（=角）tsʰʅ³¹ tɕyɤ³¹｜训（=幸）侯 ɕiŋ⁴⁴ xɤu²⁴⁻³¹

黄陵　夜猫子 iɛ⁴⁴ mau²⁴⁻³¹.tsʅ

宜君　训（=幸）狐 ɕiŋ⁴⁴ xu²⁴⁻²¹｜鸥鹍（=角）tsʰʅ²¹ tɕyo²¹

铜川　训（=幸）狐₁ ɕiŋ⁴⁴ xu²⁴⁻²¹｜训狐₂ ɕyei⁴⁴ xu²⁴⁻²¹｜鸥鹍（＝角）tsʰʅ²¹ tɕyo²¹

耀州　训（=幸）狐 ɕiŋ⁴⁴ xu²⁴⁻³¹｜鸥鹍（=角）子 tsʰʅ³¹ tɕyɤ³¹.tsʅ

蒲城　鸥鹍（=角）tsʰʅ³¹⁻⁵³ tɕyo³¹｜训（=衅）侯狐 ɕiɛ⁵⁵ xu²⁴⁻³¹

白水　鸥鹍（=角）子 tsʰʅ³¹ tɕyo³¹｜训狐 ɕyɛ̃⁴⁴xu²⁴⁻³¹

富平　训（=幸）侯子 ɕiŋ⁵⁵xou³⁵⁻³¹ tsʅ｜训（=衅）侯 ɕiɛ⁵⁵ xou³⁵⁻³¹｜咕咕咩儿 ku⁵⁵.ku miɛr⁵⁵⁻⁵³

高陵　咕咕喵 ku⁵⁵ ku⁵⁵ miau⁵¹

三原　训（=幸）狐 ɕiŋ⁵⁵ xu³⁵⁻³¹

泾阳　咕咕咩儿 ku³⁵ku⁻³¹ miɛr⁵⁵⁻⁵¹｜鸥鹍（＝交）子 tsʰʅ³¹ tɕiau³¹.tsʅ

旬邑　鹍（=袖）侯 siɤu⁴⁴ xɤu³⁵⁻³¹｜训（=幸）侯 ɕiŋ⁴⁴ xɤu³⁵⁻³¹

长武　训（=幸）侯 ɕiŋ⁵⁵⁻³⁵ xɤu³⁵⁻³¹｜鸥鹍（=邹）tsʰʅ³¹ tsɤu³¹

彬州　训（=幸）侯 ɕiŋ⁵⁵⁻³⁵ xɤu³⁵⁻³¹

永寿　鹍（=袖）狐 ɕiɤu⁴⁴ xu³⁵⁻³¹

淳化　训（=幸）狐 ɕiŋ⁴⁴ xu²⁴⁻²¹

乾县　训（=幸）狐 ɕiŋ⁴⁴ xu³⁵⁻³¹

礼泉　训（=幸）狐 ɕiŋ⁴⁴ xu³⁵⁻³¹

咸阳　咕咕咩儿 ku⁴⁴.ku miɛr⁵²｜训（=幸）狐子 ɕiŋ⁴⁴ xu²⁴⁻³¹.tsʅ｜｜鸥鹍（=交）子 tsʰʅ³¹ tɕiau³¹.tsʅ

鄠邑　咕咕咩儿₁ ku⁵⁵.ku miə⁵⁵⁻⁵¹｜咕咕咩儿₂ ku³⁵ ku⁻³¹ miə⁵⁵⁻⁵¹｜｜鸥鹍（＝交）子 tsʰʅ³¹ tɕiau³¹.tsʅ｜鸥鹍（=交）tsʰʅ³¹ tɕiau³¹

兴平　训（=幸）狐 ɕiŋ⁵⁵ xu³⁵⁻³¹｜｜鸥鹍（=金）tsʰʅ³¹ tɕiɛ³¹

武功　鸥鹍（=交）儿 tsʰʅ³¹ tɕiaur³¹⁻²⁴

周至　鸥鹍（=交）tsʰʅ³¹ tɕiau³¹

眉县　鸥鹍（=交）tsʰʅ³¹⁻⁵³ tɕiau³¹

太白　训（=幸）侯 ɕiŋ⁴⁴ xou²⁴⁻³¹

凤县　训（=幸）侯 ɕiŋ⁴⁴ xou²⁴⁻³¹

宝鸡　训（＝幸）侯 $\varphi i\eta^{44}$ xou$^{24-31}$

凤翔　鸱鸮（＝交）ts^{h}ʅ$^{31-52}$ tɕiɔ^{31}

岐山　训（＝幸）侯 $\varphi i\eta^{44}$ xou$^{34-21}$｜鸱鸮（＝交）ts^{h}ʅ$^{21-52}$ tɕiɔ^{21}

扶风　鸱鸮（＝交）ts^{h}ʅ$^{31-42}$ tɕiau^{31}

麟游　训（＝幸）侯 $\varphi i\eta^{55}$ xou$^{24-31}$

千阳　训（＝幸）侯 $\varphi i\eta^{44}$ xou$^{24-31}$

陇县　训（＝幸）侯 $\varphi i\eta^{44}$ xou$^{24-31}$｜鸱鸮（＝交）ts^{h}ʅ$^{31-53}$tɕiau^{31}

富县　训（＝幸）侯 $\varphi i\eta^{44}$ xou$^{24-31}$

定边　鸱怪子 ts^{h}ʅ^{31} kuæ^{44}.tsʅ｜燕毛子 iæ̃^{44} mau$^{24-31}$.tsʅ

参考文献

广东、广西、湖南、河南《辞源》修订组、商务印书馆编辑部：《辞源》（修订本），商务印书馆 2009 年版。

罗竹风主编：《汉语大词典》（缩印本），上海辞书出版社 2007 年版。

马友肃：《定西方言杂谈》，西安出版社 2017 年版。

乔全生：《山西南部方言称树为［po］考》，《中国语文》2002 年第 1 期。

秋谷裕幸、徐朋彪：《韩城方言调查研究》，中华书局 2017 年版。

孙立新：《户县方言研究》，东方出版社 2001 年版。

孙立新：《西安方言研究》，西安出版社 2007 年版。

毋效智：《扶风方言》，新疆大学出版社 2005 年版。

吴媛、韩宝育：《岐山方言调查研究》，中华书局 2016 年版。

夏征农主编：《辞海》，上海辞书出版社 1999 年版。

邢向东：《陕西省的汉语方言》，《方言》2007 年第 4 期。

邢向东、蔡文婷：《合阳方言调查研究》，中华书局 2010 年版。

中国社会科学院语言研究所词典编辑室：《现代汉语词典》第七版，商务印书馆 2018 年版。

（孙立新　西安　西安培华学院人文与国际教育学院

13571925851@ 163. com）

海拉尔方言音系及新老派语音差异*

蔡文婷

提　要：论文主要包括两部分内容，其一，描述了内蒙古呼伦贝尔市海拉尔区老派、新派方言音系；其二，经过实地田野调查结果的比对，概括海拉尔话新老派语音差异，并探讨产生新老派语音差异的原因，并得出如下结论：随着当地青年受教育程度的不断提高及普通话的不断普及，新派方言与普通话之间的差异将越来越小。

关键词：海拉尔；方言音系；新老派

一　概说

海拉尔是隶属内蒙古自治区呼伦贝尔市的一个市辖区，地处内蒙古自治区东北部，呼伦贝尔市中部偏西南。海拉尔区城区规划面积 38 平方公里，截至 2017 年底，城区总人口为 28.4 万。是呼伦贝尔市——中国最大地级市——的政治、经济、文化、交通、信息和旅游中心。

截至 2017 年底，海拉尔区民族构成以汉族为绝大多数，以蒙古族为自治主体，其中汉族有 21.93 万人，蒙古族为 3.7 万人，回族有 0.83 万人，满族有 0.81 万人，达斡尔族有 0.71 万人，鄂温克族有 0.16 万人，鄂伦春族有 0.074 万人。

海拉尔区中大部分城市居民说汉语方言，辖区内还有少数民族语言，主要有蒙古语、达斡尔语、鄂温克语、俄罗斯语四种。据《汉语方言地图集》（商务印书馆 2008 年版）中对汉语方言的分区，海拉尔话属于东北官话中的黑松片嫩克小片。

* 本文为内蒙古自治区高等学校科学研究项目"内蒙古地区城市户外标语调查研究"（NJSY20305）、2019 年度呼伦贝尔学院"首届'金课'立项课程之《现代汉语》"、2018 年度中国语言资源保护工程·内蒙古海拉尔区方言调查课题（YB1802A003）的阶段性研究成果。

笔者在查阅当地相关历史文献和实地调研后发现，海拉尔的居民多数来自山西、山东、河北等地，其中以山西省移民最早，最具代表性。山西移民定居在海拉尔老城区（"城里"）后，后期移民便投靠亲友接踵而至。由于居民祖籍不同，海拉尔居民受原籍贯口音的影响，方言内部存在着一定的差异。

本文描写的是海拉尔区方言音系。发音合作人主要是"老派方言音系"代表蔡振业和"新派方言音系"代表杨中良，两位发音人出生地均为海拉尔，祖籍均为山西省宁武县。1. 蔡振业，男，65岁，初中毕业，退休工人。2. 杨中良，男，33岁，大专文化，工人。

二　海拉尔话老派方言音系

1. 海拉尔话老派方言音系中有声母22个，包括零声母在内。

表1

p	八兵百病	pʰ	派片爬劈	m	马麦明木	f	飞风肥饭		
t	多袋东毒	tʰ	讨甜天铁	n	脑南年泥			l	老蓝连路
ts	早租贼坐	tsʰ	刺草拆春			s	丝三酸顺		
tʂ	张争纸针	tʂʰ	车城愁陈			ʂ	山双手十	ʐ	热软日弱
tɕ	酒九夹接	tɕʰ	清全轻权			ɕ	想谢响县		
k	歌解高共	kʰ	苦开口渴			x	好灰活黄		
∅	味问月王								

说明：

（1）［tʂ tʂʰ ʂ ʐ］声母的实际发音部位比较靠前，舌尖不到硬腭前端的位置。

（2）n出现在开口呼、合口呼韵母前实际音值为［n］；n出现在齐齿呼、撮口呼韵母前实际音值为［ɲ］。［n］、［ɲ］为互补关系。

（3）以［u］做介音的合口呼零声母略有咬唇动作，实际音值为半元音［ʋ］。

2. 海拉尔话老派方言音系中有韵母37个，不包括儿化韵母。

表2

ɿ 丝刺池死			
ʅ 师试十直			

续表

ɚ 二耳儿尔	i 米戏急七	u 苦五猪骨	y 雨橘绿局
a 茶塔法辣	ia 牙下鸭瞎	ua 瓦挂抓刮	
ɤ 歌盒热壳	iɛ 写鞋接贴	uo 坐过活国	yɛ 靴月缺学
ai 开排色掉~白		uai 外怪块坏	
ei 赔飞北塞		uei 对碎灰鬼	
ɔu 宝饱找绕	iɔu 笑桥药脚		
ou 豆走狗瘦	iou 酒牛油六		
an 南山半暖	iɛn 盐年烟咸	uan 短官关砖	yɛn 全卷权送
ən 深根嫩分	in 品心新近	uən 寸滚春问	yn 军裙熏云
aŋ 糖钢张厂	iaŋ 两样响讲	uaŋ 床王双撞	
əŋ 灯升争弄	iŋ 硬病星井	uəŋ 翁	
oŋ 东冻葱送	ioŋ 兄用		

说明：

（1）iɛ yɛ 韵的主要元音开口度略小，接近于 ɛ。

（2）ai uai 韵尾的实际音值比 i 略低，实际音值为 æe uæe。

（3）ɔu iɔu 韵尾的实际音值比［u］略低，实际音值为 ɔo iɔo。

（4）ou iou 韵主要元音发音时唇形略展，韵尾 u 的实际发音部位略低。

（5）aŋ iaŋ uaŋ 韵的主要元音，略带鼻化色彩。

3. 老派方言音系中有声调 4 个。

阴平 55　　　东通哭切

阳平 24　　　门铜急白

上声 213　　　懂苦百节

去声 51　　　动快地刻

4. 连读变调。

表 3

前字 ＼ 后字	阴平 55	阳平 24	上声 213	去声 51	轻声
阴平 55	55 55 飞 机 东 风	55 24 清 明 高 粱	55 213 洗 澡 失 火	55 51 分 配 猪 圈	55+1 星 星 苍 蝇

续表

前字 ＼ 后字	阴平 55	阳平 24	上声 213	去声 51	轻声
阳平 24	24 55	24 24	24 213	24 51	24+1
	石 灰 台 风	石 榴 零 钱	凉 水 苹 果	阳 历 学 校	電 子 回 来
上声 213	213 55	213 24	213 213	213 51	21+3
	牡 丹 打 针	倒 霉 海 洋	水 果 锣 鼓	柏 树 木 耳	起 来 姥 姥
去声 51	51 55	51 24	51 213	51 51	51+1
	汽 车 背心儿	稻 田 酱 油	下 雨 大 水	肉 店 白 菜	地 方 月 亮

说明：海拉尔话中轻声在听感上比较模糊，在音高上也不固定，其实际调值因受前字声调的影响而不同。一般地说，上声字后头的轻声字音高比较高，实际调值为 3 度；阴平、阳平、去声字后头的轻声偏低，调查中标为 1 度。

5. 儿化和小称音。

表 4

儿化韵	本韵	例词
ur	u	花骨都儿，里屋儿
ar	a	刀把儿，号码儿，打杂儿
iar	ia	俩儿，豆芽儿，架儿
uar	ua	牙刷儿，小褂儿、花儿、画儿
ɤr	ɤ	唠嗑儿，泡沫儿
iɛr	iɛ	蝴蝶儿，树叶儿，小鞋儿，台阶儿
yɛr	yɛ	旦角儿，补缺儿
iər	i	猪蹄儿，针鼻儿，破皮儿，小米儿，底儿
	in	使劲儿，菜心儿，脚印儿
uor	uo	错儿，干活儿，大伙儿
yər	y	后尾儿，有趣儿
	yn	合群儿
ər	ei	宝贝儿，辈儿，妹儿
	ɿ	瓜子儿，字儿，刺儿，肉丝儿
	ʅ	没事儿，年三十儿
	ən	赔本儿，没门儿，虾仁儿，山根儿

续表

儿化韵	本韵	例词
uər	uei	一对儿, 跑腿儿, 墨水儿, 小鬼儿, 一会儿, 味儿
	uən	冰棍儿, 没准儿, 掉魂儿, 作文儿
ãr	ɑŋ	鞋帮儿, 帮忙儿, 药方儿
iãr	iɑŋ	娘儿们儿, 小样儿
uãr	uɑŋ	一对儿双儿, 筐儿, 电棒儿
ɐr	ai	牌儿, 带儿, 盖儿, 孩儿
	an	盘儿, 摊儿, 篮儿, 门槛儿
iɐr	iɛn	边儿, 药面儿, 一点儿
uɐr	uai	块儿
yɐr	yɛn	花卷儿, 圈儿, 小院儿
ɔur	ɔu	点个卯儿, 刀儿, 趁早儿, 桃儿, 枣儿, 棉袄儿
iɔur	iɔu	苗儿, 调儿, 条儿
ɤ̃r	əŋ	门缝儿, 小板凳儿, 坑儿
iɤ̃r	iŋ	名儿, 小命儿, 山顶儿, 影儿
our	ou	老头儿, 土豆儿, 水沟儿,
iour	iou	抓阄儿
õr	oŋ	小葱儿, 没空儿
iõr	ioŋ	小熊儿

三　海拉尔话新派方言音系

1. 海拉尔话新派方言音系中有声母 23 个, 包括零声母在内。

表 5

p	八兵百病	ph	派片爬劈	m	马麦明木	f	飞风肥饭		
t	多袋东毒	th	讨甜天铁	n	脑南年泥			l	老蓝连路
ts	早字贼坐	tsh	刺草拆春			s	丝三酸顺又		
tʂ	张柱装纸	tʂh	车城愁陈			ʂ	山双顺又十	z	热软日弱
tɕ	酒九夹接	tɕh	清全轻权			ɕ	想谢响县		

k	歌解高共	kh	苦开口渴			x	好灰活黄	
∅	味问月王							

说明：

（1）n 出现在开口呼、合口呼韵母前实际音值为 [n]；n 出现在齐齿呼、撮口呼韵母前实际音值为 [ȵ]。[n]、[ȵ] 为互补关系。

（2）以 [u] 做介音的合口呼零声母略有咬唇动作，实际音值为半元音 [ʋ]。

2. 海拉尔话新派方言音系中有韵母 37 个，不包括儿化韵母。

表 6

ɿ 丝刺紫死			
ʅ 师试十直			
ɚ 二耳儿尔	i 米戏急七	u 苦五猪骨	y 雨橘绿局
a 茶塔法辣	ia 牙下鸭瞎	ua 瓦挂抓刮	
ɤ 歌盒热壳蛋~儿	iɛ 写鞋接贴	uo 坐过活国	yɛ 靴月缺学
ai 开排色掉~白		uai 外怪块坏	
ei 赔飞北塞		uei 对碎灰鬼	
ɔu 宝饱找绕	iɔu 笑桥药壳地~		
ou 豆走狗瘦	iou 酒牛油六		
an 南山半万	iɛn 盐年烟咸	uan 短官关砖	yɛn 全卷权送
ən 深根嫩分	in 品心新近	uən 寸滚春问	yn 军裙熏云
aŋ 糖钢张厂	iaŋ 两样响讲	uaŋ 床王双撞	
əŋ 灯升争弄	iŋ 硬病星井	uəŋ 翁	
oŋ 东冻葱送	ioŋ 兄穷用熊		

说明：

（1）ɚ 读去声时为 ɐʴ。

（2）韵母 a、ia、ua 中的 a 实际音值为 A。

（3）iɛ、yɛ 韵的主要元音开口度略小，接近于 E。

（4）ai、uai 韵尾的实际音值比 i 略低，实际音值为 æ、uæ，发音时韵腹与韵尾之间的动程不明显。

（5）ɔu、iɔu 韵尾的实际音值比 u 略低，实际音值为 ɔʊ、iɔʊ，发音时韵腹与韵尾之间的动程不明显。

（6）ou、iou 韵主要元音发音时唇形略展，韵尾 u 的实际发音部位略低，发音时韵腹与韵尾之间的动程不明显。

（7）iɛn、yɛn、uan 等前鼻韵母的主要元音，略带鼻化色彩。

（8）aŋ、iaŋ、uaŋ 韵的主要元音，略带鼻化色彩。

3. 新派方言音系中有声调 4 个。

阴平 55　　　　东通哭切

阳平 24　　　　门铜急白

上声 213　　　懂苦百节

去声 51　　　　动快地刻

说明：有些字的阴平调值不足［55］，实际调值为［44］。

四　海拉尔方言音系特点及其新老派音系的差异

1. 海拉尔话中古精组字和古知庄章组字多数情况下不混，知、庄、章组今读两类声母：［tʂ］、［tʂʰ］、［ʂ］与［ts］、［tsʰ］、［s］，并存在自由变读的情况。读作［tʂ tʂʰ ʂ ʐ］声母的实际发音部位比较靠前，舌尖不到硬腭前端的位置。但到了新派方言音系中，混读的情况已经消失，青年男性对于舌尖前后音分得非常清楚，只是在一些常用字词中会有"又读"的情况，例如：柴、晒、吹、追、锤、水、蚕、准、春、唇、顺、纯、桌、镯、窄、摘。

2. 海拉尔话中古入声的清音声母字，如今读为上声的数量相比较于北京话占比更大，笔者通过对《中国语言资源调查手册·汉语方言》中所收古清入字的演变情况统计后发现，大部分古清入字在北京话中，调类分别为阴平、阳平、去声，但在海拉尔老派方言音系中都读为上声。例如：插、息、曲弯~、削~皮、节、结、媳、国、革、福、得~到、觉~得、霍、藿、髪、质、鲫、腹、触、宿~舍、客、雀、色。在海拉尔新派方言音系中，上述例字读为上声的数量明显减少，不读为上声的古清入字调类演变规律与普通话一致，分别归入阴平、阳平、去声。

3. 在北京话中与［p pʰ m f］相拼的［o］韵，海拉尔话老派方言音系中读作［ɤ］韵，如：波菠拨［pɤ⁵⁵］，坡［pʰɤ⁵⁵］，婆［pʰɤ²⁴］，破［pʰɤ⁵¹］，摸［mɤ⁵⁵］等。新派方言音系中上述字词的韵母则全部读作［uo］韵。

4. 海拉尔话中塞音、塞擦音声母送气的情况和北京话也有较大的差别。例如读作送气音的有：比［pʰi²¹³］，胞［pʰɔu⁵⁵］，蝶［tʰiɛ²¹³］，捕逮~［pʰu²¹³］，撞［tsʰuaŋ⁵¹］；读作不送气音的有：券［tɕyɛn⁵¹］，泼［pɤ²⁴］，糙［tsɔu⁵¹］。新派方言音系中，塞音、塞擦音声母是否读如送气的分布情况已经基本和北京话一致了，除个别在日常交际中使用频度较高的字之外，如"比""撞"。调研发现，新派方言音系中"比"字的读音也已经出现了词汇条件的变化，例如只有在"我比你高"口语化的句子中才会出现［pʰi²¹³］的读音，其他时候均已经读为［pi²¹³］。

5. 老派方言音系中山合一泥来母字没有［u］介音，如常用字：暖~和［nan²¹³］，卵泡~子：种猪［lan²¹³］，乱~七八糟［lan⁵¹］。新派方言音系中则全部都有［u］介音。

6. 海拉尔老派方言音系中遇摄三等、曾摄开口三等中个别日母字为［l］声母。如"乳""扔"字，青男音系中口语中使用频率明显减少，但没有完全消失。

五　从海拉尔当地的口头文化中看其他音变问题

2018 年，笔者对海拉尔话作了系统的调查研究，随着调查研究的不断深入，笔者发现海拉尔话不仅语音、词汇、语法等方面特点突出，而且当地的口头文化类型非常丰富，包括谚语、歇后语、顺口溜、民间故事等多种类型。这些口头文化通过口口相传一直流传到今天，因此口头文化中涉及的一些语音特点及音变现象更能够反映老派海拉尔话的特点。同时，通过口头文化还能够有效弥补调查中当地特征词、特色词的缺漏，这些方言语汇往往具有较强的隐蔽性，如果不是调查人的母语，是很难调查出来的。

例 1：秋天到，柿子红，tɕʰiou⁵⁵tʰiɛn⁵⁵tɔu⁵¹，ʂʅ⁵¹tsə⁰xoŋ²⁴，
谁家小子谁心疼。sei²⁴tɕia⁵⁵ɕiɔu²¹tsə⁰sei²⁴ɕin⁵⁵tʰəŋ²⁴。

例 2：狍子屁股——白白的。pʰɔu²⁴tsə⁰pʰi⁵¹ku⁰——pai²⁴pai²⁴tə⁰。

意译：狍子屁股——白白的（无能）

例 3：三条腿儿的桌子——欠拾掇。san⁵⁵ tʰiɔu²⁴ tʰər²¹ tə⁰ tsuo⁵⁵
tsə⁰——tɕʰiɛn⁵¹ ʂʅ²⁴tuo⁰。

意译：三条腿儿的桌子——欠拾掇（需要吃些教训）。

例 4：秋后的蚂蚱——蹦跶不了几天了。tɕʰiou⁵⁵ xou⁵¹ tə⁰ ma⁵¹
tsa⁰——pəŋ⁵¹ta⁰pu⁵¹liɔu²¹tɕi²¹tʰiɛn⁵⁵la⁰。

意译：秋后的蚂蚱——蹦跶不了几天了（得意不了多久了）。

从上述四个具有代表性的口头文化中，我们可以看出海拉尔话中的其

他音变现象主要体现在下列五个方面：

（1）海拉尔话中"子"的单字音为 $[\text{ts}\textchi^{213}]$，在语流当中做词尾时读为 $[\text{ts}\text{ə}^0]$。

（2）海拉尔话中的"了"两种不同的读音，动态助词"了1"按照实际发音记作 $[\text{lə}^0]$，语气词"了2"韵母的实际音值为 $[\text{ɐ}]$，调查手册中写作 $[\text{la}^0]$，动态助词与语气词的兼用（了1+了2）时，"了"的发音记作 $[\text{la}^0]$。另外，动态助词"着"的韵母按照实际发音记作 $[\text{ə}]$。

（3）"巴"作为词缀出现的时候，发音较为含混，有时实际音值为 $[\text{puɑ}^0]$，如词汇中的"窄巴""干巴""糊巴"等；有时实际音值为 $[\text{pʌ}^0]$，如词汇中的"尾巴""鸡巴"等，调查记录时统一记作 $[\text{pa}^0]$。

（5）海拉尔话中"三""七""八""不"的音变有共同规律，在单说或在末尾时，调值为本调；在阴平、阳平、上声字前，调值为本调；在去声字前，变调为 $[24]$，如"三个""三月""七处""七座""八路""八片""不会""不去"。

六　结语

以上，笔者结合海拉尔的方言调查材料，描写了当地的新老派方言音系，并着重描述了海拉尔话新老派音系间的区别。作为东北方言的一部分，海拉尔话老派方言音系和普通话的音系差别不是很大，主要体现在调值和韵母的鼻化上。但通过对海拉尔话新老派的声母、韵母、声调以及口头文化中的音变现象做语音比对后，发现海拉尔话语音层面的变化趋势是非常清晰的，那就是新派音系更加向普通话音系靠拢。方言调查团队在遴选新老派代表发音人时，注意到25岁—35岁区间的年轻发音人受过高等教育的比重远超过55岁—65岁区间的老年发音人。可见，随着当地教育水平的不断提高和高等教育的日益普及，普通话语音特点对海拉尔话语音特点的影响一定会更加明显。

参考文献

曹志耘主编：《汉语方言地图集》，商务印书馆2008年版。

教育部语言文字信息管理司、中国语言资源保护研究中心：《中国语言资源调查手册·汉语方言》，商务印书馆 2015 年版。

　　贺巍：《东北官话的分区（稿）》，《方言》1986 年第 3 期。

　　张志敏：《东北官话的分区（稿）》，《方言》2005 年第 2 期。

　　邢向东：《神木方言研究》，中华书局 2003 年版。

（蔡文婷　海拉尔　呼伦贝尔学院文学院　455603910@ qq. com）

晋方言俗语词 "烙毛" 考源

忻丽丽

提　要： 晋方言中有 "烙毛" 一词，义为 "出于某种不正当目的给别人白干活"，贬义。其理据以往有学者做过解释，但结论不能令人信服。我们认为 "烙毛" 即 "落 (lào) 毛" 的音借词，"落" 有捞取义，"毛" 代指娼妓业，亦泛指不正当的营生。方言中又有 "捞毛"，与 "落毛" 同义。"捞" 亦有捞取义。"捞毛" 最早见于明代，本指依靠卖淫为生，发展为 "出于某种不正当的目的给别人白干活" 的意义。"落毛" 古代文献未见用例，应为 "捞毛" 更换同义语素后的同义嬗变词。

关键词： 晋方言；俗语词；烙毛；落毛；捞毛

晋方言有 "烙毛" 一词，指出于某种不正当目的给别人白干活，贬义。张光明、温端政编《忻州方言俗语大词典》（2002：261）："烙毛：白干活儿。" 又有名词 "烙毛猴"，温端政《忻州俗语志》（1986：33）："烙毛猴：指出于某种动机，白为别人服务的人。" 举例为："那才是个烙毛猴喱，一有空就到人家领导家劳动去了。"

关于 "烙毛" 的理据，有学者做过探讨，但结论尚不能令人信服。"烙毛" 应写作 "落 (lào) 毛"，与 "捞毛" 同义。"捞毛" 多见，学者们对其也做过很多研究，然 "捞毛" 之理据，亦未得。本文将对 "落毛" "捞毛" 二词的关系及理据进行梳理探讨，力求理清词义发展的脉络，求其理据。

一　"烙毛" 实为 "落（lào）毛"

(一)"烙毛" 之 "烙猪毛" 说不能成立

"烙毛" 之 "白干活" 义，理据未明。有学者认为和屠宰业杀猪有关。侯建忠《做一个有作为的烙毛者》："过去，人们杀了猪，用开水把猪毛褪掉，但总有些旮里旮旯的地方褪不掉，这就需要有人把火炷烧红，烙掉未除掉的毛。由此，人们便把一些无关紧要或费力不讨好，但又不得不做的事，称作烙毛。"① 侯文认为烙毛者的工作虽然平凡，但很重要，应该得到尊重，人们不应该对之有偏见。

此说不能成立，原因有三：

首先，"烙掉猪毛"义在晋方言里往往说"燎毛"，非"烙毛"。

其次，烙猪毛是杀猪的程序之一，虽然平凡，并非地位低下，也就无所谓贬义。而晋方言中"烙毛"则带有明显的贬义和侮辱性，如上温端政（1986：33）《忻州俗语志》例。又如，有人为了巴结村干部，给村干部家帮忙白干活，人们就会说："他就会给村干部烙毛，真是个烙毛货。"而这话如果被他听到，他会很生气地反驳："甚叫烙毛？你才烙毛呢！"甚至会因此引发更大的矛盾。可见"烙毛"具有较强的侮辱性。

最后，烙猪毛并非无偿的劳动，与"白干活"没有必然联系。

综上，"烙猪毛"说不能成立。"烙毛"之白干活义，与"烙"意义无关，"烙"应为"落"的记音字。古籍中"烙毛"无此义用例：遍检古籍，仅见三例，皆言用高温烫皮毛义。

（二）"烙"为"落"之记音字；"落"有捞取义，"毛"泛指不正当的事情

我们认为，"烙毛"应写作"落毛"，"烙"仅为"落"的记音字。由于"落"为多音字，且其音 lào，相对较为陌生，则被误写为更为常见的"烙"，故方言词典都写作"烙毛"。

按，落（lào），方言中有"留下、剩下"或"最终得到"义，由"落"之"落下、掉下"义引申而来，无褒贬色彩。如"一共生了十个孩子，最后就落住三个。""进货五毛，卖一块，（刨去进价）还落五毛。"又如"落下病根""落下把柄""不落好"等。

该义在晋方言、东北官话、北京官话、中原官话、西南官话、闽方言中普遍存在。《汉语方言大词典》（1999：5930）："落：得到、留下。**东北官话**。东北 lau°：那次碰伤后~下一个疮疤。**北京官话**。北京 lau⁵¹：~

---

① http：//bbs. tianya. cn/post-shortmessage-69757-1. shtml.

个直棍儿。（得到好评）老舍《骆驼祥子》：不过，三条牲口才换了那么几块钱，而自己倒~了个外号，他觉得有点不大上算。**中原官话**。江苏徐州 luə[313]：你跟着跑了一趟，也能~点好处呗？干了几十年，~了一身病。**晋语**。山西沁水。赵树理《小二黑结婚》：三仙姑前后共生六个孩子，就是五个没有成人，只~了一个女儿，名叫小芹。"西南官话和闽方言中也有此义。

若是以不正当的手段，通过克扣、留取等方式来获得利益，则具有贬义。因此"落"也指不正当的获取利益。该义亦源于"落"之落下、掉下、留下义。如："我让他给姥姥捎去一大袋子西红柿，他只给了姥姥三个，都让他落了。""他大哥盖房，拿钱让他去买木料，他也没少落。"

该义在方言中普遍存在，如《汉语方言大词典》（1999：5930）："落：捞取；吞没；克扣。**北京官话**。北京 lau[51]：您当了知县，不~是白不~。**冀鲁官话**。山东。《水浒》第九回：原来差拨~了五两银子，只将五两银子并书来见管营。**江淮官话**，江苏北部。安徽安庆 no[5]：钱让他~去了。**西南官话**。湖北武汉 no[213]：他把钱~了。云南昆明 lo[31]：~点菜钱买东西吃。云南建水 lo[53]。**吴语**，上海 loʔ[2]、上海嘉定、松江：~着一块布。江苏苏州 loʔ[23]：《何典》第二回：娘儿们商议将银子~起一大半，拿一小半来送与饿杀鬼。浙江宁波、定海。明范寅《越谚·格致谚》：裁缝弗~布，死得勿得过。民国《定海县志》：干没人物曰~。**湘语**。湖南长沙 lo[44]：打铁~铁，打铜~铜，杀猪~血。**客话**。江西南部。《赣南的客家民歌》：先当筷子箍得起，如今调羹~唔到。罗翙云《客方言·释言》：~者，略之声转。《方言》：略，强取也，又曰捞取也。故干没人财曰~。**粤语**。广东阳江 lok[54]。"

可见，落 lào 有不正当获取义，贬义，由"掉落、落下"义引申而来。罗翙云认为"落"之捞取义，与"略"音近义同，不确。

"毛"，晋词，指生殖器，也代指娼妓业，可泛指不正当的事情。（详见下文"捞毛"条）"落毛"即言从不正当的事情中获得利益。然而，古籍中未见"落（lào）毛"（古籍中有"落毛"，指羽毛掉落。）探讨其词义来源和理据，我们可参考其同义词"捞毛"。

二 "捞毛"词义演变及理据探析

方言有"捞毛"一词，与"落毛"同义，即为了讨好别人而白干活。

《汉语方言大词典》（1999：4709、4711）"捞毛儿"："为讨好人家而出力。**中原官话**，吐鲁番，一天价给别人捞毛儿底呢，个人家的事情一点也不干。**兰银官话**，乌鲁木齐。"又"捞毛儿客"："指为讨好人家而爱出力的人。**中原官话**，新疆吐鲁番。**兰银官话**，乌鲁木齐。"

（一）"捞毛"本义为"依靠卖淫业为生"

"捞毛"最早见于明代小说，清代已多见。然而，"捞毛"一词在古代典籍中，指"依靠卖淫业为生"，与现代汉语方言中的词义不同。《汉语大词典》引《儒林外史》第五十三回："收了家伙，叫捞毛的打灯笼送邹泰来家去，请四老爷进房歇息。"为例，释"捞毛的"为"旧时泛称依靠卖淫业为生的人"。

曲彦斌《中国隐语行话大辞典》（1995：360）："捞毛的：旧时北京八大胡同妓院统谓以淫业为生计者。《切口·八大胡同妓院》：'捞毛的：凡恃卖淫业以生活者之总称也。'"刘平《中国民俗通志·江湖志》（2005：351）："北京娼妓的语言：依靠卖淫为生计，称为捞毛的。"

"捞毛"最早见于明代，如：

（1）只因官府禁逐流娼土妓，那些楚馆秦楼，都已烟消火灭，我们这些捞毛水手，无地容身。（明·沈君谟《一合相·乌合》）

清代已习见，如：

（2）六老爷道："只要你这姐儿们有福，若和大爷、二爷相厚起来，他府里差甚么？——黄的是金，白的是银，圆的是珍珠，放光的是宝！我们大爷、二爷，你只要找得着性情，就是捞毛的，烧火的，他也大把的银子挝出来赏你们。"（清·吴敬梓《儒林外史》第四十二回）

（3）奚十一在那里一连宿了七八天，每一天也花几十吊钱，老鸨便欲砍起斧子来：本人身上作衣服，打首饰制铺垫，是不必说了，还有那些姑娘们，要这样，要那样，连老鸨婆、帮闲、捞毛的，没有一个不打把式。好在奚十一爽快性成，从无吝啬。（清·陈森《品花宝鉴》第十八回）

（4）净："俺老子是山东牛寸木，到你这里来卖枣儿、栗子、核桃的。闻得这里有个表子周蜡梅，俺老子要见他见儿，嫖他嫖儿。不知那个是?"旦:"姓周的就是我。"净:"就是你? 好个模样儿! 你们在这里吃酒，俺老子也吃他娘一杯。"末:"唯! 老爹，你不生不熟，一点道理人情也没有，就想吃酒?"净:"咋! 说话的，你敢是捞毛的忘八么?"末:"不敢僭老爹。"净:"你说俺没有人情? 俺带了好些果子在这里，是极好的土仪哩，快拿盘子来!"(清·唐英《灯月闲情十七种·面缸笑》)

"捞毛的"又专指妓院的雇工或杂工，陆澹安《小说语词汇释》(1979:734)引《儒林外史》第四十二回例子:"正说着，捞毛的叫了王义安出去，悄悄说了一会儿话。"释"捞毛的"为"妓院雇工。"许少峰《近代汉语大词典》(2008:1106)引《儒林外史》四十二回:"嫖客进了房，端水的来要水钱，捞毛的来要(花)钱，又闹了一会儿。"《钟馗斩鬼传》第八回:"今日牵了黑眼鬼去，与他做捞毛的，故此我不欲杀他。"释"捞毛的:妓院杂工。"又如侯建《中国小说大词典》(1991:1173):"捞毛的:妓院的男仆。"岳国钧《元明清文学方言俗语辞典》(1998:1160):"捞毛的:妓院里的雇工。"齐如山《北京土话》(1991:43):"捞毛的:凡在妓馆中伺候人及打杂的等等，人皆以此呼之。"

(二)"捞毛"之"依靠卖淫业为生"义的理据探讨

"捞毛"指依靠卖淫为生，对其理据的探讨，有如下几种观点:

1. "捞毛"又作"老猫""捞猫"。王宝红《清代笔记小说俗语词研究》(2005:76)有"捞毛"条:"同下'老猫'，指妓院中的杂役。"又"庙客、老猫"条:"受妓女豢养并为之服务的男子。"引例为清·俞正燮《癸巳剩稿》"俗骂案解":"《北里志》云:'多有游惰者，于诸三曲中为娼所豢养，号为庙客。不知何谓。'今谓老猫，亦庙之转。"又"捞猫"条引清·捧花生《画舫余谭》:"诸姬家所用男仆，曰捞猫、曰镶帮。皆外人呼之，主人深以为讳。"

按，上述诸条，作者释语正确，然未能探明"捞毛"语源。

2. "捞毛"因洗澡得名。清·韩子云《海上花》第三十七回"惨受刑高足枉投师，强借债阔毛私狎妓"，张爱玲对"毛"的注解:"北方妓院男仆俗称捞毛，想指阴毛，因为妓女接客后洗濯，由男仆出去倒掉脚盆水。"（375 页）① 胡云晖《包头方言探微》（2011：299）驳《汉语大词典》释义宽泛，认为 "捞毛的" 仅指妓院杂工，该名称是因 "伺候洗澡" 而得名，认为 "捞毛与水手相提并论，可见其主要职能就是汤里来水里去。" 又引清魏秀仁《花月痕》第十二回："自此做衣服打首饰，碧桃要这样，同秀便做这样，碧桃要那样，同秀便做那样，每一天也花几十吊钱，连老鸨、帮闲、捞毛的，没一个不沾些光。" 认为捞毛的与老鸨、帮闲等并言，说明是各有专职，不能泛指卖淫业的人。②

按，"洗澡说" 属于望文生训。"捞" 有从水中捞取东西义，让人联想到了伺候洗澡。但是从水中捞取毛发，并非伺候洗澡的环节，不符合逻辑，失之牵强。至于伺候洗澡者何以成为妓院杂工的代称，也不清楚。

3. "捞毛" 指通过介绍男女搞不正当关系，收取微薄的报酬。雷冬平《释 "捞毛" 与 "花钱"》（2009）主此说，认为 "捞" 即通过不正当手段获得利益，"毛" 释为 "微薄的报酬"。引例如下：

（5）嫖客进了房，端水的来要水钱，捞毛的来要（花）钱，又闹了一会儿。（清·吴敬梓《儒林外史》第四十二回）

（6）贾琏道："我替妙能做个媒，给他说了头亲事，就要叫他过门，故此来同你商量，问你肯不肯？" 妙空听说嗤的笑了一声，道："恭喜，恭喜！" 贾琏道："恭喜我什么？" 妙空笑道："恭喜你添了件买卖，会捞毛。"（清·陈少海《红楼复梦》第八回）

（7）老孙同花二奶奶笑道："咱们原图个相与，只要知热知冷的，又说什么借不借的话呢？就是帮也要帮他一二千两银子，等着我们同你官儿上了手，自然还要谢你，再没有白叫你替咱们拉拢的道理。" 老杜笑道："我跟了有二十年的官儿，任什么事儿都会，就是没有会捞毛。"（清·陈少海《红楼复梦》第三十三回）

雷文所引例（5），不能证明捞毛即介绍不正当男女关系。例（6）、（7）勉强可通，但贾琏说媒，并没有说明其报酬是否微薄。且捞取微薄

---

① 施康强（1989）认为张注谬误，认为 "端水与捞毛各有专职，倒不应与端水为同一人。则捞毛不与倒水之役，张爱玲的语原字解释似有凿空之嫌"。

② https：//site. douban. com/160569/widget/notes/8460125/note/2395494501.

的钱，有许多途径，为何专指介绍男女？没有说明。

4. 捞毛的，即指只能捞取小钱的低等佣人，见叶松《〈儒林外史〉方言词语考释》（2009：249）。与观点3类似，但叶文没有说明通过"介绍不正当的男女关系"的手段。下等佣人的酬劳或许很少，但未必是通过"不正当手段"获得的，因此该说法也难以成立。

按，"捞毛"本义为以卖淫业为生。"捞毛的"泛指依靠卖淫业为生的人，后来专称妓院杂工。

"捞"有取得、获取义。又指用不正当的手段取得财物、利益。如《二十年目睹之怪现状》第七十九回："这军装买卖是最好赚钱的，不知他捞了多少。"此义在现代汉语方言里普遍存在。比如"捞钱""捞好处"等，贬义。

在粤语中，"捞"有"谋生、混"义（《现代汉语方言大词典》2002：5381），如"捞生意""捞世界"，即做生意、混社会以谋生的意思。"捞"又指"用不正当的手段取得财物、利益"，此时，其赖以谋生的事情是不正当、不光彩、不合法的。此类语词在广州话里很丰富，比如"捞世界"，有"混饭吃"义，又特指"用一切不正当手段获取金钱地位"。又如"捞赌"，即开赌业为生。"捞偏门"，即干不正当的营生，如以开赌院、妓院、做盗贼、拐骗为生。

又如"捞仔"，指一般的干不正当营生的人。"捞家"指干不正当营生谋取重利的人。"捞女"，可指妓女、暗娼。

"捞毛"之"捞"，同"捞赌""捞偏门"之"捞"。"毛"则代指娼妓业这种不光彩的营生。"捞毛"，即从娼妓业中捞取利益。"毛"，方言中可特指阴毛，如牟平、雷州和海口。"毛"常常作为定语，修饰生殖器名词，如娄底方言有"毛板鸡"，戏称女阴。又有"毛屎"，成年男子的生殖器。徐州话有"毛屌秧子"骂青年或少年儿童的粗话，见《现代汉语方言大词典》第641页。在口语中，"毛"与生殖器名词也常常伴随出现，由于生殖器名词粗俗不堪，口语中往往避讳不说，而是找密切相关的"毛"来代替，所以"毛"也常常单独使用。

现代汉语口语中又有"毛儿""毛线"，分别为"毛"的儿化和生动化形式（参见杨琳《词汇生动化及其理论价值》2012：121–130），除了汉语词汇双音节化的作用以外，也是为了降低其表达的粗鄙。如四川话有

"这毛儿乃毛儿葱子蒜苗儿"来形容东拉西扯的什么都在说或是条件要求太多。① 此处毛儿应为詈词，意在批评。很多时候并无贬义，仅表达一种强烈的语气。

可见在口语里，"毛"已经具有与生殖器同等的詈词功能了。乌鲁木齐有"毛客"指拍马屁的人。如"啥本事莫有，就知道当毛客，给头头儿溜沟子（屁股）。"徐州话则把卖淫女称为"毛儿"，成都话甚至戏称女朋友为"毛根儿"。（《现代汉语方言大词典》2002：645）温州把妓女别称"大毛"，而妓院则叫"大毛宧"。又有"卖毛笔的"，上海流氓团伙指帮妓女勾搭嫖客的人。（刘瑞明《性文化词语汇释》2013：245）所以，"捞毛"即通过"毛"这样的不正当营生捞取利益，也就是依靠卖淫业为生。《汉语大词典》的解释是准确的，是本义。"捞毛的"既可指妓院杂工，也可指老板。又如"八老"可指妓院中老板和雇工。王宝红《清代笔记小说俗语词研究》（2005：76）："八老，明代已有，即王八，指妓院中的男性（老板或雇工）。《喻世明言》第三卷：'吴山来到铺中，卖了一回货，里面走动的八老来接吃茶，要纳房状。'"

为何"捞毛的"又专指妓院杂役雇工呢？因为这些人数量较多，地位最低，如果是男仆，则更为人嘲笑。而妓院的老板，由于获利丰厚，人们不敢以"捞毛"呼之。正如《画舫余谭》："诸姬家所用男仆，曰捞猫、曰镶帮。皆外人呼之，主人深以为讳。"说明捞毛具有极为强烈的贬义色彩，是下作的称呼。又如清·蒲松龄《聊斋俚曲集·增补幸云曲》第十二回："金墩说：'六哥哥，你给俺报报。'六哥道：'只会卖酒，不会给你捞毛。'金墩扭了扭道：'不给俺报罢！小斯斯你三十里、五十里不知道路径，走上叉道去了。'"吴庆峰、张金霞《〈聊斋俚曲集〉歇后语汇释（续）》认为（2003：77-78）："捞毛，指妓院男役所做提壶打水、洒扫卫生、迎送客人等方面的工作。做这类工作的人称为捞毛的。金墩到酒店宿客，要六哥通报，六哥道：'只会卖酒，不会给你捞毛。'所以金墩说他'三十里、五十里不知道路径，走上叉道去了。'实际是批评六哥'捞毛'的话，意思是'走上下道去了'，语涉妓院，下作了。"

---

① http：//www.360doc.com/content/10/0616/22/1330325_33480585.shtml.

(三)"捞毛"之"出于不正当目的白干活"词义来源

由上可知,"捞毛的"泛指依靠卖淫业为生者,也可指妓院杂工。那么"捞毛"又是如何发展形成晋方言的词义呢?

首先,妓院杂工是一个卑贱而不正当的营生。随着社会发展,妓院杂工成为了历史,但是"捞毛"一词却引申泛指"做卑贱的营生"。如《绥远通志稿》(2007:109):"晋为人执贱役者曰捞毛。"为别人干卑贱的活儿,人们骂他捞毛。但是哪些活儿算是卑贱的呢?人们往往从道德伦理层面进行评价,也就是那些出于不正当目的或者为了巴结讨好别人而为别人干的活儿。这些活儿本身并无贵贱之分,是由于干活者的不正当目的而变得卑贱,为人嘲讽,比之为"做妓院营生"。

其次,"白干活"义从何而来?一般来说,为了不正当的目的给别人干活,往往就是白干,不要报酬,所以"捞毛"才有白干的意思。可见,"白干活"是方言骂人捞毛时附加的意义,和妓院杂工没有关系。妓院杂工虽然低贱,但也是有酬劳的,并非白干。

由于时代久远,社会变迁,人们对于捞毛的本义早已不清楚,而由本义发展而来的"出于不正当的目的干活"及其附加意义"白干活",就合成了捞毛的含义,本义则只留下了强烈的贬义色彩。晋方言区很多地方,"捞毛"字读作去声,字随音变写作"烙毛",使其理据尽失,使人容易从字面上和"烙猪毛"联系起来。

"捞毛"有"白干活、不要报酬"的意义,所以方言中又有"白捞毛"的说法,指无偿为别人服务,或者自己的工作徒劳无功,没有取得相应的价值或预期效果。如《蔚县文史资料选辑》(2009:204):"白捞毛:无偿服务。"又如:

(8)当时,民间还有一句口头语叫"白捞毛",意思是说:本地劳工们每天在羊毛湖洗的羊毛倒不少,但都外运了,自己一点也没留下。以后,在民间凡属做无代价的事情,人们都称为"白捞毛"。(刘荫楠《乌鲁木齐掌故》)①

(9)撒下渔网,捞上来的鱼多,叫做红网,鱼卖钱多,甚至能

---

① 刘荫楠:《乌鲁木齐掌故》,新疆人民出版社 1996 年第 1 版,第 37 页。

发财。捞上来的鱼少，叫做白网，也叫"白捞毛"（就是白费劲捞上满网水中漂浮的杂草），卖不出钱，还要亏本。（《大安文史资料》第3辑）①

以上两例都反映了"白捞毛"的实际用法。但两例都试图解释"白捞毛"的理据，却囿于一时一地的情况而不得要领。当然二者并非语言学著作，有此说解不足为奇。

（10）你们不要欺人太甚，我当了这么多年干部，算是白捞毛了。往后，即使你们千人万人来举我，我也决不再干。（王文平《梦的故事》）②

（11）对于他的作息起居，竺科长是无懈可击的，贪睡的于书更是弄得白捞毛，计计不成，枉费心机。（张轼军《黑土地传奇》）③

（12）农民起早贪黑干一年，不仅闹个白捞毛，还得赔上几十元。（张轼军《黑土地传奇》）④

（13）马老二坚决不同意照本批发，他说咱们不能白捞毛。（吴晏哮《起诉自己》）⑤

可见，"白捞毛"的贬义已近乎消失，突出"白"之无偿、徒劳义。

现代汉语中，"捞毛"有些时候仅指"打杂"，贬义淡化甚至消失，如：

（14）方力元眉头锁成疙瘩：我只不过是个小秘书，跑腿捞毛的二八小子，人微言轻，屁事不顶。大权在金队长手里。（王富林《河套人家》）⑥

---

① 中国人民政治协商会议大安县委员会文史办公室：《大安文史资料》，1986年第3辑，第82页。

② 王文平：《梦的故事》，广西民族出版社1985年版，第252页。

③ 张轼军：《黑土地传奇》，百花洲文艺出版社1997年版，第15页。

④ 张轼军：《黑土地传奇》，百花洲文艺出版社1997年版，第351页。

⑤ 吴晏哮：《起诉自己》，长虹出版社2001年版，第144页。

⑥ 王富林：《河套人家》，作家出版社2006年版，第363页。

（15）但是，他又不知道具体发生了什么，只好见风使舵，给李远平建议让王奉友在土地交易管理中心打杂捞毛。（陈玉福《一支黑玫瑰》）①

其实这也是由"妓院杂工"发展而来，由于人们早已忘记了"捞毛"的本义，故而其贬义也渐渐消失。

综上，我们厘清了捞毛的发展脉络，图示如下：

捞：通过不正当手段捞取利益
毛：阴毛→代指生殖器→卖淫女 } 捞毛：依靠卖淫业为生→当妓院杂工→打杂

↓

从事低贱工作

↓

出于不正当目的为别人服务

↓

白捞毛：无偿服务；徒劳无功

由于捞毛的语源已经不清楚，所以对现代方言中"捞毛"的解释也多种多样：①《新华方言词典》（2011：547）"捞毛"：原指妓院雇工，现指干自己不愿干的事。如银川方言："不要以为你有几个臭钱，就使人干这干那，谁愿给你捞那个毛呢。我又不是个捞毛的，啥都给你干。""自己是否愿意干"，关键要看他是否愿意捞毛，如果他很乐意捞毛，这个事情未必是不愿意干的。②捞毛：无报酬地为别人捞取好处。如："我累死了也是为别人捞毛。"③捞毛指无效劳作。如："谁叫你去捞毛呢？"② 该解释似乎更适合"白捞毛"。

以上解释皆没能抓住"捞毛"的核心义，看不出与本义的联系，仅仅是一种随文释义。

---

① 陈玉福：《一支黑玫瑰》，作家出版社 2013 年版，第 131 页。

② "捞毛"第②③点的解释可参见张仁幹《哈密汉族民俗》，新疆大学出版社 2001 年版，第 175 页。

三　"落毛" 为 "捞毛" 的同义嬗变词

本文共考察了 "烙毛" "落毛" "捞毛" 三个词形，"烙毛" 即 "落毛" 的音借词，"落毛" 与 "捞毛" 同义。然遍检古籍文献，仅 "捞毛" 有用例，最早见于明代，古代文献中多指 "依靠娼妓业为生"，有时也泛指 "干不正当的营生"。后引申为 "出于不正当目的白干活" 义，该义仅在现代汉语方言中使用。"落毛（烙毛）" 仅在现代汉语方言中使用，不见于古代文献。可见，"捞毛" 产生早，词义随时代不同而发展演变；"落毛" 产生晚，词义单一。

现代方言中，"捞毛" "落毛" 同义，皆表示 "出于不正当目的白干活"。其理据相似，皆言 "通过不正当营生捞取利益"。"捞" "落" 二语素，皆有 "不正当地获取利益" 义，然其来源不同。"捞" 之 "不正当地获取利益"，来源于其 "打捞、捞出" 义。而 "落" 之 "不正当获取利益"，则由其 "掉落、剩下" 义引申而来。也就是说，"捞、落" 沿着不同的词义引申路径，发展出 "不正当获利" 的意义。该意义与 "毛" 所代指的娼妓业或其他不正当营生相结合，发展演变为方言中的意义。

简言之，"捞毛" "落毛" 理据上都能讲得通，晋方言广大区域多用 "落毛"（词典写作 "烙毛"），其他北方官话区则用 "捞毛"。"捞" "落" 二语素为同义语素，虽语音相近，但并无语音演变关系，是两个不同的语素。因此我们推断，"落毛" 是 "捞毛" 在晋方言区的同义嬗变词。最初应只有 "捞毛" 而无 "落毛"，后来在现代汉语晋方言中，用 "落" 替换了同义词 "捞"，从而形成 "落毛"。探求 "落毛" 的理据，离不开对 "捞毛" 理据的探讨。

综上，我们认为，"落毛" 应为 "捞毛" 的同义嬗变词，理由如下：

1. 现代方言中，"落毛" 与 "捞毛" 同义。

2. 遍检古代文献，有 "捞毛" 而无 "落毛"；"捞毛" 早于 "落毛"。

3. 古籍中 "捞毛" 多指 "依靠娼妓业为生" 或 "给妓院帮工"，也有泛指 "不正当的营生" 的用例（这是词义演变的过度），现代方言指 "出于不正当目的白干活"，二者之间有引申关系。

4. 二者同义，理据相似但不同。"落" 与 "捞" 同义，皆有 "不正当获取利益" 义。"落" 与 "捞" 虽同义，然其引申路径各不相同，不是一个词的音变形式，而是两个不同的词。

因此，"落"是"捞"的同义语素，且二者语音相近，故晋方言区，人们选择了"落"代替"捞"。

《汉语方言大词典》和《现代汉语方言大词典》均未收"落（lào）毛"①，然有些方言中有"落忙"一词，即"临时帮工、帮忙、打零工"的意思，如《汉语方言大词典》（1995：5935）："落忙：在办婚丧事的人家做临时帮工。**东北官话**。东北 lau²˳maŋ：明天老王家娶媳妇，让我去~。北京官话。北京 lau⁵¹maŋ³⁵：您也跟这儿~呢？**冀鲁官话**。天津lau⁵³maŋ⁴⁵：郑大娘没儿没女，就指着给人~养活自己。"

按，"落忙"应由"落毛"演化而来，"毛"、"忙"音近，"忙"本身又有"帮忙"义，故落毛演化为"落忙"。从以上例句可见，"落忙"仅表示"帮忙"，可以不要报酬，也可以要报酬，其目的是正当的，也就无所谓褒贬。从"落毛"到"落忙"，先是字随音变，后又义随字变。当然其词义变化的基础，是"落毛"的理据随时间推移而逐渐模糊，贬义色彩淡化，"落毛"的"出于不正当目的"义素消失，"帮别人干活"义素保留，因此才可能推动落毛演变为落忙。也就是说，从落毛到落忙，音、义变化是相互交织进行的。

本文通过对"落毛"、"烙毛"、"捞毛"三者的分析，厘清晋方言中"落毛（烙毛）"的语源和理据，同时也辨析了"落毛"与"捞毛"的关系，认为"落毛"是"捞毛"的同义嬗变词。而"落忙"，则是"落毛"在部分北方方言中的音义变化词。

综上可见，俗语词的形成和演变是复杂的，是词形、语音和词义相互影响、交织变化的过程。考察俗语词的来源和理据，需要突破词形局限，探求词义演变，关注词语形成的社会文化背景。多角度考察，方能厘清俗语词的语源和发展过程，为俗语词研究提供一点参考。

参考文献

河北省蔚县政协文史资料委员会编：《蔚县文史资料选辑》（第 17辑），2009 年版。

――――――――――

① 有"落（luò）毛"条，指动物褪毛。

侯建：《中国小说大辞典》，作家出版社 1991 年版。

胡云晖：《包头方言探微》，内蒙古人民出版社 2011 年版。

雷冬平：《释"捞毛"与"花钱"》，《汉字文化》2009 年第 6 期。

李荣主编：《现代汉语方言大词典》，江苏教育出版社 2002 年版。

刘平：《中国民俗通志·江湖志》，山东教育出版社 2005 年版。

刘瑞明：《性文化词语汇释》，百花洲文艺出版社 2013 年版。

陆澹安：《小说语词汇释》，上海古籍出版社 1979 年版。

罗竹风主编：《汉语大词典》，上海辞书出版社 1986 年版。

齐如山：《北京土话》，北京燕山出版社 1991 年版。

曲彦斌：《中国隐语行话大辞典（正编）》，辽宁教育出版社 1995 年版。

商务印书馆辞书研究中心编：《新华方言词典》，商务印书馆 2011 年版。

施康强：《众看官不弃〈海上花〉——评张爱玲注译〈海上花〉》，人大复印报刊资料 1989 年第 2 期。

绥远通志馆编纂：《绥远通志稿》（第 7 册），内蒙古人民出版社 2007 年版。

王宝红：《清代笔记小说俗语词研究》，博士学位论文，四川大学，2005 年。

王云路、王诚：《汉语词汇核心义研究》，北京大学出版社 2014 年版。

温端政、张书祥编：《忻州俗语志》，语文出版社 1986 年版。

吴庆峰、张金霞：《〈聊斋俚曲集〉歇后语汇释（续）》，《蒲松龄研究》2003 年第 2 期。

许宝华、宫田一郎主编：《汉语方言大词典》，中华书局 1999 年版。

许少峰编：《近代汉语大词典》，中华书局 2008 年版。

杨琳：《词汇生动化及其理论价值》，《南开语言学刊》2012 年第 1 期。

叶松：《〈儒林外史〉方言词语考释》，北京出版社 2009 年版。

岳国钧：《元明清文学方言俗语辞典》，贵州人民出版社 1998 年版。

张光明、温端政编：《忻州方言俗语大词典》，上海辞书出版社 2002 年版。

张仁幹:《哈密汉族民俗》,新疆大学出版社 2001 年版。

(清)韩子云著:《海上花开》,张爱玲注译,上海古籍出版社 1995
年版。

(忻丽丽　呼和浩特　内蒙古大学文学与新闻传播院
xiaofuping123@163.com)

代少若《湖南赣语词汇研究》序

邢向东

代少若的《湖南赣语词汇研究》即将付梓。我作为他的导师，先后细读了博士论文和修改后的书稿，感觉这部书长处不少，特点鲜明。作者在大量田野调查的基础上，对湖南境内 18 县 19 点的赣语方言词汇作了详尽的描写，比较了湘东赣语带和湘西赣语片的异同，展现了湖南赣语词汇的整体面貌及其内、外关系，阐述了自己对有关方言词汇问题的观察与思考。其中描写如湖南赣语的构词法与造词法，词汇与词义的对称与不对称，湖南赣语词汇包含的民俗文化意义等。比较的内容包括宏观微观、区内区外、东片西片、赣语湘语几个部分。数据与词条相得益彰，细致入微，新见迭出。通过这部书，读者可以详尽地了解湖南赣语的词汇面貌，感受到它的丰富性和复杂性。书后的附录包括 3 项内容：1248 条湖南赣语方言词；湖南赣语 5 个代表方言点的音系；湖南赣语 5 个代表方言点的 3000 余条词语对照表。这些材料都可供学界作进一步的研究。

本书的特点十分突出，可以略陈数端。

一、研究方法得当，路径正确。方言词汇系统性不够显著，研究难度大，尤其是区域性的方言词汇调查研究，尚未形成比较成熟的研究范式。写什么、怎样写，都颇费踌躇。我鼓励前后几位博士毕业生以区域方言词汇作为学位论文题目，就是希望他们能在这方面蹚出一条路来，推动方言词汇研究。代少若根据湖南省内赣语方言的特殊地域环境，充分吸收前人的研究成果，在方言词汇的内外比较上用足了功夫。在书中，他提出和运用"方言共用词"的概念，对方言共用词数量、占比进行统计与比较，从统计、比较的结果中作定量分析，从宏观到微观，深入观察湖南赣语内部东西两片之间、不同方言点之间、湖南赣语与江西赣语之间、湖南赣语与湘语之间的关系，得出了一些有价值的结论。比如第七章"湖南赣语词汇与江西赣语、湘语的关系对比"，通过湖南赣语与江西赣语特征词（110 条）、湘语特色词（96 条）等已有研究成果的比较，采取方言共用词的数量统计办法，分析湖南赣语与江西赣语、湘语的关系。比较分析显示，从湖南赣语同湘语、江西赣语之间共用词的绝对数量来看，跟湘语特色词相同的词78条，占比为81%；跟江西赣语特征词一致的词71条，占比为63%。而从两种特色词在湖南赣语各方言中出现的频次来看，湘语特色词为每条词语平均分布在4.64个方言点，江西赣语特征词为每条词语平均分布在5.1个方言点。说明在词语的影响深度上，湖南赣语受江西赣语的影响要更大（它们是同类方言）；但从词汇接受数量，即词语影响的广度来看，湘语对湖南赣语的词汇贡献更多。换句话说，湖南赣语在词汇上保留了较多赣语特征，但也呈现出不少湘语特色，且湘语在词汇上对湖南赣语的影响逐步加深。这些情况，作者均在书中用具体数字和词语一一道来，不着半句虚言。对"共用词"等词语的计量分析，加深了我们对湖南赣语乃至赣语和湘语之间关系的认识，也说明方言词汇比较是一种有效的研究途径。

二、书中提出了不少有价值的见解。比如"大方言共用词"，作者认为具有以下三个特征：（一）非特征性。这是与"方言特征词"相对的特点；（二）土语性。这类词尽管没有特征词那样的对外排他性，但本地人仍然觉得是自己方言固有的、地道的说法。即便这些方言词在多个大方言中使用，但在不同方言中的语音形式或运用条件并不完全相同，所以造成当地人的"土语感"。（三）沉淀性。指这些词一般是较早出现并沿袭到今天的，而不是较晚时期从外方言借入的，是经过沉淀的、相对"古老"的词。以笔者浅见，作者归纳的这"三性"是站得住脚的。比如，"炭、娃、耍、瓜"等词，晋语、西北官话、西南官话中都用，各地的人都认为是地道的本方言词，其实它们在方言中分布相当广泛，而且都有较长的历史。可见他的见解可以在更大的范围内得到验证。作者对方言共用词的观察是细致的，分析有理有据，可能会改变学界对范围较广的"大方言共用词"的一般印象。

三、注重方言文化的展示。作者特设了第九章"湖南赣语词汇反映的民俗文化———以民居词汇为例"，以"屋、房"之别、"起屋"和当地典型的民居结构"四封三间"为中心，描写了湖南赣语的民居建筑词汇，并揭示出词汇里所反映的农村社会组织、家庭观念、民风民俗等情况。其中"四封三间"的传统建筑格局内，父子、兄弟之间住屋的分配，儿子成家后的父子"分家"，读来令人兴味盎然。俗话说"好朋友清算账",这里是"好父子清算账",分家后父子两家分别住在两个偏屋,"一般是父母家住'大边'(大屋——引者),儿子家住'细边'(小屋——引者)。至于两兄弟各住'偏屋',就没有分那么严格。但多数情况是弟弟住'大边',哥哥住'细边'。这也可能是父母老迈了后按习惯是跟着小儿子住,所以弟弟就占了'大边'了。"已成家的儿子与父母分家后,既有共同的"厅屋"和大门,也可以开侧门单独进出,既保证了家庭内部的和谐与互相照护,又留下了各自独立的自由空间。这有点类似现在父母和子女家住在同一个小区的情形。这种风俗里,隐藏着中国乡村民间的大智慧。在这里,我们体会到该地区"四封三间"的传统民居和居住格局里所包含的浓重的人文、生活气息,所凝聚的深厚的人生智慧,凝固的建筑在读者眼中鲜活了起来!这不就是值得我们研究、继承和弘扬的中华传统文化吗?

当下,中华优秀传统文化传承工程将"保护方言文化"作为重要内容,对语言文化研究提出了国家层面的需求,语言文化资源的保护、挖掘正在成为方言调查研究的热点。本书第九章的内容恰恰回应了这种需求。它将建筑类词汇、建筑过程、建筑的使用及其所反映的丰富社会文化内涵融为一体,可以视为对方言文化研究范式的一种探索,因此具有方法论的意义。

四、说老实话,做老实学问。在湖南赣语的词汇比较中有些特殊情况,作者把其中的"内幕"交代得清清楚楚,避免误导读者,更没有以此为据,做惊人之语,得出"雷人"的结论。比如:在对湖南赣语内部点对点之间共用词的数量作统计时,出现一个异常现象:永兴点与其他点共用词的数值都比较高。这是不是说明永兴方言比其他方言的历史更老,或者其他方言是从永兴分化出去的呢?不是的。作者交代说:"永兴点是笔者的母语,在调查过程中,收集的词条相对要详尽些,数量也多。这种情况也存在于炎陵点。炎陵点的依据材料《炎陵方言》,是一本以词汇描写为主的著作,收集的方言词较丰富;所以炎陵点与其他点共用方言词的数值也相对较高,尤其是与永兴共用词竟达300条。永兴、炎陵因为收词多而表现特别,还会在其他相关比较中出现,详情在具体比较中说明。上述永兴、炎陵的相关情况也表明,各点的调查材料的深度及词汇数量会影响到上表的数值。但我们在做各点共用词对比、进而从共用词数量上推测出各点之间方言亲疏关系的过程中,主要以相对的对比数据而定,不能完全以绝对数值而定。"上面一段话表现出作者对学问的诚实态度，是难能可贵的。

　　上面关于书稿的话说了不少，还想说说其他。少若跟我念书三年，给我和其他同学留下了很深的印象。他学习异常刻苦，听课时总是坐在头一排，开课将录音笔打开放到我的讲桌前，一字不落地录下来。我那时真怕自己讲得兴起说错什么，心里压力不小。他为人诚实热心，老师同学朋友有事找他，不论公事私事，总是毫不推托，倾力而为。事情交给他就妥了。记得 2015 年我的国家社科基金重点项目《近八十年来关中方言微观演变研究》要结项，包括字音对照表和词汇、语法对照表在内，一共有近 300 万字，有近 2000 页的词汇、语法对照表需要登录，还有全文的后期校对，我把这个事儿交给他和张永哲，他们不负所托，按时完成了这项巨型任务。他们做好对照表并校对全部书稿以后，居然没有让我再看一下，"吾辈两人定则定矣"，直接打印成了结项成果的稿本。我抽查了部分，竟然错误很少！那时我就知道，少若是可以信赖的人。

　　2016 年少若毕业，我们刚开始实施国家社科基金重大招标项目《西北地区汉语方言地图集》，需要几名干将。少若为人踏实，做事可靠，我很想把他留在西安。于是帮他联系了师大附近的一所大学，少若试讲很棒，但求职者竞争激烈，其间有些波折。他自己又联系了外面的一些学校。西安这所学校略微拖了几天时间，有关领导就电话告知已经通过了录用少若。我兴奋地打电话告诉他这个好消息，他却在电话里支支吾吾地说，自己已经和位于贵州黔西南的兴义民族师范学院签了协议！我非常生气，质问他为什么签约前不告诉我一声，他解释说怕我不同意，接着补了一句话："老师，我一踏上兴义的土地，心一下就落到腔子里了！"我是个很感性的人，听了这话，眼睛一下子就潮湿了。少若是湖南永兴人，尽管在西北学习了六年，但他那颗心还是属于南方的山区的！他要去的是一个相对落后和闭塞的地方，语言资源异常丰富，但挖掘出来的很少。那里比西安更需要少若这样的语言学人才。我明白了他的心思，尽管有些不舍，但还是完全理解并支持他的选择。

　　毕业这几年，少若在贵州参加语保工程，整天忙得不亦乐乎，有些还是替别人代劳。但他似乎并不介意，见面总是兴高采烈、得其所哉的样子。他前年申报清华语言学博士丛书，审稿专家对该论文评价不低，最终顺利入选。这两年他根据专家意见，对书稿作了认真修改。现在书就要出版了，我为少若的勤奋和成绩感到由衷的欣慰，同时也希望他在贵州这座语言文化资源的富矿上，挖出更多的宝藏来，为中华优秀传统文化的传承和弘扬，做出语言学者应有的贡献。相信少若不会让老师失望。我期待着。

　　是为序。

邢向东

2020 年 11 月 17 日于西安俗雅斋

论汉语方言调查中的文化观理念[*]

贺雪梅

提　要：在汉语方言调查中贯彻文化观至关重要。具体贯彻的方法是：以词条为义类进行系统、穷尽式地调查；以挖掘文化意义为词语阐释的重点；注重同一意义不同时期、不同表达间的文化差异与融合。贯彻文化观可以增强方言区民众的文化自信，提高民众保护和传承方言的自觉性。

关键词：方言调查；文化理念；方法；意义

邢向东师《汉语方言文化调查：理念及方法》（2017：32）曾提到："语保工程的方言文化调查中应当贯彻五个理念：工程观、系统观、文化观、求真观、精品观。"其中，"'文化观'强调要下功夫深入挖掘和揭示方言词语、民俗事象背后的文化意义。"在此基础上，笔者进一步探讨文化观在汉语方言调查中的贯彻方法及意义，如无特殊说明，文中方言记音均为陕北清涧东区方言。

一　汉语方言调查中贯彻文化观的方法

方言是地方文化的载体，也是方言区人们历时思想、心理、语言发展的横向印记。在方言调查中贯彻文化观，不仅可以深入了解当地的方言，还可以为文化、历史及宗教信仰等的研究提供参考。

　＊ 本文为国家社科基金重大招标项目"西北地区汉语方言地图集"（15ZDB106）、陕西省社科项目"北洛河流域地名语言文化研究"（2020K019）的阶段性成果。论文初稿曾在第四届语言资源国际学术研讨会上宣读，多位先生提出宝贵意见；榆林学院姬慧副教授、华东师范大学黄文浩博士也提出了修改意见。谨此一并致谢。

（一）以词条为义类进行系统、穷尽式地调查

胡惮在《面向自然语言处理的现代汉语词义基元结构研究》（2014：97）指出："义类是指一个词所代表的概念所属的语义类别。"义类可大可小，且不同义类之间往往存在各种关系。因为概念并不是孤立的，每个概念都会与其他概念建立某种联系，形成一个复杂的概念网络，体现在词汇上，就是词与词之间存在多种语义关系，最典型的就是上下位类属概念。这一典型特征使得我们在词汇调查时可以现有的某一词表为底本，将每个词当做义类进行穷尽式地调查，这样既可以照顾到系统性、全面性，也可以最大程度地挖掘特色。我们以《中国语言资源调查手册·汉语方言》为例来说明汉语方言调查中贯彻文化观的具体方法。

1. 以词条为义类进行调查要注重全面性

《中国语言资源调查手册·汉语方言》中的词汇部分共有 14 大类 35 小类 1200 条词，在语保调查时，我们必须严格按照要求进行有针对性地调查。但若是开展方言文化方面的研究，则要将这 1200 条词作为义类进行全面调查。如"风"，语保只需要调查统称，但在进行方言文化调查时，我们不但要调查其统称（汉语方言几乎无差别），还可以进一步按风力调查"大风""中风""微风"，按风向调查"顺风""逆风""旋风"等各种说法。从以往的调查结果来看，这些小类下的风的叫法往往极具特色。如"大风"，各地依据季节、风向、温度等不同又可分为更小的类，其中"又冷又大的风—般冬天刮"在陕北晋语有"儿马风""叫驴风""儿马老风""儿马老西风""儿马老北风""儿马老叫风"等叫法。从构词上来看，这些词都是偏正结构，其中有标明风向的语素，如"西""北"，这是民众将当地气候用于构词中的体现。从气候看，陕北主要属于温带大陆性季风气候，风向有明显的季节性变化，冬季西北大风，上述各种说法多指是冬季的风。另外，上述说法都用动物名称作为修饰成分，或"儿马""叫驴"。这不但体现了陕北人对牲畜性别区别的细致，还体现了马和驴在陕北日常生活中的重要性。

2. 以词条为义类进行调查还要注重系统性

要做到系统性，就需要穷尽式的调查，在穷尽式调查的基础上，进行个别分析、分类对照和系统比较。因为义类分类的粗细度、义类的丰盈度、义值义域的差异往往体现了不同地域中该义类所代表事物的重要程

度，以及人们对其认识的深入程度。如我们在调查"稻子""麦子"和
"谷子"等农作物时，不仅仅要调查有无，还要在"有"的基础上深入调
查不同成长期、不同状态下的植物和籽实（生熟、脱粒与否）以及脱粒
后不同部位的叫法，并记录不同地区相对应的空缺说法，以便进行系统比
较。通过调查，我们发现，在西北大部分地区，因当地不种植水稻，故
"稻"类农作物的说法比较少，基本上和普通话都是一致的：植物都叫
"稻子"，籽实都叫"稻谷"，脱皮后叫"大米"；脱粒后的植株叫"稻
草"，且内部再无分类。相比之下，有关"麦"和"谷"的说法就很多。
首先是农作物，"麦子"统称"麦子"，从科属上可分为"大麦青稞属于大麦
属""小麦""老麦老品种小麦"，从播种季节看可分为"春小麦""冬小
麦"；"谷子"统称依据各地词缀的有无和不同，有"谷子""谷儿"
"谷"三种，科属上可分为"酒谷有黏性的谷子""饭谷谷穗小而紧实，用于熬稀饭、
蒸干饭的谷子""鞑谷谷穗膨大而有绒毛的谷子，用来熬稀饭或吃干饭的谷子"。麦子的籽实
统称"麦子"，脱皮后又叫"麦颗颗"；谷子的籽实统称同谷子植物，脱
皮后的统称"米"。麦子脱粒后的麦秆叫"麦秸"，脱粒后的麦壳叫"麦
植子带柄的""麦克镂儿单指麦子籽实上的壳""麦鱼儿带麦芒的"等。谷子脱粒后
的谷杆叫"干草"，脱粒后的谷壳叫"谷植子"。相比之下，麦子和谷子
在西北地区的分类更细致，各分类下的说法也较丰富，说明在西北地区，
麦子和谷子在人们的日常生活中更重要、更常见。

在对义类进行穷尽式调查时，我们要特别注意一些特殊小类的调查，
如地名词和风物词。这些词往往存古性比较好，与人们的生活又密切相
关，饱含有民众的情感和特有的地域文化。比如在调查"乡""村"等行
政单位的名称时，可以利用行政区划图调查具体的乡镇和村落名，往往会
有意想不到的收获。如在吴堡调查时，我们发现带地名中"王"读同
"吴"，如把"王家塔"叫"吴家塔"。无独有偶，清涧县解家沟镇"王
而腰"村，当地人也叫"［ur^{51}］腰"。再如调查"山"时，可以"山"
为义类调查所有的山形地貌，如"山峁""沙梁""疙瘩""圪粱""圪
鼻""圪渠""洪崖""碥（又作'砭'）""畔""塥""要险""圪岔"
"圪都""圪塄"等。风物词亦然。调查"结婚"时，不仅要调查此词各
地的对应说法，还需要调查具体程序，涉及说亲、问名、相亲、看家观察
男方经济状况、订婚、看日子选择结婚日子、过事情举行婚礼、回门、对月等议程。
有的虽词面相同，都说"结婚"，但实际情况却大相径庭。如其中的"相

亲"环节，在陕北晋语中就有"验人""见面""预面""相亲""看婆姨""看对象"等多种说法。相亲的地点也不一致，有的是约定在男方家，有的是女方家，有的是媒人家，还有的是庙会或集市。"相亲"的意义也不一致，有的地方相亲成功便意味着姻缘已定，后直接谈订婚，有的地方相亲才仅仅表示对对象本人满意，紧接着还要"看家观察男方经济状况"，之后才是订婚。通过穷尽式地调查这些地名词和风物词，我们可以清楚地看到某地的风土人情。

（二）以挖掘文化意义作为词语阐释的重点

在方言词汇的调查中，不但要写出对应的方言说法，还要适当地、有选择地对词语进行解释和分析，尤其是对一些内涵丰富的、对外具有一定排他性的民俗词，更是要深入挖掘其背后的文化意义。正如邢向东师《汉语方言文化调查：理念及方法》（2017：35）所言："我们发现，许多调查方言文化现象的著作，甚至专门记录民俗的著作，醉心于用浓墨重彩描述民俗，寻求对读者感官的强烈震撼，对方言、民俗事象中承载的文化意义，则只有简单的说明，甚至不甚了了，推测的成分多，挖掘的功夫少。"这就提醒我们，要将文化观贯彻到方言词汇的调查中，需要从以下两个方面下功夫：

一是不推测，实事求是地借助文献记载对方言词所包含的文化内涵进行描写、阐释。

如娶亲，陕北晋语大部分都叫"引婆姨"，其中的"婆姨"一词，很多学者和文化爱好者认为是梵语 upàsikà 音译词"优婆夷"的简称，如杨森《"婆姨"与"优婆姨"称谓刍议》（1994）、王艾录《汉语理据词典》（2006）、王克明《听见古代——陕北话里的文化遗产》（2007）和杨明芳、杨进《陕北语大词典》（2011）等。然而，我们查阅了相关的历史文献资料（包括出土文献在内），发现在明代以前"婆姨"的用例仅一例，且用法同"优婆夷"，与今陕北晋语中的"婆姨"意义相差甚远。据文献记载，方言词"婆姨"最早出现在明末，用例共四则，所记语言皆为陕北方言。因此，就目前的材料来看，将"婆姨"归于佛教语词明显不妥。关于"婆姨"的来源问题，笔者另撰文探讨，此不赘述。现在仅仅就"引婆姨"一词的文化内涵做一探讨，以期解决其描写的问题。

从结构上来看，"引婆姨"为动宾结构，其中的"引"为"带领"

义，与"送"意义相反。结婚之所以叫"引婆姨"跟陕北的婚俗有关。不同于中原地区和南方地区，陕北结婚时少用轿子，多用骡马。娶亲时一般是引人迎亲人的骑马或驴在前，新娘在中间，送人的送亲人在后。这样，"引婆姨"可解释为：娶亲，是陕北一带特有的婚俗词。

　　二是重比较，将方言词放在更大的范围内去考察，挖掘其深层次文化内涵。

　　陕北一带有"燎百病"的风俗，即在正月特定的某天夜里，点燃篝火进行禳灾祈福。"燎百病"在陕北的仪式大同小异，但具体日子各异。有的在正月十六，如甘泉、子洲、绥德等地；有的是正月二十三，如吴起、志丹、延安、榆林、横山、靖边、吴堡、清涧等地；少数县市在正月最后一天，如延川、延长。是日，家家户户在院内点燃焰火，同时还要将家中衣物被褥等拿出来燎烤，有的地方还要跨越火堆，俗称"蹄焰火"，象征消灾免难，四季平安。一边燎烤或跨越，一边口中念叨："燎百病，燎干净，满年四季不生病。"火熄之后，于次日太阳出来之前，将灰烬送往河滩、灰堆或十字路口，称之为"送百病"；也有的地方，如清涧东区将燃过木柴棍挑出一截来扔出院墙，称之为"撂百病"。

　　关于"燎百病"这一习俗来源，不少学者都有过考察。李雄飞的《陕北地区拜火遗俗的宗教意义》（1998）从民族学的角度出发，认为陕北地区的拜火习俗与汉族巫术、萨满教、道教等都有关系，这又是源于原始的多神教；至于"燎百病"，李文认为与藏族跳火的习俗的精神是相同的。吕廷文的《"转九曲"与"燎百病"的文化内涵》（1999）认为陕北"燎百病"是唐宋时"走百病"的异化，是融合了蒙古文化中对火的崇拜后形成的。孙卫春的《陕北燎百病风俗的地域含义探析》（2007）则认为陕北"燎百病"风俗"深受汉族农耕文化和北方游牧文化的影响，包含着鲜明的农本价值取向和强烈的除病驱邪作用。"本文以为，陕北的"燎百病"习俗应该是上古"以柴祭天"的遗留，是民众火崇拜心理在民俗中的体现。因为从更大范围来看，这一民俗仪式并不局限于陕北或者西北地区，全国各地都有，只是形式和称呼不同而已。齐涛、邱国珍《中国民俗通志》（2005）："在民间自然物崇拜中，火的位置十分显要。对火的崇拜，既关联着大自然崇拜，也与火被除疫病的功效有关。"文中提到，甘肃河西走廊一带农村大年夜有"燎天蓬"的风俗，是日各家各户将"香柴—一种生长于戈壁滩的香蓬草"堆于院内或大门外点燃，全家围火堆转圈，并将五谷杂粮撒向火中，后全家大小在跳火堆。江浙一带则在立春日流行举办"燀春"活动，家家户户取樟树枝叶，杂以干柴，在天井、阶沿、中堂和房内点燃并燃放爆竹，此仪式意在驱逐阴气，避免虫害病灾。福建地区有除夕夜"跳火"的风俗。在描写了汉族火崇拜的习俗表现后，文章还介绍了少数民族的类似习俗：鄂温克族人有产妇裸体跨火净化的习俗；贵州紫云布苗族布依族自治县布依族有元宵节采冬青树叶聚堆燃火"爆蚝蚤"的习俗等。由此可见，陕北的"燎百病"并无特殊性，和其他地方的火崇拜仪式一样，都是历史上"以柴祭天"习俗的遗留。

（三）注重同一意义不同时期、不同表达间的文化差异与融合

在词汇调查中，往往会出现"同实异名"的现象。这一现象往往叠置着不同时期、不同来源的成分，通过剥离和分析这些成分，可以窥探出词汇背后所蕴含的多元文化来源以及各种文化相互间的传承及融合情况。

一方面，通过纵向分析，可以探讨现今处于同一平面各种说法的历时层次，明确不同说法间的时代差异以及彼此间的传承和影响渗透情况。如棺材，陕北有"木头""棺材""材儿""材子""枋子"等说法，核心词分别是"木""材""枋"。"木头"是一个附加式名词，"木"指"棺材"，保留有"木"在先秦时的意义。《礼记·檀弓下》："原壤登木。"郑玄注："木，椁材也。"《左传·僖公二十三年》："如是而嫁，则就木焉。"其中的"就木"为"死"之婉称，"木"即棺材，成语"行将就木"之"木"亦为此义。"材"本义"木材、木料"，到了唐代可表示"棺材"，如唐·姚思廉《陈书·周弘直传》："气绝已后，便买市中见材，材须小形者。""材儿""材子"等也都是附加式复合词，这是比"木"时代略靠后的一种说法。至于"棺材"一词，产生也是比较早的，文献可见的最早用例是在六朝时期，如《齐民要术·种槐柳楸梓梧柞》："十年后，一树千钱，柴在外。车板、盘合、东器，所在任用。以为棺材，胜于柏松。"但在陕北晋语中，"棺材"是一个上层词，好几个点儿的合作人（均七十岁左右）告诉我，他们小时候都说"木头"或"寿木生前置办的棺材""材儿"，最近才有人说"棺材"的。如府谷、神木一带在调查中虽然合作人都说"棺材"，在旧县志中却仍称"木头""寿木"，可见后者更古老。另外还有"枋子"。在陕北，只有延长将"棺材"叫"枋

子"，同中原官话，也写成"方子"。"枋子"是从形制上对棺材进行命名的。"枋"本义是木名，六朝开始指长方形木材，如北魏·郦道元《水经注·沁水》："夹岸累石结以为门，用代木门枋。"门形即为长方形。棺材形制就是一头大一头小，故可以用"枋"加名词后缀"子"的方式来表示。《现代汉语词典》（2016：368）："枋子，〈方〉（名）棺材。"这是一个比较新的词，直到清代始见用例，如清邗上蒙人《风月梦》第十一回："萧老妈妈子道：'我老妈妈已将近七十岁了，前年我女儿身上有个客，是粮船上旗丁，带了一幅枋子把与我合了一个对拼的寿材，漆过两三次了。'"今四川、湖南、湖北、河北等地也有把棺材叫"枋子"的。

在"棺材"一词中，若仅仅调查各地说法，则无法窥探出陕北的丧葬文化及其内部差异，也无法了解陕北内部各方言的历史层次，这不能不说是一种缺憾。事实上，我们可以从历史层次和地理分布上对三类词进行比较："木"类词最为古老，其次是"材"，再次是"枋子"。从地理分布看，"木头"分布最广，是陕北晋语的底层词，可见陕北晋语是很古老的，其棺葬历史非常久远。"材儿""材子"和"棺材"通行范围虽然也广，但前者在陕北属于避讳说法，后者则是上层词，应是受权威方言影响所致；至于"枋子"，只出现在延长方言中，同中原官话，应是中原官话沿河上溯影响的结果。

另一方面，借助横向的区域比较，明确方言词的文化差异与融合。如萝卜的叫法，在陕北内部有显著差异。陕北晋语腹地绥德、米脂、清涧西区一带，把胡萝卜叫"萝卜"，白萝卜则叫"白萝卜"或者"大萝卜"，一定要在"萝卜"的前面加"白"或者"大"进行强调。这和清涧以南、以西的方言截然不同：清涧以南、以西的方言恰好是把白萝卜叫"萝卜"，胡萝卜前则要加修饰语"胡"予以区别。通过田野调查，结合陕北蔬菜种植历史，我们发现：陕北腹地绥德一带很早以前就有胡萝卜，而白萝卜则出现较晚。再结合陕北的历史背景（历史上多民族杂居、长期为少数民族统治），我们可以推测：陕北腹地的胡萝卜直呼为"萝卜"，说明其民众在这一事物认识上的文化心理，即不以胡为异。这也从另外一个角度说明了陕北受西域文化影响深远。

二 贯彻文化观的意义

在方言词汇调查中贯彻文化观，可以增强民众的文化认同感，从而提高方言自信与文化自信。

（一）挖掘方言词汇中的古老成分，化解民众心中"土"的感觉

在调查中，我们经常遇到合作人羞于开口说方言的情况，他们认为说地道的方言太土，不符合潮流。但实际上，所谓的"土"，恰好是语言保守性的体现。例如门槛，在陕北晋语中有"门限［ɕiæ³³］"和"门限［xæ⁵¹］"两种说法，合作人都觉得土，没"门槛"洋气。从文献看，"门限"早在汉代就已出现了，如汉·班固等《东观汉记·臧宫传》："越人伺候者，闻车声不绝而门限断，相告以汉兵大至。"近代汉语仍有使用，如《王梵志诗》："打铁作门限，鬼见拍手笑。"明话本《玉堂春落难逢夫》："金哥磕了头，起来，也来门限上坐下。""门限［ɕiæ³³］"和"门限［xæ⁵¹］"是同一个词，"［ɕiæ³³］"和"［xæ⁵¹］"是"限"不同时期的读音，其中"［xæ⁵¹］"更为古老，读舌根音是高频词中语音滞后的表现。而"门槛"最早见于金元之际，明显晚于"门限"。再比如进入眼中的尘土，陕北人说"坌［pəŋ⁵¹］"，合作人都羞于提及，其实，"坌"也是一个非常古老的词。汉·许慎《说文解字·土部》："坋，尘也。"《广韵·恩韵》："坌，尘也。亦作坋。"陕北的"坌"即用本义。"坌"在古代文献中也不乏其例。如敦煌变文《维摩诘经讲经文（五）》："宝镜无光，皆因尘坌。"《燕子赋》："正见雀儿卧地，面色恰似坌土，脊上缝个服子，髭髯亦高尺五。"又如彩虹，陕北人叫做"水贯"，民众认为是龙从水中汲水后形成的，是由于某种信仰或迷信而得名。但从历史文献来看，"水贯"并非迷信之词，而是以状物为构词理据的名物词。早在魏晋时"贯"就有"绳索"义，指穿钱的绳索，如《左传·宣公六年》："以盈其贯，将司戮也。"陕北晋语"贯"的"彩虹"义是通过"绳索"义类比引申来命名的，共同语及大部分方言的"贯"只保留了后来的"贯通"义，其最初的"绳索"义反倒消失了，只陕北晋语以曲折的方式保留了下来。故"水贯"是一个年代久远的古语词，

出现在"贯"的"绳索"义萎缩之前。

（二）立足于文化观，挖掘方言词汇中的特色之处，化解民众心里"怪"的问题

首先是找出方言本字，化解民众心理上对部分方言词"无字可写"的误解。比如明白、懂得，在陕北说"［xɑi⁵¹］开""［xɑi⁵¹］下"，当地人都觉得"［xɑi⁵¹］"很土，没有字可以书写。这也造成了陕北晋语区的人在对外交流时的障碍，许多非晋语区的人都不懂"［xɑi⁵¹］开"和"［xɑi⁵¹］不开"就是"知道""不知道"的意思。王克明《听见古代——陕北话里的文化遗产》就提到："38 年前，初到陕北余家沟，所闻言语，叽里咕噜，似一派'胡言'。我们张口说话，村民就答'害怕'。不知所怕何来。"① 这里的"害怕"实际上就是"［xɑi⁵¹］不下"快读之后误听的结果，意思是"听不懂"。电视剧《血色浪漫》的字幕中就将杜老汉的"［xɑi⁵¹］下［xɑi⁵¹］不下"打成了"害怕不害怕"。王巨才主编的《延安文艺档案·延安文学》中讲许多晋语区的人也不知道"［xɑi⁵¹］"本字就是"解"，而记为同音字"害"，这样就使得"［xɑi⁵¹］"的意思更加晦涩难解，如萧平《为解决困难问题而来的》："张海福连连地点着头：'害吓，害吓！'""害吓"即"解下"，意思是"明白"。"解"读"［xɑi⁵¹］"是较古老的一种读法。因为见系开口二等字，声母在普通话和大部分方言中已经腭化，但一部分高频字仍保留舌根音的读法。"解"为蟹摄匣母见系开口二等字，是陕北晋语高频词，故其声母仍读舌根音 h［x］，保留有明代以前的读法。类似的词还有"街道"的"街［kɑi⁵¹］""鞋［xɑi³³］""菜咸了"的"咸［xæ³³］"等。

其次，明确特殊表达方式或构词语素，化解民众对特色表达方式和语词"怪"的误解。在西北方言中，有一种特别值得注意的构词方式：共同语里的述宾结构复合词，西北方言倾向于用主谓形式的短语来表示，即西北方言用 OV 格式对应共同语里的 VO 格式。以陕北晋语为例，"抬头"说"脑仰起"，"低头"说"脑圪低下"，"睁眼"说"眼睁开"，"扭头"说"脑拧过去"，"张嘴"说"口张开"，"放手"说"手撂开"，"伸手"说"手展起"等。需要指出的是，陕北晋语并非没有 OV 格式复合词，但

---

① 王克明：《听见古代：陕北话里的文化遗产》，中华书局 2007 年版，前言第 1 页。

并不指行为动作，而是带有某种色彩义，例如："抬头"指不好的势力和风气有上涨趋势，如"这几年赌博又抬头了。""回头"表回心转意，如"那婆姨则回头了，则能过几天好光景。"很明显，这些意义都是权威方言输入的，在表最平常动作的时候，陕北晋语还是习惯用 OV 形式。这与普通话和大部分方言不同，而与西北大部分方言类似，如马梦玲《西宁方言 SOV 句式与境内阿尔泰诸语言语法比较》（2009）所述，青海西宁也是 OV 格式占主导地位，如有名的"花儿"中就有"豆绿的碟子里端馍馍，菊花碗里的茶喝"，这里的"喝茶"说"茶喝"。这都与阿尔泰语系中的表达方式相似，关于深层的原因及机制，我们将另行文予以探究。但最起码的，我们可以告诉人们，西北方言的这种情况并不怪，而是文化与语言融合的结果，背后有着历史的交融、民族的融合和文化的渗透。

三　余论

方言是地方文化的载体，也是文化最外显的形态。然而，怎样保护方言及其背后的文化，是一个颇为沉重的话题。因为语言是交流的工具，同时也是交流的壁垒。当全球一体化、网络化、智能化迅速袭来时，方言无意成了融入这股洪流中的坚实壁垒。因此，人们往往为了交流的便捷而舍弃了内涵丰富文化的方言。那么，除却抢救保护、呼吁呐喊，我们还能为语言保护做些什么呢？怎样才能真的让人们有方言自觉和文化自信并自觉自愿地继续使用方言呢？对此，笔者有一些不成熟的想法与大家分享。

保护语言的根本是使用语言，但方言又成了交流的障碍。那么，要化解这一难题的唯一办法就是让方言在一定区域不再成为交流的障碍，比如让方言成为人机对话的一种手段，具体有以下两点。一是利用我们语保工程的成果建立方言语音常模数据库，进行语音识别的方言开发，让方言同普通话、英语一样，成为人机交流的语言；二是利用声纹的独特性推广方言语音的使用领域。如同指纹一样，声音也是 DNA，没有两个人的声音是完全一致性的。因此，可以利用我们的数据库对声纹识别技术进行完善，从而使得方言语音成为智能化过程中的最便捷的人体密码，为司法部门提供有效的侦查手段，并为听觉语言学、医学如人工耳蜗等的精细化研究和术后矫正等提供可靠数据。

参考文献

胡惮：《面向自然语言处理的现代汉语词义基元结构研究》，世界图书广东出版公司 2014 年版。

李雄飞：《陕北地区拜火遗俗的宗教意义》，《西北民族学院学报》1998 年第 3 期。

吕廷文：《"转九曲"与"燎百病"的文化内涵》，《延安教育学院学报》1999 年第 1 期。

马梦玲：《西宁方言 SOV 句式与境内阿尔泰诸语言语法比较》，《青海师范大学学报（哲学社会科学版版）》2009 年第 2 期。

齐涛（主编）、邱国珍（著）：《中国民俗通志》，山东教育出版社 2005 年版。

孙卫春：《陕北燎百病风俗的地域含义探析》，《延安大学学报（社会科学版）》2007 年第 1 期。

王艾录：《汉语理据词典》，华龄出版社 2006 年版。

王巨才主编：《延安文艺档案·延安文学（第 36 册）》，太白文艺出版社 2015 年版。

王克明：《听见古代：陕北话里的文化遗产》，中华书局 2007 年版。

邢向东：《汉语方言文化调查：理念及方法》，《语言战略研究》2017 年第 4 期。

杨明芳、杨进：《陕北语大词典》，陕西师范大学出版社 2011 年版。

杨森：《"婆姨"与"优婆姨"称谓刍议》，《敦煌研究》1994 年第 3 期。

中国社会科学院语言研究所词典编辑室：《现代汉语词典》（第 7 版），商务印书馆 2016 年版。

（贺雪梅　西安　西安外国语大学　18700887970@ 126. com）

调查实录

梅州大埔闽方言岛调查手记

黄燕旋

梅州市大埔县位于广东省东北部、韩江中上游，地处北纬 24°01′—24°41′、东经 116°18′—116°56′之间，东临福建省漳州市平和县，北接龙岩市永定区，东南连接潮州市饶平县，西依梅县区、梅江区，南邻丰顺县和潮州市潮安区，是一个典型的"八山一水一分田"的山区县。大埔县建置于东晋义熙九年（公元 413 年）。秦汉时属揭阳县地。唐武德四年（621 年）废万川并入海阳县，属潮州。1949 年中华人民共和国成立后，先后属兴梅专区、粤东行政区、汕头专区。1965 年隶属梅县专区，1983 年属梅县地区，1988 年属梅州市。2019 年，大埔县总人口 56.47 万人，常住人口 38.6 万人。全县人口主要为汉族，兼有蒙古族、回族、藏族、苗族、彝族、壮族、布依族、朝鲜族、满族等 26 个少数民族的少量居民。① 全县语言基本属客家方言，光德镇九社村存在一个漳州腔的闽方言岛。另外，高陂镇埔田村早期居民以行船为生，到韩江下游与潮汕人做生意，学会了潮汕话。

大埔县光德镇九社村靠近潮州饶平。由于地处偏僻山区，交通非常不方便。我们从揭阳出发，到了潮州之后，沿着韩江上行。一路上车辆行人甚少，沿途经过一些村落和小镇，其中以丰顺县的溜隍古镇最为繁华。九社村所在的光德镇并没有酒店，我们只能住在隔壁的高陂镇上。当地的朋友给我们预定了韩江边上一家酒店，临窗而望，便看到一片原生态的江景。

当地除了公共汽车之外，没有载客的的士、摩托车等交通工具，好在有朋友开车带我们前去。山路难行，从高陂镇前往光德镇九社村开车大约需要半个小时。

---

① 有关大埔镇的地理位置、行政区划、历史沿革等内容引自大埔县人民政府门户网（http://www.dabu.gov.cn/）。

图1　韩江

图2　大埔光德镇九社村

据当地村民介绍，九社村一共有三个姓讲福佬话，分别是李、陈和许。李姓来自福建上杭，迁徙过程中经南靖苦竹戈，历八世，再迁至光德九社，至今已有十四代。陈氏来自福建平和。他们从小在家习得的母语是闽南话，但同时能讲客家话，都是双方言者。由于以前属于潮州管辖，这里的风俗与潮汕地区很相似，他们会演潮剧、营老爷（游神）、喝工夫茶……九社村的福佬话被客家话包围，但他们极其重视祖上的方言，使其得以较好地保留下来。据说，如果娶了客家的媳妇，媳妇三天后必须或多或少讲一些福佬话，不然就不给饭吃。不过现在村里大部分年轻人都外出打工，常住人口越来越少，该方言已处于濒危状态。

据初步调查，该地的闽方言与漳州方言相近，但带有一些客家方言和潮州方言特征。语音方面，我们在调查过程中获悉广州体育学院的李菲老师已于2012年至2015年间进行了调查，并发表了《大埔光德（九社）方言音系——客家方言包围下闽南方言代际语音特点变异研究》（2020）一文，因此我们仅作简单的了解。

九社村闽南方言的韵母和声调格局与福建漳州方言相似。韵母共75个，保留完整-m、-n、-ŋ、-p、-t、-k韵尾，并有喉塞音韵尾-ʔ；与其他地方的闽南方言一样，九社村的闽南方言没有撮口呼韵母；存在ã、ĩ、iã、uã、ɛ̃、iũ、uĩ、uaĩ等8个鼻化韵母，但相对于其他地方的闽南方言已经大幅度减少了，这可能是受周边客家话影响的结果。声调共7个，分别为阴平44，阳平13，上声55，阴去51，阳去22，阴入5，阳入13，与漳州方言声调格局一致，阳上归入阳去。其中阳平有部分字读作 55 调，如"投〔tʰau⁵⁵〕""墘边〔kĩ⁵⁵〕"等，这应该是受到周边潮州方言影响的结果。

声母系统则更接近于当代潮汕方言的十八音，而有别于福建闽南方言的十五音。

表 1　　　　　　　九社村闽南方言声母表（共 19 个，包括零声母）

p	边排饭别	pʰ	颇浮~面扮劈	b	谋买梦木	m	门眠忘灭			(v)	武马袜物
l	地大猪箸	tʰ	他窗柱铁			n	篮尼念两			l	柳罗汝依
ts	曾炸置职	tsʰ	出初杂彻	dz	入仁也贰			s	时心士习	ʒ	预如忍热~天
k	行旗孔格	kʰ	求气课鸽	g	染午硬岳	ŋ	染午硬岳	h	喜华罚副		
ø	英王勇后										

（转引自李菲 2020）

另外，可能由于受到周边客家方言影响，古全浊声母清化后，送气音增多，如"球〔kʰiu¹³〕""洞〔tʰɔŋ⁵⁵〕""具〔kʰi⁵¹〕""暂〔tsʰiam²²〕"等。

可见，九社村闽南方言音系总体上接近漳州话音系，这与他们祖先来自福建漳州相符，但因受到周边客家方言和潮州方言的影响，出现了不少客家方言与潮州方言的特征。

词汇方面，这里的闽南方言借入了不少客家话词汇及一些与客家文化相关的俗语，如"宁卖祖宗田，不卖祖宗言""满子满娇娇，吃饭拌猪腰"等。而语法方面，由于我们时间较短，还未进行深入的调查。这个地处山区、被客家方言包围的闽方言岛，是我们观察语言接触和演变的绝好场所，我们将进一步调查和研究。

由于长期在客家方言的包围之下，这里的闽南方言属于低层语言，这里的人们在对待语言和族群的态度上，是比较包容以及平和的，一方面坚守自己的母语方言，另一方面也认同其他族群的语言与文化，认可闽客交融发展的状态。不知道多年以后，这种使用人口仅数百人的方言，是否还能在这山间保留下来？无论如何，希望这里不同族群的人们能够世世代代和谐融洽地相处下去。

我们听说除了光德镇九社村外，还有一个地方的人会讲闽南方言，于是我们进一步寻访，来到了高陂镇埔田村。埔田村村民的母语者都是客家话，只不过由于以前这里的人以行船为生，沿着韩江，往返于潮客之间，因此习得了潮汕话。我们访问了一位姓李的阿伯。阿伯今年90岁，从小就跟着长辈运货去汕头。他说跟他一起行船的人大多已经去世，自己年纪大了也常年在家，已经很多年没有讲潮汕话了，但是一听说我们是潮汕人，便流利地讲起了潮汕话，而且不带任何口音，丝毫听不出不是母语者，言谈间，可知阿伯对潮汕地区文化非常熟悉。

记得庄初升老师经常跟我们说，到一个地方调查方言，一路上不能睡觉，而是要观察周围的环境，山川河流、人文风貌都可以给我们带来很多与语言（方言）相关的信息。大埔境内多山，韩江是古代交通要道，现代的省道也是沿着韩江修建，因此韩江两岸是村落较多、人口较为密集的地方。过去船运发达，形成了一些以行船为生的村子，如上述高陂镇埔田村，也同时产生了这些村落潮客双方言的现象。这种现象的调查与记录，对方言、历史、社会、族群的研究均有意义。这次我们从潮州沿着韩江北上，来到位于大埔境内韩江边上的高陂镇，调查结束之后，我们还沿着韩江继续北上，到了汀江、梅江、韩江三江汇合的三河坝。一路上，我们不时看到一个个浮出江面的码头，历经长年江水的淘洗，见证了历史的变迁，而今已经荒废，但似乎依然在那里述说着曾经船运的繁华以及行船人的故事……

参考文献

李菲：《大埔光德（九社）方言音系——客家方言包围下闽南方言代际语音特点变异研究》，《南方语言学》2020年第15辑。

（黄燕旋　广州　中山大学中文系　huangyx77@ mail. sysu. edu. cn）

Abstracts of Major Papers in This Issue

GAO feng, The Dialectal Cultural Implications of the Folk Custom of *Dahuo* (打火) **in Northern Shaanxi**

The article describes the appearance of the folk custom about *Dahuo* (打火) in Jin Dialect of the Northern Shaanxi, and surveys its distribution of area and difference and investigates the interactive relationship between dialect and culture according to the field investigation. The article reveals that the folk custom implicates the cultural meaning and reveals its source, inheritance and development by the synchronic comparison and historical derivation.

Key words: *Dahuo* (打火), the Northern Shaanxi, Dialect and culture, Cultural implication

ZHANG Yongzhe, Folk Customs of Chinese Spring Festival of Xifu Administrative Area of Guanzhong, Shaanxi Province

The article describes the folk customs observed during the Spring Festival in the western area of Guanzhong district, Shaanxi province. These customs include of worshipping cooking stove, beating gongs and drums, sweeping the house, steaming a variety of pastry, celebrating the Lunar New Year's Day, etc. As a whole, they reflect the connotation and characteristics of Chinese Spring Festival of the western area of Guanzhong district.

Key words: the western area of Guanzhong district, worshipping the cooking stove, beating gongs and drums, sweeping the house, steaming a variety of pastry, celebrating the Lunar New Year's Day

ZENG Zhaocong, The book *Remarks on Tongsubian* (《〈通俗编〉笺识》) **by Huangkan and the terms interpretation**

Mr. Huang Kan had written remarks on the book *Tongsubian*. Classified summary and sparse evidence in to the angles and methods of terms interpretation of the remarks by Huang Kan, we'll have a deeper understanding to the academic research viewpoint of "invention" put forward by Huangkan.

Key words: Huang Kan, *Remarks on Tongsubian* (《〈通俗编〉笺识》), terms interpretation; angles, methods, invention

ZHENG Wei, SHENG Yuting, ZHAI Ziqi, LIU Tian, WANG Xinyu, On the tributary system of Ming and Qing Dynasties and its cultural implications: Evidence from the Clothing Category in *Huayi Yiyu* (《华夷译语》)

This paper aims at discussing clothing in the tributary system between the Ming and Qing government and the southwestern countries by focusing on the vocabulary in the "Clothing Category" in*Huayi yiyu* (《华夷译语》) compiled during the Qianlong period preserved in the Palace Museum, and compares the relevant materials on translation compiled in the Wanli period of the Ming Dynasty. By combining historical records and linguistic analyses, we show the historical and cultural implications of the tributary system.

Key words: *Huayi yiyu* (《华夷译语》), Qianlong version, Clothing Category, vocabulary, tributary system

SHAO Chenxin, Discussion on Spread of the Ancient Chinese Words Meaning's Evolution in Foreign Languages——Taking the Word*Ta-Ji* (獭祭) between Chinese and Japanese for Instance

Taking the familiar allusion*Ta Ji Yu* (獭祭鱼) of ancient Chinese classics as an example, this paper discussed the appearing and using of *Ta-Ji* (獭祭) in Japanese. We analyzed *Ji* (祭) 's meaning from philology and syntax, explored the evolution path in Chinese and diffusing process in Japanese of the meaning of word *Ta-Ji* (獭祭), and tried to revealed the cognitive foundations of this phenomenon from metaphor mechanisms in linguistics, image shaping in literature and influence of nature in human geography.

Key words: Chinese borrowing words, Extension of word meaning, Japanese

ZONG Shouyun, On negative response idioms in Zhuo−Huai dialect of Hebei Province

There are some negative idioms in Zhuo−Huai dialect of Hebei Province, such as "*Bu shi (ba si) san shi er*" (不是（八四）三十二), "Jiu shi (jiu shi) ni ye er ge e de" (就是（旧屎）你夜儿个屙的) and so on. This kind of negative response idiom is triggered by the other party's utterance. The speaker connects to his own utterance to form a mono clause structure, a bi−clause structure or a multi−clause structure, so as to achieve the purpose of negation. The negative mechanism of negative response idioms includes four aspects: the only factor, the serious consequence, the derogatory humanity and the synonymous words.

Key words: Zhuo−Huai dialect, negative response, idioms

HUANG Xiaoxue, On Ge（个）of Ba（把）Construction from the Perspective of Susong Dialect

In the disposal construction of "Ba（把）+ Ge（个）+N+VP", the function of Ge（个）is to treat N as an uncertain object, and its pragmatic meaning is to enhance the subjectivity of "unexpectedness" or "unpleasantness or dissatisfaction". It is the need of subjectivity that determines the addition of Ge（个）.

Keywords: quantifier, Ge（个）, subjectivity

LI Jianxiao, CAO Meng, The raising and fronting of The first−class pronunciation of Guoshe（果摄）in Shanxi Jin dialect

The first−class pronunciation of Guoshe（果摄）in Shanxi Jin dialect is quite complex. The pronunciation of different dialects areas is often different, and there are many kinds of pronunciation even in the same dialect area. This thesis combs the first−class pronunciation of Guoshe（果摄）in Shanxi Jin dialect from the perspective of Markedness Theory, points out that the low back vowel has an excessively high markedness, and the vowel raising is an important means to reduce its markedness. In different types of pronunciation raising, there are both pre-raising and post-raising, together with fission and other factors, resulting in the relatively complex pronunciation types such as first-class Guoshe (果摄).

Key words: raising, fronting, fission

LI Jiaolei, The Origin of the Existential Verb [xɛ¹¹] in Lengshui Jiang Dialect: One of the Impacts Brought by Jiangxi Immigrates

There are existential copulas and verbs in Cantonese, Hakka, Hui and Wu dialects. In Xiang dialect, so far, no research has ever reported that the existential meaning can be conveyed by copulas. This paper found that the existential verb [xe11] in LengshuiJiang dialect is Xi (系), which was brought by Jiangxi immigrates. Moreover, the existential copula Shi (是) can be used as a verb in Xianghua—an endangered dialect in western Hunan. The copulas used as existential verbs is a common phenomenon in southern dialects.

Key words: Lengshui Jiang dialect, the existential verb, the copula, Jiangxi immigrates

DENG Jie, Words about pig in Luxi dialect of Hunan Province

This paper describes the vocabulary of pig in Luxi dialect of Hunan Province, including the classification and appellation of pig, reproduction and reproduction of pig, raising, management, slaughtering, pig and folk customs.

Key words: Luxi Xianghua dialect in Hunan Province, endangered dialect, dialect vocabulary, dialect and culture

SUN Lixin, Discussion on Guanzhong Dialect's Calling for Eagle, Woodpecker, Owl and ChiXiao (鸱鸮)

The Guanzhong dialect's E laozhi (饿捞吱) and Mo laozhi (糜捞吱) for the eagle are the result of contact with Turkic and Uyghur languages. The Guanzhong dialect calls woodpeckers commonly used in the verb Qian (䶎) meaning "pecking" and the onomatopoeia Duo (夺), Tuo (陀), Bao

（包）, Pao（刨）, Bao（暴）, Bang（梆）, Bang（棒）, Beng（嘣）, Beng（镚）for the sound of woodpecker. "镚" and so on. Owl and owl owl are not distinguished in most dialects in Guanzhong. In some dialects, small owls are called ChiXiao（鸱鸮）to distinguish them from larger owls. Guanzhong calls owls Xunhou（训侯）and Xunhu（训狐）. There are many dialect points.

Key words: Guanzhong dialect, the names of Eagle, Woodpecker, Owl and ChiXiao（鸱鸮）, discussion

CAI Wenting, Phonological overview and the Phonological diversities in the old vs. the new styles of theHailaer city

The paper mainly include two sections: 1. Phonological overview of the Hailaer cityproper and suburbs; 2. Phonological diversities in the old vs. the new styles of the city proper and suburbs. Under the influence of the Putonghua, the new style shows differences from the old one. Based on the field investigation results, the major difference is embodied in simple or compound vowel of a Chinese syllable.

Key words: Hailaer dialect, phonology, the old style, the new style, diversities

XIN Lili, The Jin dialect wordLaomao（烙毛）research

The Jin dialect word Laomao（烙毛）means "do jobs for free for some ones for some illegitimate reasons", and it is a derogatory word. The accordance is not clear, although some scholars have researched. Our viewpoint is that Laomao（烙毛）is Laomao（落毛）. Lao（落）means "gain something dishonestly ", Mao（毛）means " prostitution " or something illegitimate. Laomao（捞毛）is also a dialect word, and it and Laomao（落毛）are synonyms. Lao（捞）also means "gain something dishonestly" . Laomao（捞毛）appeared in the Ming Dynasty firstly, and it meant "do prostitution" at the beginning. Then the meaning changed to "do jobs for free for some ones for some illegitimate reasons" . Laomao（落毛）is not used in accent times, and it should be a synonym for Laomao（捞毛）. Laomao（捞

毛）changes the morpheme Lao（捞）to a same meaning one Lao（落），and Laomao（落毛）generated.

Key words: Jin dialect, dialect word, Laomao（烙毛），Laomao（落毛），Laomao（捞毛）

HE Xuemei, On the Cultural Concept in the Investigation of Chinese Dialects

It is very important to implement the cultural concept in the investigation of Chinese dialects. The specific implementation methods are: conducting systematic and exhaustive investigations with terms as the meaning category; digging out cultural meanings as the focus of word interpretation; focusing on cultural differences and fusion between different periods and different expressions of the same meaning. Implementing the cultural concept can enhance the cultural self-confidence of the people in the dialect area, and improve the people's consciousness of protecting and inheriting dialects.

Keywords: dialect survey, cultural concept, method, meaning